产业与政治

——两岸相互依赖的时代

林崇诚　著

世界知识出版社

图书在版编目（CIP）数据

产业与政治：两岸相互依赖的时代 / 林崇诚著.—北京：世界知识出版社，2009.11

ISBN 978-7-5012-3687-9

Ⅰ.①产… Ⅱ.①林… Ⅲ.①半导体—电子工业—经济发展—研究—中国 Ⅳ.①F426.63

中国版本图书馆CIP数据核字（2009）第202135号

责任编辑 罗养毅
责任校对 陈可望
责任出版 刘 喆

书 名 产业与政治
——两岸相互依赖的时代
Chanye yu Zhengzhi
—Liang’an Xianghu Yilai de Shidai
作 者 林崇诚

出版发行 世界知识出版社
地址邮编 北京市东城区干面胡同51号（100010）
网 址 www.wap1934.com
经 销 新华书店
印 刷 世界知识印刷厂
开本印张 980×680毫米 1/16 18½印张
字 数 255千字
版次印次 2009年11月第一版 2009年11月第一次印刷
标准书号 ISBN 978-7-5012-3687-9
定 价 32.00元

序 言

作为中国论者结合国际关系理论和产业分析方法对两岸关系进行研究的第一部实证性专著，《产业与政治——两岸相互依赖的时代》一书无疑凝结了作者在攻读博士和博士后期间以及多年在产业领域的研究成果，也表现了作者严谨的治学态度和孜孜不倦的探究精神。因此，我相信，本书的出版将在学术理念和分析视角等方面对两岸关系的研究有所启发。

和平解决台湾问题，不仅是包括台湾同胞在内的全体中国人的共同问题，也是国际学术界的聚焦热点之一。长期以来，关于海峡两岸关系的论著可谓不胜枚举，但大多限于军事、政治或是历史的分析视域之中。然而值得我们注意的是，多年来两岸政治与经济交流已然形成了“主权处于争议，而经济上却处于合作及相互依赖的关系”这一客观格局。实际上，早在1987年台湾当局解除“戒严令”并开放台湾居民赴大陆探亲及颁布相关经贸政策以后，两岸经贸互动就已迈上了一个新的台阶，特别是2002年以降，中国大陆已经成为台湾最大的出口市场，也是台湾贸易顺差的最主要来源。尽管两岸政治与经济交流在特殊历史遗留问题的影响下形成了一种“政治趋离、经济趋和”的格局，但是商业行为的迅速增长与投资活动的日益频繁却也使得两岸政治关系的互动与平衡受到了更多因素和变量的影响，这不能不说是一个极其重要的维度或视角。

就当下关于两岸关系的研究和两岸经济交流日益紧密的实际情况而言，林崇诚博士的论著可以说在下述几个方面做出了颇有意义同时也颇有限定的创新性努力。在本书中，他以国际关系理论中的相互依赖理论为分析工具，对两岸政治与经济互动的现状、两岸关系发展的历史背景以及经贸的互动与政策和两岸半导体产业政策进行了比较详尽的分析。众所周知，相互依赖理论乃是国际政治经济学中的重要理论之一。1977年，美国著名国际关系学者罗伯特·基欧汉（Robert O. Keohane）和约瑟夫·奈（Joseph S. Nye Jr.）在其名著《权力与相互依赖》（*Power of Interdependence*）一书中就曾指出，“我们生活在一个相互依赖的时代。”在这个意义上，经济相互依赖对政治进程的影响所涉及的题域极其广泛，涵盖了从贸易与政治到全球经济改革与世界政治趋势等众多方面，而两岸经济相互依赖对政治统一进程的影响及程度，无疑也是其间的应有之题。

经由对双方经贸往来的相关数据和资料的梳理，以及对两岸经贸发展的过程和现状的详尽分析，作者明确指出，就当下的情势来看，台湾方面的优势主要集中在资本、技术、电子信息产业竞争力和国际市场开拓力四个方面，而大陆方面的比较优势则主要体现在消费市场、劳动力资源、土地资源、人才资源、基础设施和大陆投资环境等方面。在二十多年的发展进程中，两岸经贸交流规模的日益扩大，不仅为两岸各自的经济发展注入了活力，而且也促使两岸经济关系的发展形成了相互依赖与互惠的基本局面。更为重要的是，在全球化的大背景下，大陆与台湾地区之间所形成的上述相互依赖与互惠的基本局面，在很大程度上还为两岸政治层面的统一进程奠定了重要的基础。

如果经济相互依赖与政治和平进程之间存在正相关系的话，那么两岸实现由经济相互依赖向和平统一的过渡在逻辑上也是可能的。也正是因为这个缘故，通过经济交流来促进两岸统一，始终是中国大陆对台经济政策的题中之意。但是两岸的经济互相依赖却至今没有转变为政治上的统一，之所以出现这种状况，有许多原因。个人认为，最重要的原因之一很可能是经济相互依赖并不能单独构成两岸统一的充分条件。作者在书中也指出，两岸经济互赖的“经济热”向两岸统一转化的“政治热”可能性虽然存在，但这并不意味着它是一种必然。换言之，经贸关系的发展虽然能在一定程度上增进政治关系转型的需求，但其本身却并不能彻底改善政治关系。因此，由经济向政治的扩散除了与相互依赖程度和联系战略有关以外，还主要有赖于两岸政治本身的改革和发展。

此外，本书的另一价值乃在于它是首部与产业研究相结合并从这个视角出发对两岸关系进行探究的论著。半导体产业作为台湾地区经济发展的龙头产业，其对两岸政治进程所可能具有的影响绝对不容小觑。作者从这个维度做出的探究和尝试，也为人们在两岸关系这个题域中的研究提供了一个具有重要意义的新视角。产业合作未必能解决政治上的分歧，但两岸产业良性的互动，却能创造两岸经济发展的双赢之路。林崇诚博士从产业研究的角度对两岸半导体产业的发展进行了考察，尤其是在不同的发展阶段与相关政府政策对双方半导体产业发展策略的影响做出了认真的分析。据此，他颇为确当地指出，正因为两岸半导体产业的发展阶段及其所经历的社会和政治环境的不同，才创造出了当下两岸互补与合作的趋势和机会。

我希望，这部论著只是林崇诚博士所做研究的开始，而不是结束，希望他能够在未来的学术研究中更关注这些现象和进程背后的理论问题。

邓正来

复旦大学社会科学高等研究院院长

2009年5月15日

目 录

绪 论

政治和经济是一体两面，相辅相成，相互影响，是不可分割的两个部分。政治会制约经济政策的制定，而经济又会影响政治行为的结果。经济的交流不可能完全排除政治因素，而政治互动更不可能完全没有经济的目的。一直以来，两岸关系的发展亦是如此，时而因政治因素暂时阻碍两岸经济的互动，时而因经济的需求迫使政治决策的调整。更确切而言，两岸关系的发展，一直受到政治和经济的双重影响，具体来说，两岸产业的发展往往成为政治与经济政策调整的最主要动因之一。本章从经济交流的角度出发，具体阐述两岸经济交流的背景，即由于产业发展与相关商贸与投资行为的迅速增长，两岸政治关系的互动与平衡过程增加了许多因素和变量。特别需要指出的是，由于两岸之间特殊的历史遗留问题，过去近二十年来的政治与经济交流，已形成一种“政治上各执一端，而经济上却处于合作及相互依赖的关系和环境”的格局。这种“政治趋离、经济趋和”[①]的背离状态，彰显了两岸紧密的经济交流中，海峡两岸相互矛盾与错综复杂的关系。

综观既有的两岸关系论著，大都从军事、政治、文化或历史的角度去探讨研究两岸关系。然而，自从大陆实行改革开放政策之后，又因1987年台湾解除“《戒严法》”，开放民间赴大陆探亲，从而两岸商业交流与经济投资陆续展开。在两岸相关经贸政策颁布后，经贸发展问题开始介入两岸关系的政治议题与相关研究。在经济交流迅速增长与投资活动日益频繁的背景下，两岸执政者在制定两岸政策时，所需考虑的因素增多，亦即错综复杂的政治经济因素及互动，成为制约决策者的重要变量。换言之，经济交流与两岸政治关系的互动与平衡，由此增加了更多的因素和变量。然而，由于大陆与台湾之间特殊的历史关系，过去近二十年来两岸形成一种“政治上各执一端，而经济上却处于合作及相互依赖的关系和环境”。在大陆实施改革开放以来，这种“政治分歧很大、经济相互吸引”的状态，在双方各自在不同阶段的政治与经济主张中显露无疑。

历史遗留问题造就了两岸“分离”的状态,而区域经济的发展却促使双方“经济趋向合作”,这种复杂而多变的两极化事实，无疑是对两岸领导人在处理相关议题上的智慧与成熟度的考验。因此，作者进行本书研究的主要动机之一，便为探讨两岸如何在政治矛盾下，以经济解决两岸政治主张的分歧。

---

① 卫民著:《台湾·中国 大崩坏？》，台北：海鸽文化出版图书有限公司,2002年，第20页。

表0–1：改革开放以来，中国大陆和台湾地区各阶段的政治与经济主张

（1979~2007年）

中国大陆		台湾地区	
1979	中华人民共和国与美国正式建立外交关系的《联合公报》；改革开放，提出“三通”政策	1979	美国与台湾地区正式断绝外交关系，签署《与台湾关系法》；“三不政策”①（蒋经国）
1982	中美两国发表《联合公报》，即俗称的《八一七公报》	1987	解除“《戒严法》”（蒋经国）
1988	国务院《关于鼓励台湾同胞投资的规定》，俗称《二十二条》	1990	台湾地区开放厂商经由第三地之大陆投资
1992	邓小平南方谈话	1991	“《国家统一纲领》”（李登辉）
1994	通过《台湾同胞投资保护法》	1992	通过《两岸人民关系条例》
1995	“江八条”②（江泽民）	1994	“南向政策”（李登辉）
1997	中美发表《联合声明》，美国重申坚持一个中国的政策	1996	“戒急用忍”（李登辉）
2002	“五个不变”⑤（江泽民）	1999	“七块论”、“两国论”③（李登辉）
		2000	开放“金马小三通”；“四不一没有”④（陈水扁）

① “三不政策”即所谓的“不谈判、不接触、不妥协”。

② 1995年1月30日，江泽民总书记在新春对台工作讲话中，提出对两岸关系的八项主张。具体内容为：坚持一个中国的原则，是实现和平统一的基础和前提；对于台湾同外国发展民间性经济、文化联系，我们不持异议；进行海峡两岸和平统一谈判；努力实现和平统一，中国人不打中国人；大力发展两岸经济交流与合作；中华各民族儿女共同创造的五千年灿烂文化始终是维系全体中国人的一种精神纽带，也是实现和平统一的一个重要基础；充分尊重台湾同胞的生活方式和当家做主的愿望，保护台湾同胞一切正当权益；我们欢迎台湾当局的领导人以适当身份前来访问，我们也愿意接受台湾方面的邀请，前往台湾。

③ 1999年7月9日，李登辉在接受“德国之声”录像访问的时候表示：“1991年修宪以来，已将两岸关系定位在国家与国家，至少是特殊的国与国的关系，而非一合法政府、一叛乱团体，或一中央政府、一地方政府的‘一个中国’的内部关系。”

④ 2000年，陈水扁在“5·20总统就职演说”中所提出的主张。主要内容为，只要中共无意对台湾使用武力，他保证在总统的任期内，“不会宣布独立，不会更改国号，不会推动两国论入宪，不会推动改变现状的统独公投，也没有废除国统纲领与国统会的问题”。

⑤ 台湾政治大学国关中心徐斯勤，在其《2003年两岸关系年度评估报告》中表示，2002年中共十六大会议上，江泽民总书记在其政治报告中，凸显所谓的“五个不变”：“和平统一、一国两制”的基本原则不变；“一个中国”原则以及反对台独的立场不变；在“一个中国”原则的基础上，两岸进行谈判与对话的立场不变；中国大陆不以政治干扰经济和民间交流（包括三通）的立场不变；中国大陆“寄希望与台湾人民”的方针不变。

（续表）

中国大陆		台湾地区	
2003	“三个有利于”①、“四点意见”②（胡锦涛）、《以民为本，为民谋利，积极务实推进两岸“三通”》的政策说明书（国务院）	2001	“积极开放、有效管理”
		2002	“一边一国”（陈水扁）
		2003	“台独三部曲和台独时间表”③；“台湾正名”（李登辉）；“公投制宪”（陈水扁）
2004	“5·17声明”④、《政府工作报告》（温家宝）	2004	大陆资金赴台投资“三不原则”⑤；两岸已经进入“准战争”状态（吕秀莲）
2005	《反分裂国家法》⑥；《新形势下发展两岸关系的四点意见》（胡锦涛）；《台资企业国家开发银行贷款暂行办法》（国家开发银行）	2005	“三解”、“三共”（宋楚瑜）；“两岸一中”（胡宋会谈公报）；重申“四不一没有”（陈水扁）；“改国号不可能，做不到就是做不到”（陈水扁）
2006	“4点建议”、“7项共同建议”及“20项政策措施”；《关于鼓励台商投资的若干意见》	2006	“积极管理、有效开放”（陈水扁）；终止“《国家统一纲领》”；《台湾地区公务员及特定身份人员进入大陆地区许可办法》

① 2003年中共中央总书记胡锦涛在出席第十届全国人大第一次会议台湾代表团会议时提出。“三个有利于”是指要做有利于台湾人民、有利于两岸关系、有利于中华民族振兴的事。

② 2003年中国人大与政协“两会”期间，中共中央总书记胡锦涛在出席第十届全国人大第一次会议台湾代表团会议时，提出对台工作的四点意见：一是要始终坚持一个中国原则；二是要大力促进两岸的经济文化交流；三是要深入贯彻寄希望于台湾人民的方针；四是要团结两岸同胞共同推进中华民族的伟大复兴。

③ 陈水扁于2003年提出的“台独时间表”包括：“2004年3月进行防卫性公投”、“2006年12月完成台独制宪”、“2008年5月实施台独新宪法”。

④ 2004年5月17日，中共中央台湾工作办公室、国务院台湾事务办公室，就当前两岸关系问题发表声明。声明内容包括：坚决制止旨在分裂中国的“台湾独立”活动，维护台海和平稳定，是两岸同胞当前最紧迫的任务；“台独”没有和平，分裂没有稳定；我们坚持一个中国原则的立场决不妥协，争取和平谈判的努力决不放弃，与台湾同胞共谋两岸和平发展的诚意决不改变，坚决捍卫国家主权和领土完整的意志决不动摇，对“台独”决不容忍等。

⑤ 2004年6月23日，台湾“陆委会”公布大陆资金投资台湾产业的“三不原则”，其内容为“不得超过侨资来台投资范围，不得在台投资被台当局禁止赴大陆投资的项目，不得投资台湾当前正在推动的对产业发展有重大影响的朝阳产业”。

⑥ 2005年3月14日，中国第十届全国人大第三次会议，以2896票赞成，2票弃权的结果，表决通过了《反分裂国家法（草案）》，该草案的通过，象征中国维护祖国统一坚定意志，并标志着中国对反“台独”的斗争，以法律为依据，进入一个新的阶段。

（续表）

中国大陆		台湾地区	
2007	坚决反对"台湾法理独立"等任何形式的分裂活动（温家宝）；"结束两岸敌对状态，达成和平协议"（胡锦涛）	2007	"四要一没有"①（陈水扁）；"《中华民国第二共和宪法草案》"；"入联公投"（陈水扁）
2008	"胡六点"；"四个继续"②（胡锦涛）；"建立互信、搁置争议、求同存异、共创双赢"（胡锦涛）	2008	"原则开放，例外管理"（马英九）；"和解休兵"③（马英九）；"不统、不独、不武"（马英九）

图表来源：作者整理。

台海两岸近六十年来政治与军事的对峙，在某种程度上曾经割断了两岸贸易经济上的联系和往来，但自从1978年12月中国共产党第十一届三中全会决定国家工作重心转移至以经济建设为中心，并实行改革开放的政策之后，近三十年来的经济交流速度增长迅速，如今两岸的经贸关系已超越政治分歧和矛盾。经济上"相互依赖"的需求，已成为双方在政治决策时，必须面对的一个重要课题。海峡两岸的政治与军事对峙，成为两岸人民与企业在经贸往来上的障碍。但是这种状况在中国实行改革开放政策以来已大有改观，两岸二十余年来的经贸关系发展，已逐步缓和了政治矛盾。两岸经贸关系迅速增长，由此折射出的相互依赖与经济需求已成为双方解决政治问题时必须面对的一个重大而现实的课题。中国大陆改革开放以来，逐渐改变过去保守的经济思维。特别是邓小平南巡讲话之后，新一轮经济改革的新思潮兴起，中国进一步推进经济体制改革，将中国特色社会主义市场经济作为经济改革的目标，随后，国有企业的改革也进入一个新的时期。具体至两岸经济

① "四要一没有"（Four Imperatives and One Non-issue）是陈水扁2007年3月4日在台湾人公共事务会25周年的晚宴庆典上提出的诉求。其内容包括："台湾要独立、要正名、要新宪、要发展；没有左右路线，只有统独问题"。

② 2008年4月12日，中共中央总书记胡锦涛在博鳌论坛中表示，"在新的形势下，我们将继续推动两岸经济文化等各领域交流合作，继续推动两岸周末包机和大陆居民赴台旅游的磋商，继续关心台湾同胞福祉并切实维护台湾同胞的正当权益，继续促进恢复两岸协商谈判。"

③ 2008年5月20日，马英九在其"中华民国第12任总统"就职典礼的演说中呼吁："两岸不论在台湾海峡或国际社会，都应该和解休兵。"

关系而言，20世纪80年代后期，由于台湾政策的放松以及中国内部经济转型的需求，中国大陆加大对台商政策的优惠与开放的力度。在中国大陆市场对台商的巨大吸引力面前，台商对大陆的投资呈现快速的增长态势。

根据台湾当局的统计，1984年台海两岸的贸易总额只有5.5亿美元[①]，但1987年台湾当局解除"《戒严法》"后，到了1989年，两岸的贸易额已增加到39.1亿美元，而2003年两岸贸易金额已达493.1亿美元（表0–3），超过台湾地区/美国445.6亿美元和台湾地区/日本427.7亿美元的贸易金额；大陆已取代美国和日本，成为台湾地区最大的对外贸易伙伴[②]。截至2008年11月，两岸的贸易总额增加到1003.17亿美元。而根据中国商务部统计，2006年1月至11月，大陆共批准台资项目3319项，合同台资97.3亿美元，实际利用台资19.3亿美元，截至2006年11月，大陆累计批准台商投资项目71414项，合同金额994.2亿美元，实际利用台资437.2亿美元。两岸经贸与投资关系飞速增长，双方在经济上的合作已进入一种高度相互依赖的关系格局，而这种趋势仍在不断地加深。两岸总贸易与投资额持续增加的结果之一，便是台湾地区加深了对大陆贸易与经济的依存度。

表0–2：中国共产党第十二次至十七次全国代表大会重要理论纲领

时间	代表大会	重要理论纲领
1982年	十二大	要走"有中国特色社会主义道路"
1987年	十三大	提出"社会主义初级阶段理论"
1992年	十四大	确立社会主义市场经济方向
1997年	十五大	确立邓小平理论为全党指导思想
2002年	十六大	确立"三个代表"思想纲领
2007年	十七大	落实科学发展观，促进和谐社会

图表来源：作者整理。

① 台湾经济研究院编撰：《两岸经济统计月报》164期，台北："行政院大陆委员会"印行，2006年10月，第22页。

② 许世铨主编：《台湾2003》，北京：九州出版社，2004年，第70页。

表0-3：两岸贸易金额统计（1986~2008.11）（单位：百万美元）

期间	台湾对中国大陆出口	台湾对香港出口F.O.B.	香港自台湾进口C.I.F.	台港统计差异	台湾经香港转输往中国大陆	台湾对中国大陆出口估计	台湾自中国大陆进口	台海两岸贸易总额估计
1986	—	2,921.3	3,074.0	-152.7	811.3	811.3	144.2	955.5
1987	—	4,123.3	4,274.0	-150.7	1,226.5	1,226.5	288.9	1,515.4
1988	—	5,587.1	5,686.8	-99.7	2,242.2	2,242.2	478.7	2,720.9
1989	—	7,042.3	6,613.7	428.6	2,896.5	3,331.9	586.9	3,918.8
1990	—	8,556.2	7,446.7	1,109.5	3,278.3	4,394.6	765.4	5,160.0
1991	0.1	12,430.5	9,563.0	2,867.5	4,667.2	7,493.5	293.2	7,786.7
1992	1.1	15,415.0	11,301.2	4,113.8	6,287.9	10,547.6	747.1	11,294.7
1993	16.2	18,452.6	12,203.7	6,248.9	7,585.4	13,993.1	1,015.5	15,008.6
1994	131.6	21,262.3	13,936.3	7,326.0	8,517.2	16,022.5	1,858.7	17,881.2
1995	376.6	26,105.9	16,572.6	9,533.3	9,882.8	19,433.8	3,091.3	22,525.1
1996	623.4	26,787.6	15,795.1	10,992.5	9,717.6	20,727.3	3,059.9	23,787.2
1997	626.5	28,688.1	15,967.6	12,720.5	9,715.1	22,455.2	3,915.3	26,370.5
1998	914.9	25,398.2	13,342.9	12,055.3	8,364.1	19,840.9	4,113.9	23,954.8
1999	2,602.1	26,825.3	12,875.2	13,950.1	8,174.9	21,312.5	4,528.9	25,841.4
2000	4,391.5	32,741.7	15,919.5	16,822.2	9,593.1	25,009.9	6,229.3	31,239.2
2001	4,895.4	28,712.7	13,837.0	14,875.7	8,811.5	25,607.4	5,903.0	31,510.4
2002	10,526.9	32,959.6	14,859.8	18,099.8	10,311.8	31,528.8	7,968.6	39,497.4
2003	22,890.8	30,868.3	16,051.7	14,816.6	11,789.4	38,292.7	11,017.9	49,310.6
2004	36,349.4	32,896.2	19,719.5	13,176.7	14,761.9	48,930.4	16,792.3	65,722.7
2005	43,643.7	34,035.6	21,567.5	12,468.1	17,055.9	56,271.5	20,093.7	76,365.2
2006	51,808.6	37,381.2	24,989.4	12,391.9	18,707.2	63,332.4	24,783.1	88,115.5
2007	62,416.8	37,979.7	26,295.2	11,684.5	21,206.6	74,245.9	28,015.0	102,206.9
2008 1~11月	64,126.9	31,030.3	23,223.9	7,806.5	18,926.6	70,701.9	29,615.2	100,317.1

资料来源:《两岸经济统计月服》，第192期（1986~2008年11月）。

然而经济贸易的增长，受不同时期两岸政治关系的影响，时近时远，似疏而密，仍是一种“主权处于争议而经济又趋于合作”的局面。在这种状况下，由于两岸经济行为缺乏一种长期的规范与制度的保障，双方的企业在经贸交流及相互投资处于不平等的地位，特别在双方政治条件不成熟的状况下，企业的投资与经贸行为受到很大的政治制约。例如，李登辉在1994年所提出的“南向政策”[①]，虽然有分散集中投资大陆的风险，综合东南亚国家的廉价劳动力和特定市场的优势等优点，但中国远较东南亚国家更适合台商的发展。这是因为，中国政府的配合、低廉的劳动成本、语言的容易沟通、硕大的市场和相对较高的科技环境与技术等因素，这是东南亚国家所不可比拟的。台湾“晶圆双雄”[②]之一的联电集成电路与苏州和舰科技的关系即是最好的例证。事实上，与其说“南向政策”是给予台湾企业选择另一提供产品制造的伙伴，或是政府想利用台湾经济的力量，来推展与东南亚国家的经贸关系，不如说是李登辉对台商“西进”中国策略的一种不成功的反制。

尽管如此，两岸经济互动与交流的增长，已经形成一种趋势；而且，台湾的企业家也明白，如果不把大陆廉价的劳动力、充沛人才资源与广大市场开发的机会成本，纳入企业的经营成本核算，那么台湾相关企业未来的全球竞争力，势必受到极大的挑战。

正如日本著名经济学家大前研一在其著作《中华联邦》[③]中所指出的：“在中国大陆的‘磁吸效应’下，周边国家如不善用机会，与中国大陆形成合作伙伴关系，势必会被边缘化，并走上衰退之路。日本会变成大陆十分之一的小国，连日本也不例外。”因此，多数的台湾企业仍选择“西进”。在此背景下两岸经济关系发展较为迅速。中国社会科学院台湾研究所研究员王建民认为，两岸关系是“经济的中国化，政治的去中国化”，而2004年台湾“总统”选举期间，民进党的“公投”诉求，更是对两岸关系与族群对立的尖锐挑战。这种政治经济发展的结果，亦如同福建社会科学院台湾研究所研究员吴能远所言：两岸关系是“经贸关系愈趋密切，政治对立愈趋尖锐”[④]。

---

① 宋镇照著：《台湾与亚太之政治经济：秩序·定位·挑战与出路》，台北：海峡学术出版社，2004年版，第43页。李登辉于1994年积极推动所谓的“南向政策”，其主要的目的在分散台商对中国大陆的投资并借由台商对东南亚国家的投资开拓台湾当局和东南亚国家的“外交”关系。

② “晶圆双雄”是指台湾地区集成电路晶圆代工厂的两家龙头厂商台积电（TSMC）和联电（UMC）。

③ 大前研一著：《中华联邦》，台北：商周出版社，2003年，第16页。

④ 卫民著：《台湾·中国大崩坏？》，台北：海鸽文化出版图书有限公司，2002年，第21页。

自1949年以降，两岸政治上几乎是处于无正面接触的状态，即使是有半官方组织背景的“海协会”和“海基会”，也仅是昙花一现，无任何实质沟通作用。就学术研究而言，历来研究两岸的学者大多从政治、军事和国家安全的角度出发，对于经济的交流与互动，亦大多仅是着眼评估相关政策的制定，对于两岸因为经济往来，从而可能产生两岸良性互动的考虑，及进一步对双方政治统合的影响，则较少有深入的解析和探讨。然而，两岸的投资及经贸交流并不因为政治上的阻碍而发生较大的逆转，事实上，随着大陆投资环境的改善、市场的吸引力和特定产业上下游整合（如集成电路）等因素的需求与增长，两岸商业交流与金融投资的行为更为频繁。进一步而言，两岸经济上相互依赖的程度亦与日俱增。

根据台湾《两岸经济统计月报》①的数字统计显示，累计从1991年至2008年11月为止，台湾“经济部投审会”②共批准37144件台商到中国投资的投资申请，总核准金额为744.32亿美元，占同期台湾当局核准对外投资总额的56.93%；近二十年来，大陆已成为台商对外投资的首要选择。上述投资统计并不包括经由第三地设立控股公司到大陆投资的数据，因此，实际投资的数字要远比上述统计的数字高出许多③。由此我们不难看出，经济交流的“繁荣”现状及趋势，已成为台海两岸的领导人政治决策时，必须考虑的重要因素之一。

西方经济学之父亚当·斯密（Adam Smith），在其经典著作《国富论》（*The Wealth of Nation*）中曾言：“市场是一只看不见的手，会主导

---

① 台湾经济研究院编撰:《两岸经济统计月报》192期，台北:“行政院大陆委员会”印行，2008年11月，第4页。

② “投审会”即台湾“经济部投资审议委员会”。台湾当局为促进台湾地区经济发展，吸引海外华人及外国人投资，于1954年7月及1955年11月先后公布实施《外国人投资条例》及“《华侨回国投资条例》”，并由台湾“经济部”成立“华侨及外国人投资审议委员会”，负责有关外侨投资、技术合作及对外投资之审核业务。1973年10月15日，更名为“经济部投资审议委员会”至今。

③ 有许多未经台湾“投审会”通过，以透过第三地（如开曼群岛、香港和维京群岛等）注册控股公司再转投资大陆的台湾企业，并不在相关统计数字里，而这类公司占台商在大陆投资相当大的比率。

资源的分配。”此言一语中的，客观地道出了台湾企业的投资选择，亦即无论台湾当局如何引导台湾企业的投资方向，台商对中国的投资力度及深度，始终由“市场”所引导，正逐步加深。客观而言，台湾当局对台湾企业投资决策掌握的力度已经日渐式微，这一点，从其对大陆的经济政策从“戒急用忍”转变为“积极开放、有效管理”，即可略见一斑。综上，探讨究竟民间经济的力量对于两岸的政治互动会产生何种影响，此为本书研究的主要动机之二。

此外，本书从两岸经济交流的角度出发，不仅考察海峡两岸政治发展的历史实况，以及涉身于其中的诸如美国第三方势力的利益，而且进一步分析经济交流与产业合作的发展趋势，试图“发现”另一种以经济诠释两岸政治关系的研究路径。

素有“经贸联合国”之称的世界贸易组织[①]（World Trade Organization，WTO），它不但在世界经济与国际经贸领域具有重要的影响，而且也能给成员或相关的关税区带来较大的政治利益。2001年12月11日和2002年1月1日，两岸分别成为WTO的正式成员。对于加入WTO，两岸各有不同的政治与经济动机。大陆希望利用加入WTO的机会，使国内的经济体制与国际接轨，并通过WTO相关的经贸法规促进国内法律与经济体制的改革；而台湾当局加入WTO的政治动机则远高于经济考虑。对台湾当局而言，加入WTO固然有更多拓展国际市场的机会，但更重要的是，在政治上，台湾当局希望借由成为WTO的成员而享有更多的“国际生存空间”，并通过与其他成员或关税区的互动，以经贸的交流为切入点，进一步推动台湾当局的“外交”而获得其他的政治利益。但是，无论两岸加入WTO的动机为何，以及是否能够实现其原始意图，加入WTO之后两岸将面对更加严苛的市场竞争与挑战——全球化所衍生出的各种经济、社会的议题，将进一步考验两岸领

① 世界贸易组织，简称世贸组织，它的前身是成立于1947年的关税和贸易总协议。世贸组织是根据“乌拉圭回合”多边贸易谈判“建立世贸组织协议”的决议，于1995年1月1日成立的国际性组织，其成立主要的宗旨及目的是希望透过一套完整的国际协议和法规准则，对其组织各成员之间经济贸易关系的权利和义务进行有效的管理、监督和履行相关法规的国际经济组织。

导人的智慧。此外，加入WTO也使两岸互动濒添许多变量，此为本书研究的主要动机之三。

受特殊历史背景的制约，海峡两岸在改革开放之前的经济互动，受限于政治的束缚而屡屡裹足不前。直到中国实行改革开放以后，海峡两岸才逐渐开启彼此之间的经贸交流。由于当时两岸经贸政策并不完善，因此，初期双方的经贸模式、投资方式与争议问题的处理较为复杂，结果往往是在政治因素的限制下，经济行为无法在常态下顺应区域经济发展、产业分工或优势互补的合作趋势。这种尴尬的局面直到1987年台湾当局解除“《戒严法》”①和1992年邓小平南巡谈话后才得以破解，从此两岸经济交流与产业合作的往来迈入新的一页。鉴于两岸“主权处于争议，经济趋向合作”的现状，以及加入WTO后两岸区域经济合作的需求和经济全球化挑战的增加，本书希冀推演有关海峡两岸经贸交流进一步发展的模式，同时，以期达到如下的研究目的：

（一）探讨两岸政治、经济的互动模式。

（二）分析两岸政治与经贸交流的相互影响。

（三）在入世的背景下，评估两岸经济的互动模式与相互影响力。

（四）两岸经贸互动对两岸关系发展的影响情况。

（五）探讨香港回归模式以及“一国两制”解决两岸问题的适用性。

政治与经济之间的关系实质为权力与制度操作的关系，亦即究竟经济制度与政治权力两者之间到底是何者占有支配性的力量。以历史经验观察，一般而言，通常是政治和权力的运作直接影响经济的发展；但自第二次世界大战后，国际政治与经济局势的演变表明，区域经济与全球化新的结构逐步取代了原先的政治经济发展结构。这种变化在两岸之间的政治和经贸关系上也得到充分的体现，亦即从先前政治对经济发展活动拥有绝对主导权，到现在两岸经济交流的越趋频繁。时至今日，两岸经济“相互依赖”的事实，已使过去两岸政治绝对主导经济交流，转变到经济互动影响政治决策的制定。

① 蒋经国于1987年7月15日正式宣布，结束台湾地区实施长达39年的“《戒严法》”。由于“《戒严法》”的取消，打破了过去两岸交流的禁忌，加速了两岸民间经济的往来与交流。

半个世纪以来，两岸关系由解放初期“政治上相互敌视、经济上几近断绝”，发展至2005年4月26日国民党前主席连战先生至中国参访后“政治上寻求和解、经济上相互依赖”的状况。目前，两岸半个世纪以来政治上的分歧难以完全解决，但不可否认的是，海峡两岸长久以来“政治上各执一端”几近僵局的状态已逐渐得以打破。经济影响政治发展，这是一个渐进的过程。早在20世纪80年代中期，中国就开始尝试以经济促进两岸关系的发展。1985年，中国统战部发布《更有计划地引导对台贸易，是实现祖国统一的积极步骤》一文，率先提出“以商围政”、“以民逼官”的指导方针[①]；1990年，中共中央发布十四号文件《关于进一步做好海峡两岸交往的通知》，进一步明确表示吸引台湾资金到中国投资。相关政策具有经济与政治上的双重目的，即“以台引台”、“以经济促政治”。经过近二十年的发展，经济因素在两岸关系中的比重，已逐渐超越并影响政治力的临界点。具体而言，在两岸加入WTO之前，甚至远在1987年以前，基于历史遗留因素两岸始终处于敌对状态，政治决策主导经济的交流与互动，即使两岸间偶有经济往来，也仅止于走私等地下经济活动，对两岸各自的经济贡献甚微；但随着台湾当局1987年宣布解除戒严、开放两岸的探亲政策，以及1990年中共中央发布十四号文件，明确表示吸引台湾地区资金到中国投资，两岸经贸互动逐渐“热闹”起来，直到今日两岸的经贸往来已不是政府单方面所能左右。在此，我们姑且不论两岸当局当时做此决策的动机为何，事实是该决策的确已为两岸的经贸交流开启了大门。

综合上述，本书借鉴国际关系相互依赖理论，尝试提出两岸政治、经济互动关系模式的理论架构，试图系统观察两岸政治、经济互动。诚如前文所述，基于历史遗留因素的制约，两岸一直处于敌对状态；在经济全球化的趋势下，每个国家为了全面提升国家竞争力，无不希望能加入国际性经济组织，避免被排除在世界经济体系之外而丧失公平竞争的机会；鉴于加入国际性组织对中国政治与经济发展的重大影响，因此，

① 卫民著:《台湾·中国大崩坏？》，台北：海鸽文化出版图书有限公司，2002年，第223页。

本书亦以WTO为中介变量，探讨在加入世贸组织后，在相互依赖理论的架构下，进一步讨论和总结两岸经贸的互动、经济实力的消长及经济交流如何对两岸关系产生影响。

一般而言，根据研究对象的不同，可将学术研究划分为自然、生物与社会科学三大范畴。本书所探讨的主题属于政治科学研究的领域，因之本书研究方法应归类于社会科学的研究范畴。社会科学研究方法可分为定性研究与定量研究两种基本类型。定量研究着眼于操作变项，或验证先前的假设，与此不同的是，定性研究的目的在于探讨问题在情境中的复杂性，从研究对象本身的架构来了解其中的需要解答的议题。定性研究的方法包括实验法、调查研究法、数据组合以及个案研究法等，这些方法当中，可使用的技术方法包括观察法、访问法与次级数据分析法等方式。本书采取的是定性研究中的个案研究法，通过归纳方式分析个案中的数据，并从中找出相关法则。并采用次级资料收集、分析及访问法为研究技巧。

本书所采取的个案分析研究法，尝试从产业的角度出发来观察两岸经济的互动，总结分析两岸经济政策的演变，进而探讨经济活动对政治行为的影响；其中，将目前最受两岸关注的集成电路产业作为个案分析重点。之所以选用集成电路产业作为重点研究案例，这是因为半导体产业是台湾经济命脉之所在——台湾当局对于岛内半导体产业的重视是不言而喻的，我们可以从近年来台湾当局对于岛内半导体业者在投资、技术、设备、人才等方面的输出限制就可以得到例证。有鉴于此，本书个案研究以半导体产业为焦点，应具有相当的代表性。

此外，本书以西方国际关系理论架构为基础，通过整理分析相关文献，阐明两岸政经互动脉络的发展与半导体产业全球布局的趋势，以此作为写作的基本素材来源。具体来说，本书所使用的次级资料来源包括：两岸三地研究机构经济发展研究报告与统计数据、学者所著相关两岸议题研究专刊、两岸互动趋势相关研究专论，通过汇整相关的客观资料作为本研究立论之佐证，最后经过详细整理相关文献理论、个案访谈内容以及其他资料收集后，进而得出本书之建议与结论，以期在现实政策意义层面对两岸政治互动与经济交流有所帮助。

基本理论路径：两岸相互依赖的政治经济学

第一章

本章分为四个部分，即国际关系理论路径陈述、两岸经济交流的回顾研究、香港回归模式的评价及国际组织制度与规范的分析，以此为基础，为我们分析两岸关系发展提供一种基本理论基础概述。在国际关系理论的运用方面，本书以国际关系相互依赖理论（Interdependence Theory）的观点为基础，具体分析两岸政治与经济互动的现况。其次，本章具体阐述两岸历史背景以及经贸的互动与政策主张，特别是结合1949年、1978年、1987年及1992年以来历史与政治背景，对台海两岸经贸与政治关系作较深入的探讨。第三，在关于香港回归模式的探讨当中，我们从历史背景、相关内容及实行现况，进一步分析“一国两制”对解决台湾问题的借鉴意义。最后在国际组织的制度与规范分析中，由于2001年12月11日和

2002年1月1日，两岸分别成为WTO的正式成员，本章首先分析了两岸加入WTO各有不同的政治与经济动机，并进一步深入探析WTO对两岸的冲击。

第一节　相互依赖理论及其在两岸关系研究中的应用

一、相互依赖理论的兴起

两岸的分离是内战造成的结果。台湾是中国大陆的一个省份，二者之间的关系不是国与国之间的关系。鉴于既有研究视角的单一，即往往从政治或经济角度分析两岸关系，而鲜有将政治与经济相结合的研究，本文拟借鉴国际政治经济学中的相互依赖理论，来分析两地之间的经济和政治关系及其互动。

相互依赖理论是重要的国际关系理论之一。早在19世纪中期，马克思和恩格斯在《共产党宣言》中就提出了各地区之间、各民族之间、各国之间相互联系、相互依存的趋势。他们指出："资产阶级，由于开拓了世界市场，使一切国家的生产和消费都成为世界性的了。""旧的、靠本国产品来满足的需要，被新的、要靠极其遥远的国家和地区的产品来满足需要所代替了。过去那种地方的和民族的自给自足和闭关自守状态，被各民族的各方面的相互往来和各方面的相互依赖所代替了。"①他们认为，资产阶级用物美价廉的商品，瓦解了自给自足的自然经济体系，撼动了封建制度借以生存的地基；而资本主义的生产关系，本身具有扩张性和相互依存性，它断绝了人与人之间的依附关系，并进一步代之以相互依赖的关系。这种相互依赖的网络，就是所谓的世界市场。

进入20世纪以来，德国的兴起以及由其所挑起的两次世界大战，虽然使国际社会几度陷入混乱与分裂的状态，但世界市场也在被中断的

① 《马克思恩格斯选集》第1卷，北京：人民出版社，1995年版，第276页。

过程中，进行了新的飞跃，特别是随着“非常破坏”后的“非常建设”，使国际社会基于经济发展与扩大市场的现实需求，逐步以联盟、合作及经济共同体的方式，清除了关税壁垒、锁国经济，克服了政治、文化、宗教与种族上的差异，在消灭法西斯主义的同时，建立起政治上的联盟与经济上的合作关系。事实上，有关相互依赖论述与学派的大量出现，以及诸如联合国与布雷顿森林体系[①]的建立，引发国际社会对相互依赖理论与实践的极大关注。

1977年，美国著名的国际关系学家罗伯特·基欧汉（Robert O. Keohane）[②]和约瑟夫·奈（Joseph S. Nye Jr.）在其名著《权力与相互依赖》（*Power of Interdependence*）一书中指出：“我们生活在一个相互依赖的时代。”作者从理论的高度总结了相互依赖的两个显著趋势：其一，从单一型到复合型相互依赖，亦即从经济上的单一相互依赖到政治、经济、军事和外交在内的复合相互依赖；其二，从区域型到全球型相互依赖，亦即从发达资本主义国家范围内的相互依赖到包括发展中国家在内的全球相互依赖。20世纪80年代以来，相互依赖理论成为国际政治经济学研究的最新发展之一。也因此，我们说相互依赖理论是重要的国际关系理论之一[③]。相互依赖理论坚持传统的“国家中心说”，即承认国家在国际关系中的基本地位，承认国家利益和力量的作用。这一理论认为，国家在追求自身利益时，与相关国家形成一种相互依赖关系，这种关系可以

① “布雷顿森林体系”是指第二次世界大战以后，国际社会所制定的以美元为中心和黄金直接挂钩以及固定汇率制度的国际货币体系。该体系是1944年7月，来自44个国家的730名代表在联合国国际货币金融会议上所通过确立的国际金融体系，由于这次会议是在美国新罕布什尔州（New Hampshire）布雷顿森林举行，因此称为“布雷顿森林体系”。

② 罗伯特·基欧汉（Robert O. Keohane），哈佛大学国际和平研究中心教授，著名国际关系学家。其主要作品包括：《霸权之后：世界政治经济中的合作与纷争》，1984年；《权力与相互依赖：转变中的世界政治》，1977，1989，2001年（*Power and Interdependence: World Politics in Transition,* Boston: Little, Brown, 1977）；《国际制度与国家权力：国际关系理论文集》，1989年（*International Institutions and State Power: Essays in International Theory,* Westview, 1989）。

③ 相互依赖理论是美国学术界及政治界研究国际关系理论非常重要的一部分。代表性著作除罗伯特·基欧汉（Robert O. Keohane）和约瑟夫·奈（Joseph S. Nye Jr.）的《权力与相互依赖》（*Power of Interdependence*），还包括约翰·斯帕尼尔的《国家运用的策略——分析国际政治》（John Spanier, *Game Nations Play: Analysiing International Politics,* Holt, Rinehart and Winston, 1978）等。

发生在邻国、区域甚至在国际层次上。国家在相互依存的状态下谋求各自或共同利益，这在某种程度上又制约着国家的政策和其他利益。

二、相互依赖理论评述Ⅰ：何谓相互依赖？

相互依赖现象尽管早已有之，但直至20世纪60年代后期，相互依赖理论才异军突起，并兴盛于整个70年代。这一理论的形成有独特的背景。其一，美国与苏联争霸的国际格局有所缓和，资本主义与社会主义两大阵营之间的交流与合作有所增加，冷战的对抗与遏制和美苏之间的紧张关系松动共同存在。其二，在西欧、日本经济快速增长的背景下，美国在西方世界的经济霸主地位发生动摇，由此世界经济的“从属性一致”开始土崩瓦解，代之以“相互依赖论的不一致”。其三，战后全球化的发展趋势凸显，世界各国的经济联系加强，任何国家与地区都不能游离于这一潮流之外而孤立发展。其四，新技术革命的迅猛发展，推动了全球间经济和政治的相互依赖。其五，跨国公司、国际组织、国际制度等发展迅速——这些非国家行为主体积极地登上国际舞台。[①]顾名思义，相互依赖是指国家或国际行为体之间，为追求各自利益或共同利益而产生相互合作或制约的关系。最早提出相互依赖理论的学者是理查德·库珀（Richard Cooper）。他在1968年《相互依存经济学——大西洋社会的经济政策》中明确指出，经济学意义上的相互依赖，是20世纪60年代出现在工业化国家中间的一个强劲趋势，它的出现和发展是战后国际关系的一个突出变化，其特征表现为国家间增长的对外经济发展的敏感性。

对于何谓相互依赖，即基本定义问题，国际关系学界也是众说纷纭。奥兰·扬（Oran Young）认为，政治学上的相互依赖是指“利益上的一种相互关系，也就是说，如果一个国家的地位发生了变化，其他国家也要受这种变化的影响”；而理查德·库珀则指出，经济学意义上的相互依赖是指“一个国家对外部经济发展的敏感性增强时，就出现相

① 倪世雄著：《当代国际关系理论》，包宗和校订，台北：五南图书出版公司，2003年，第433~434页。

互依赖关系”。[①]著名国际关系学者史丹利·霍夫曼（Stanley Hoffmann）认为，相互依赖是指“社会的相互渗透”，“世界经济中不同国界政策的相互联系”；相互依赖既是“一种条件”，也是“一个过程”，它不是目标，但它突出了“国内政治在国际关系中的重要性”，它“对国家的利益和目标既提供了限制，又提供了机遇”；马利·格哈特（Mary Gerhart）则把相互依赖定义为“一种复杂的跨国现象，它包含国家之间多层次、多方面的互动模式，并产生明显的相互敏感性和脆弱性”，相互依赖是个妥协的概念，它置于孤立主义和超国家主义之间。他还把相互依赖理论分为四类：安全相互依赖、生态相互依赖、经济相互依赖和政治组织相互依赖。[②]中国学者陈汉文认为，“相互依赖理论是指那种以国家与国家之间，或不同国家的各种行为主体之间的相互影响为特征的一种情形”。他同时指出，经济上的相互依赖会导致政治领域的相互依赖；而政治领域的相互依赖，又会反过来促成经济上的相互依赖。[③]有学者不同意上述的界定，认为从学理上说，这些定义都有同义反复之嫌，并没有接触到相互依赖的实质。[④]但本文仍认为，关于相互依赖的概念无论是从政治的角度看，还是从经济的角度看，都反映出相互依赖的一个关键含义，即相互依赖是一种互动、交流和相互影响的过程。

迄今为止，最具影响力的相互依赖概念定义仍是罗伯特·基欧汉和约瑟夫·奈在20世纪70年代末期进行的界定，即相互依赖指的是“国家之间或者不同国家中行为体之间的相互影响的情形”。他们认为，经济相互依赖包括两层意思：其一，在一些国家中，如果其中一国的经济状况视他国经济状况的影响而定（如一国货币的贬值使他国的币值受到贬值压力），那么这就是一种经济相互依赖关系；其二，在一些国家中，

① 西里尔·布莱克编：《比较现代化》，上海：上海译文出版社，1996年，第537页。

② 这里的“多层次”是指全球、半球、区域、大洲的层次。“多方面”是指政治、经济、环境、技术、社会、文化等方面。参见Hoffmann, Stanley (ed.), *Contemporary Theory in International Relations*, Prentice–Hall, Inc., 1960。

③ 陈汉文编著：《在国际舞台上——西方现代国际关系学浅说》，成都：四川人民出版社，1985年，第226页。

④ 苏长和著：《经济相互依赖及其政治后果》，载《欧洲》，1998年第4期，第34页。

如果它们放弃或者断绝彼此之间的经济关系（如OPEC与严重依赖石油进口的经济发达国家间的关系），就会付出代价，这也是一种经济相互依赖关系。其中前者被称为“敏感性”经济相互依赖，后者被称为“脆弱性”经济相互依赖。[①] 笔者认为，区别两者的关键取决于经济关系断绝后，国家将付出代价的大小。代价大的为“脆弱性”经济相互依赖，代价小的则为“敏感性”经济相互依赖。经济相互依赖的各方在断绝经济相互依赖关系后，彼此要付出代价，所以这就决定了为避免付出代价这一结果的出现，各方在维系相互经济关系过程中，必须承担一定的代价。而单纯的相互接触并不等于相互依赖，只有“当互动行为产生彼此都付出代价的结果时才存在相互依赖，当互动行为不产生付出重大代价的结果时就只存在相互接触”。“相互依赖关系总是包含着代价，因为相互依赖限制自主权。”[②] 此外，罗伯特·基欧汉和约瑟夫·奈还将现实主义学派的权力政治理论和行为主义学派较早提出的相互依赖理论有机地结合起来进行考察，进一步剖析两者之间的内在联系。[③]

相互依赖是一种客观存在的事实。相互依赖理论从国际政治与国际经济相结合的视角来进行国际关系分析，但由于各行为体彼此依赖的程度有所不同，依赖性较小者，在遇到相关问题争议或冲突的时候，经常会把相互依赖的关系作为谈判或者用来影响其他问题的筹码。因此，相互依赖理论所表达的精神，既是一种相互合作关系，亦是一种彼此制约，相互限制的互动关系。此外，相互依赖的关系又是一种因利益目的而合作的行为，因此，相互依赖关系中的行为体，其中一方利益的变化会造成整个关系体结构的改变。

---

① 关于此概念的详细解释参见：Robert O. Keohane, and Joseph S. Nye Jr., *Power and Interdependence: World Politics in Transition*（Boston: Little Brown and Company, 1977），p.9。

② Robert O. Keohane, and Joseph S. Nye Jr., *Power and Interdependence: World Politics in Transition*（Boston: Little Brown and Company, 1977）, p.9.

③ 参见倪世雄著：《当代国际关系理论》，包宗和校订，台北：五南图书出版公司，2003年，第435页。

三、相互依赖理论评述Ⅱ：主要论点

根据罗伯特·利柏（Robert Lieber）的研究，相互依赖理论可以划分为全球主义学派、修正学派、新现实主义学派和马克思主义的依赖论等四大学派。

全球主义学派即制度主义学派。这一学派主张：由于经济因素上升到首要地位，国际关系不再是权力政治纵横捭阖的舞台，而逐渐变成各国国内经济、社会、文化的延伸。换言之，全球意义上的社会发展目标，如现代化、工业化、大众消费、信息革命，以及共同的人类文化价值观，正在形成并为国际社会所接受。在此基础上，人类对经济利益的共同渴求使国际制度、国际规则具有举足轻重的地位。甚至有学者提出，1648年以来以领土国家为核心要素的国际关系体系（或称威斯特伐利亚体系）正在瓦解，人类正在迈入"后国际政治时代"的门槛。[①]

以罗伯特·基欧汉和约瑟夫·奈为代表的修正学派主张，在相互依赖的背景下，现实主义关于国际关系权力政治分析若要有新的生命力，它不可避免地应赋予更多强烈的折衷主义色彩，即在传统的现实主义和正在兴起的全球主义之间走一种"第三条"道路。

作为新现实主义学派的代表人物，肯尼思·华尔兹（Kenneth Waltz）用一整套科学化的概念对传统的现实主义进行大力改造，明确提出，只要国际无政府状态继续存在下去，国家间的安全竞争压力和顾虑就不可能使真正相互依赖的国际关系时代来临。真正的相互依赖意味着社会分工在世界范围内彻底展开，但现实却告诉我们，这样的相互依赖只是在各国国内政治经济事务中存在。国际关系因而是由功能相近而非功能互补的国家构成的。这样一种不彻底的相互依赖显然是国际无政府状态造成的。肯尼思·华尔兹同时指出，政治上相互依赖的重要性和在一个领域是否具有组织性有着具体的关系。只要在某一个领域被正式地组织起来，该领域内的单元就可以自由地实施专业化，主要的原因是

① James Rosenau, *Turbulence in world Politics,* Princeton University Press, 1990.

他们不用担心因为专业化的发展而逐步加深相互依赖的关系。[①]

新马克思主义的依附论（dependency theory）的代表人物为萨米尔·阿明（Samir Amin）、冈德·弗兰克（Andre Gunder Frank）和多斯·桑托斯（Theotonio Dos-Santos）等人[②]。在着重批判现有的不公正国际经济秩序后指出国际关系不是对等的相互依赖，是一方（发展中国家）对另一方（发达国家）的依附。他们以对资本主义生产方式的马克思主义分析为出发点，强调资本主义在全球的扩张的结果是一种国际经济领域中的中心—外围格局的形成。处于中心地位的发达国家利用初级产品和加工产品的不平等贸易交换，把边缘地带的发展中国家变为自己的原材料产地和工业品市场，从而保证了自身经济的高度繁荣。而在这样的中心—外围体系中，发展中国家则遭受剥削，经济发展受制于人。[③]

在这四种流派中，以罗伯特·基欧汉和约瑟夫·奈为代表的修正学派影响最大，这是一种介于现实主义和全球主义学派间的"中庸"学派，但是，他们对相互依赖改变国际秩序的作用也持保留的态度。在他们看来，传统派仅仅关注国际关系中政治和安全领域的国家权力之间的斗争，而在全球化条件下，经济、生态相互依存的出现和发展，传统派的思路具有很大的局限性。现代派却走到了另一个极端，他们过分强调国际关系中的经济社会因素，忽视了传统的权力政治在一定意义上所具有的延续性。因而，他们以"权力为相互依赖"为中心，尝试在这两派之间取长补短，提出他们自己的综合性分析框架。

他们最后得出三大结论：一是相互依赖不只是相互交往；二是相互依赖不只是互利；三是相互依赖不一定导致合作。"相互依赖不只是相

---

① 肯尼思·华尔兹著：《国际政治理论》，信强等译，上海：上海世纪出版集团，2003年11月，第137～139页。

② 萨米尔·阿明著：《不平等的发展》，高铦译，北京：商务印书馆，1990年；[巴西]特奥托尼奥·多斯·桑托斯著：《帝国主义与依附》，杨衍永等译，北京：社会科学文献出版社，1999年；[英]A.P.瑟尔瓦尔著：《增长与发展》，金碚等译，北京：中国人民大学出版社，1992年。

③ 倪世雄著：《当代国际关系理论》，包宗和校订，台北：五南图书出版公司，2003年，第438～439页。

互交往”，其意为，把相互依赖等同于密切的相互交往，在理论分析上并不具有可操作性，因而唯有对这一宽泛的定义进行严格界定才能达到研究目的。换言之，只有当有重大利害关系涉足其中时，才能称得上是相互依赖。“相互依赖不只是互利”，其意为，在安全领域中敌对双方的相互毁灭性威慑也可称之为相互依赖，诸如冷战中的美苏关系就是典型的例证。这种战略相互依赖的情形显然不是以互利为目的和结果的。发达国家与发展中国家的不对称相互依赖也不能用“互利”来加以概括。至于“相互依赖不一定导致合作”，他们提醒人们要看到由分配问题衍生出来的冲突对国际合作的冲击。当潜在的合作方在如何分配可能产生的收益问题上无法达成一致意见时，合作未必会成为现实。即使是相互依赖成为主流时，并不意味着冲突消失，恰恰相反，冲突将会采取新的形式。他们认为，由于冲突的存在，才凸显合作的必要性和重要性，以及相互依赖的作用。[①]

尽管存在上述“反相互依赖”学说，罗伯特·基欧汉和约瑟夫·奈还进一步提出“复合相互依赖”理论。这一理论首先认为，国际行为体之间（包括政府或非政府之间、跨国企业或是国际性组织）是一种多元化、多渠道的社会联系。这种联系促进国际行为体间的往来[②]，特别是在跨国企业和国际组织之间。目前，无论是在哪一种渠道当中，国际间的联系和依赖程度都大大加强。

其次，复合相互依赖理论认为国家间关系的议事日程，已没有明确先后次序的排列，当中尤为重要的是军事安全地位下降。诸如环境污染、海洋利用、能源及人力资源等影响国际相互利益的因素和议题，都成为相互合作甚至制约的重要议题。过去许多被视为纯国内的事务，现在也进入国际关系议事日程。

此外，由于国家间政治利害关系的影响因素日趋复杂，而经济全球

① 倪世雄著：《当代国际关系理论》，包宗和校订，台北：五南图书出版公司，2003年，第439 ~ 440页。

② Robert O. Keohane, Joseph S. Nye Jr., *Power of Interdependence,* Little Brown and Company, 1977.

化又拉近了国家间的相互交流与联系，因此，尽管不排除使用军事力量解决纷争的可能，但在复合相互依赖理论占优势的国家或区域，一般不再把使用军事力量作为处理冲突的主要手段[①]。当然，这并不排斥在个别的地区和问题上，军事力量仍是推进对外政策的主要手段。复合相互依赖理论的三个基本观点，是在“敏感性”和“脆弱性”两大特点基础上对相互依赖理论所作的重要补充，同时也标志着相互依赖理论在20世纪70年代末80年代初取得了重大的进展。

罗伯特·基欧汉和约瑟夫·奈把他们的复合相互依赖理论视为一种“理想类型”，即一种理想状态。他们并不认为目前的国际关系已经达到了复合相互依赖所界定的标准，也不必然朝这个方向发展。他们认为，国际关系现实往往介于现实主义和他们所构建的复合相互依赖模式之间。根据不同的情况，两者会具有不同的解释力。虽然10年后，基欧汉和约瑟夫·奈重新评述他们的这一观点时承认一些对复合相互依赖模式的误解是由于他们自己未能从理论上对该模式进行系统的发展，但两人对这一模式的价值基本上是持肯定态度的。[②]

表1–1：罗伯特·基欧汉和约瑟夫·奈关于

复合相互依赖理论的三个基本观点

	基本概念内容	备注
1	多元化、多渠道的社会联系，已使国际间相互的联系和依赖紧密地联系起来	相关渠道包括正式或非正式的跨国组织和联系
2	军事安全问题不再始终居于国际关系议事日程的首要地位	国家间的议事日程，已没有明确先后次序的排列
3	军事力量的作用减弱	军事力量已不再是唯一解决国际纷争的手段

图表来源：作者自撰。

① 金应忠等著：《国际关系理论比较研究》，北京：中国社会科学出版社，2003年4月，第341页。

② 倪世雄著：《当代国际关系理论》，包宗和校订，台北：五南图书出版公司，2003年，第442 ~ 443页。

除复合相互依赖理论外，“依附论”是相互依赖理论谱系中影响较大的一个分支。“依附论”是指一种不平等的相互依赖，通常是一方对另一方有强烈的需求，它是资源缺乏者对资源丰富者的绝对依靠，是一种弱者对强者的依附关系。在经济全球化的时代，“依附论”的经验表现则为某些发展中国家对发达国家经济上不平等的依赖关系。

“依附论”也称为“中心—外围”理论，其主要代表人物为劳尔·普雷维什（Raúl Prebisch）和萨米尔·阿明（Samir Amin）等。他们把世界分成两个部分，一部分是少数高度工业化国家，这一类国家，为国际社会的重心，处在世界经济与政治的中心；另一部分则是非工业化的不发达国家，由于他们对中心国家的依附，形成国际社会与世界经济的外围。

中国学者倪世雄等把相互依赖理论的基本内容归纳为以下十个方面:（1）强调国家之间的相互易摧性和敏感性。虽然美国与苏联是当时世界上最强大的国家，但是在军事上它们却是最脆弱的，在核时代条件下互为“人质”，相互都可以完全摧毁;（2）国家所面临的许多问题趋于全球化，即类似能源、人口、环境、粮食、裁军、发展、恐怖主义、全球性流行病等问题已成为全球性问题，单靠哪一个国家的努力都无法解决;（3）“高级政治”（指国家利益、国家安全、军事战略等）逐步向“低级政治”（指经济发展、人口与粮食问题、社会福利、非传统安全等）过渡;（4）各国再也不能闭关锁国，越来越多的国家实行对外开放政策，缓和与开放占据国际关系的主导地位;（5）随着缓和形势的发展，国际合作的趋势逐步超过国际冲突的趋势;（6）武力在解决国际争端上的作用日益减弱;（7）谈判逐步取代冷战，均势逐步取代遏制;（8）研究对象从第一世界和第二世界国家转向第一世界和第三世界国家以及跨国组织;（9）主张在国际体系中以平等关系取代等级制;（10）相互依赖的趋势将进一步消解国家主权和民族利益，推动全人类利益的形成，最终将成为通向未来没有国界的世界国家的“中途站”。[①]

① 倪世雄著:《当代国际关系理论》，包宗和校订，台北：五南图书出版公司,2003年，第436 ~ 437页。

四、两岸经济相互依赖与政治发展的互动关系

经济相互依赖对两岸统一进程的影响及其影响的程度，是政治学学界关注的焦点之一。这一问题不仅是两岸关系研究中的重点，也是国际学术界关注的热点问题之一。第二次世界大战后，国际政治与国际经济的互动越来越明显，在此基础上国际政治经济学应运而生。[①]国际政治经济学研究的主要问题之一就是经济相互依赖与政治走向之间的关系。经济相互依赖对政治进程的影响所包含的议题非常广泛，涵盖了贸易与政治、金融与国际政治、经济一体化与政府干预、经济制裁与政治动机、国家实力与国际贸易结构、跨国公司与主权弱化、经济援助与政治发言权、经济市场化与政治民主化、全球经济改革与世界政治趋势等诸多方面。就研究层次而言，也可细化分为次国家层次、国家层次和超国家层次等。具体来说，大到国家、国际组织和国际上的纷争和冲突，小至消费者、农民、不同利益集团的博弈都有可能成为这一分析议题的内容。

在相互依赖理论中，关于经济相互依赖与政治互动关系的争论大致有以下四种不同的观点：

（1）经济相互依赖有利于促进双方政治的融合，经济相互依赖的程度越深，发展具有合作性质的政治关系的可能性越大。

（2）经济相互依赖不仅不能促进双方的政治进程与和平秩序，反而会诱发冲突，甚至可能导致战争。

（3）虽然经济相互依赖能影响政治冲突的发生，但不具有决定性影响，双方是战是和并不取决于贸易等经济方面的因素。

（4）经济相互依赖与政治之间并无互动，对于两者间是否存在真正意义上的联系表示怀疑。

中国大陆学界极为重视第一个观点，认为经济相互依赖关系对政治安全起积极作用：经济相互依赖程度越高，政治冲突可能越小，经济相

---

① 王逸舟著：《西方国际政治学：历史与理论》，上海：上海人民出版社，1998年，第517页。

互依赖能促进两岸和平统一的发展。经济相互依赖的特性有利于促进双方政治领域的合作，这是由于经济相互依赖自身存在着一些固有的特点。第一，经济关系本身即对长期稳定之绝对利益的追求。贸易合作给贸易交换双方都带来利益，且都体现得很充分，每一方都希望从这种关系的持续中获得更多的收益。这一点在大卫·李嘉图[①]（David Ricardo）的古典自由贸易理论中得到充分体现。第二，大部分经济领域本身很少具有发生迅速且致命的危险。这是因为，经济交往活动中的背叛，诸如实施贸易保护主义政策的后果之一，便为损害其贸易伙伴的利益，但是这种损害很难达到威胁一国生存安全的程度。第三，经济交往过程相对比较透明。一方的经济政策的实施与其意图，比如关税壁垒或补贴，很容易被另一方的决策者观察到并迅速采取对应措施。这样就有利于双方进行逐步的协商。[②]经济领域相互依赖的这三个特点可大大促进双方对未来长期利益的期望，促进对绝对利益的重视。

经济相互依赖有利于其他领域的合作的开展，这是贸易和平论合乎逻辑的推论之一。贸易和平论者认为，自由贸易可以促使资源合理配置，从而产生更多的福利，这也使得贸易参与者和消费者对外部市场的依赖度增加。如果国家间发生政治冲突，贸易商和消费者的贸易联系就会被阻断，由此贸易利益也会被损害。所以，贸易商及贸易相关者就会向当地政府表达希望维持贸易的和平环境，进行正常贸易的愿望。政府为了获取这部分人的政治支持而维持政权的合法性，从促进本国经济发展的大局出发，则会采取相应的措施去满足这些贸易商和消费者的要求。

---

① 大卫·李嘉图（1772～1823）是18世纪重商主义衰弱后，新兴经济自由主义的代表人物之一。他的思维受边沁功利主义思想及经济自由主义的影响，认为市场经济制度符合个人利益和社会利益，这种关系是合理而且将长期存在下去的。李嘉图认为，国际自由贸易使资本和劳动都得到最有效的利用，双方都可以得到比自己原所能生产的还要更多的产品，享受到更多使用价值的益处，因此，国际贸易对于交易的双方都是有好处的。李嘉图的主张，不仅加强并巩固了经济自由主义的哲学基础，他更具体论证了国际贸易自由学说的主张和重要性。

② 查尔斯·利普森著：《经济和安全事务领域的国际合作》；罗伯特·阿克塞尔罗德，罗伯特·基欧汉著：《无政府状态下的战略和制度合作》，载《新现实主义和新自由主义》，戴维·A.鲍德温主编（肖欢容译，王逸舟主编），杭州：浙江人民出版社，2001年。

孟德斯鸠（Charles Louis de Secoudat Montesquieu）曾指出，商业贸易具有促进和平的天然属性。从事贸易的两个国家，分属需求和供应的两端，在相互需求的基础上形成了两国相互依赖的关系。[①]孟德斯鸠的观点只是从宏观上阐述了经济相互依赖与安全之间的关系，而当代国际关系学者则从系统层面出发，研究自由经济秩序对维护国家安全的积极影响。[②]

英国曼彻斯特经济学派的著名学者理查德·科布登（Richard Cobden）是贸易和平论的缔造者。他根据19世纪上半期西欧资本主义经济发展状况和相对和平的国际环境，提出了自由贸易促进和平的观点。他认为，自由贸易对各参与国具有巨大的"整合"作用，这种作用"使得每一方同等程度地热衷于寻求给对方带来繁荣和幸福"，战争的选择自然相应降到次要的地位。"如果我们能使世界免于实际存在的战争，相信'贸易'将做到这一点。"贸易与和平之间存在着必然的因果关系。消除贸易壁垒是实现永久和平的唯一途径，甚至可能导致国际政治的完全消失。[③]

英国学者诺尔曼·安吉尔（Norman Angell）在《大错觉》中赞同科布登的上述"贸易整合"理论，并进一步论证了贸易与和平的关系。他认为，虽然战争在过去是有利可图的，但现代战争由于能摧毁贸易纽带则无异于一种"商业自杀"。如果决策者认识不到与贸易收益相比战争的"无利可图性"，他们就很可能通过诉诸战争来谋取利益；反之，和平就有可能实现。他进一步认为，即使战争的胜利好像带来了实质性的经济好处，但这也不过是一种假象。例如，尽管几乎所有的人都认为普法战争令战败的法国不得不支付巨额战争赔款，从而使德国人捞取了大量的好处，但战争赔款实际上诱发了一场通货膨胀，这反而给德国经济

---

① Albert O. Hirschman, *The Passions and the Interests: Political Arguments for Capitalism before Its Triumph*,（Princeton: Princeton University Press, 1977）, p.80.

② Barry Buzan, Economic Structure and international Security: The Limits of the Liberal Case, *International Organization*（1984, 38）, pp.597~624.

③ Richard Cobden, *The Political Writings of Richard Cobden,*（London: T. Fischer Unwin, 1903）, p.225.

造成了损害。此外，第一次世界大战的爆发和它的灾难性后果，则再一次向人们昭示了现代战争是无利可图的。[①]

20世纪六七十年代，经济相互依赖理论发展迅速。美国学者理查德·罗斯克兰斯（Richard Rosecrance）进一步深化了经济互相依赖抑制政治冲突的观点。他引用“机会成本”和“调整成本”等概念，通过比较经济相互依赖条件下收益和成本之间的关系来论证他的观点。在他看来，“机会成本”是一个国家因停止自由贸易而失去从自由贸易中获得的收益所付出的成本；“调整成本”是指贸易停止后重新调整国民经济而付出的成本。一个依赖度较高或开放性较大的国家，机会成本可能相当巨大，而机会成本越大，这个国家因割断对外经济联系所受到的经济损失也就越大。因为除了承受巨大的机会成本外，这个国家还必须支付重新建立国民经济体系而导致的同样巨大的调整成本，所以这些国家不倾向于挑起破坏经济联系的战争或冲突。[②]

此后，西方许多学者致力于经验实证分析，以此来证明经济依赖与政治冲突之间的关系。如爱德华·D.曼斯菲尔德（Edward D. Mansfield）经过对16世纪以来的大大小小战争的详细统计分析，得出经济相互依赖程度与战争爆发存在负相关关系的结论。[③]

总之，上述观点强调，不断增长的贸易不仅使比较优势最大化，促进一国总体福利，而且能增加两国彼此间的接触和交流的机会。这将有利于政治上合作关系的展开以及弱化对外进行武力侵略征服的动机，进而最终促进和平。反之，对国际经济活动的阻碍会导致政治军事不和谐甚至冲突。中国大陆学界高度认同这一观点，大力提倡“以经济促进统一”。

从现实来看，互补互利是两岸经济关系发展的基础。由于科技的快速发展，人类社会已进入了一个新的时代，随着信息通讯、互联网、流

① Norman Angell, *The Great Illusion:* 2nd.（New York: Putnam's, 1933）, pp.33~89, p. 256.

② Richard Rosecrance, *The Rise of the Trading States: Commerce and Conquest in the Modern World*（New York: Basic Books, 1986）, pp.13~14, pp.24~25.

③ Edward D. Mansfield, *Power Trade and War*（Princeton: Princeton University Press, 1994）.

动资金、人才与技术的全球性移动，国际政治经济已经紧密地互相联系在一起。在此大背景下，大陆与台湾地区之间的经济互赖局面已经形成，为向政治领域的统一奠定了物质基础。

从台湾方面来看，其优势主要集中体现在资本、技术、电子信息产业竞争力强和国际市场开拓力强四个方面。从大陆方面看，其比较优势主要集中体现在以下五点：一是劳动力资源丰富，质优价廉；二是大陆土地资源丰富，价格比较低廉；三是大陆人才资源丰富；四是大陆基础设施、产业配套比较好；五是大陆投资环境比较好。

中国大陆作为世界制造业工厂，除了具有廉价高效的劳动力资源和大量优惠政策倾斜外，随着其经济的高速稳定增长，市场活力已经由虚拟转为现实。越来越多的大型台资企业纷纷前往大陆投资创业，以加速本土产业结构升级。两岸在自然禀赋、产业结构、发展阶段和国际分工上的差异使得两岸经济具有相当的互补和共生功能。二十多年来，两岸经贸交流规模的日益扩大，不但为两岸各自的经济发展注入了活力以及贡献与日俱增，而且还促使两岸经济关系初步形成了相互依赖、相互获益的局面。

就贸易而言，据台湾“陆委会”的统计，2006年的两岸贸易额高达881.16亿美元，与1984年的5.5亿美元相比，22年内增长了160倍。两岸产业的发展与经济交流产生了积极的效果——不仅大陆电子及IC等产业得到快速的发展，台湾地区西进投资的企业亦得到所需的资源和丰厚的回报。从1993年起，中国大陆已经成为台湾的第三大贸易伙伴（仅次于美国与日本）；2003年，大陆已经取代美国，成为台湾第一大出口市场。截至2002年底，台湾累计获得顺差1826.19亿美元，超过台湾外汇储备600多亿美元。如果没有对大陆间接贸易的顺差，不仅台湾的外汇储备将受到极大影响，而且还会出现600多亿美元的逆差，贸易收支就难以平衡。如果按年度核算扣除对大陆的贸易顺差，台湾则自1993年以来外贸就会出现连续8年的贸易逆差。台湾对大陆出口的贸易顺差，弥补了台湾地区对日本贸易的巨额逆差，从而维持了台湾总体对外贸易的平衡。①

通过对大陆投资，台资企业每年从中获利约500亿美元。从大陆方面看，虽然对台贸易逆差较大，但台资企业的大量出口，已达到和超过对台贸易的逆差，也就是说，中国大陆对台贸易的逆差已在台资企业出口中得以平衡。近几年中国大陆出口连年增幅较大，与台资企业出口增长较快紧密相关。中国大陆2002年出口产品中增长最快的是机电产品，比上年增长27%，而机电产品里面，三资企业增长了56%，当中台资企业比重较大。2002年，仅广东鸿海电子企业出口就达27亿美元，宝成鞋业出口也达18亿美元。更重要的是，台商投资大陆，加快了大陆经济的发展，解决了大批劳动者的就业问题，还带来管理、技术和税收，促进了大陆产业结构的调整和提升。

可见，两岸经济关系发展不仅具有互补性，而且具有互利性，这是两岸经济发展现状的根本特征。这种互补互利性促进和推动了两岸经济关系的发展。如此，客观上为实施祖国统一提供了最有利的前提条件。而经贸的相互依赖如何推动或影响两岸统一，是本书力图阐述的主要内容。

如果经济相互依赖与和平进程之间的存在正相关关系的话，两岸实现由经济相互依赖向政治统一的过渡是可能的。鉴于此，通过经济互赖促进政治亲和一直是中国大陆对台经济政策的题中之意，其中，“以商促政”、“以商促官”原则为经济相互依赖发挥政治影响提供了重要的政策保障。1979年改革开放之初的“三通”政策、1995年江泽民发表关于促进祖国和平统一的八项主张以及胡锦涛关于两岸关系的重要讲话等，都是中国大陆推动两岸经济相互依赖的政策准备。尽管台湾当局以“不通关、不入境”和“戒急用忍”等政策来对抗中国大陆的“三通”倡议，但是，为了加强两岸的经济交流和商业往来，中国大陆对台湾商界不断提出各种优惠与扩大开放政策，积极推动两岸经济关系的健康和快速发展，并成功地推动两岸经贸关系形成相互依赖的局面。

① 卜贵林著：《论两岸经济关系发展的状况、特征和走向》，载《南京师大学报》（社会科学版），2003年第6期，第85页。

在两岸经贸与投资交流过程中，中国大陆不惜承担巨额贸易逆差也要促进两岸政治亲和的努力也得到了肯定。最明显的表现为，迫于台商的巨大压力，台湾当局不仅放弃了“不通关、不入境”的禁令，而且在2001年“经发会”上解除了台商到大陆投资上限不能超过5000万美元的规定，并提出以“积极开放，有效管理”政策取代“戒急用忍”。在“三通”方面，在岛内外的民意压力之下，台湾当局也先是同意“试点直航”，接着又推动实现“小三通”。在陈水扁执政的第一任期内，尽管两岸关系因受台湾意识形态的影响不进反退，但随着台商对大陆市场与经济成本的考量，包括台硕、长荣、鸿海、奇美等国际性企业，逐一在大陆扎下深厚的企业发展根基，台湾当局也不得不在政治上，因考虑两岸经济的互动对台湾企业及经济发展的重要性，而改变两岸政治对峙的关系。2005年4月，台湾中国国民党主席连战率领访问团至大陆参访，及5月5日亲民党主席宋楚瑜继连战之后亦至大陆参访即是最好的体现。

上述积极的信号和良好的开端，意味着中国大陆“以商促政”、“以商促官”的原则正在发挥积极作用，经济相互依赖的效果已经影响政治领域的政策选择。因此，中国大陆的两岸经济政策是转变“经热政冷”现象的重要政策保证。随着两岸经贸交流的不断发展，两岸可以在更广泛的范围内建立互信，扩大认同，而互信和认同是任何长期和平解决方案中最重要的软力量。

然而，经济相互依赖没有加速两岸的和平统一，这是有原因的。经济相互依赖并不能单独构成政治统一的充分条件。两岸经济互赖的“经济热”向政治统一转化的“政治热”可能性虽然存在，但这并不意味着必然性。因为两岸经济相互依存程度较低和不平衡，以及经济交流与政治发展之间缺乏应有的联系机制，两岸间的经济热未能像人们预期的那样转变为政治热。究其缘由，主要有以下四点原因：

首先，两岸经济相互依赖关系的特性问题。一是间接性。由于民进党“执政”期间，台湾当局在政治上推行“台独”路线，敌视中国大陆，企图分裂祖国，拒绝两岸直接“三通”的主张，所以两岸所有的经济及其他交流活动、人员往来只能采取间接的，即通过第三地的方式进行，陡增了台胞的困扰和台商的投资成本。二是单向性。台湾当局至今仍不许中国大陆的人员和资本进入岛内从事各项投资和招商活动，也限制商贸企业进入岛内设立经营机构，如此形成目前两岸经济关系“只来无往”的单向局面。三是不平衡性。不平衡性表现之一是巨大的贸易差额。在两岸经贸交流中，台湾一直是巨额的贸易顺差者。根据台湾“两岸经济统计月报”的统计，1981年，台湾对中国大陆的贸易顺差为3亿美元，2002年已增加至235.6亿美元，而2007年更跳升至462.3亿美元。①不平衡性的表现之二是投资单向度。截至2002年底，台商投资中国大陆的实到资金为331.29亿美元②，累计至2008年11月，相关累计金额更达到473.78亿美元；而中国大陆到台湾地区的投资，直至2008年台湾政党再次轮替后，台湾当局才逐步放松大陆资金到台湾投资的相关管控。

其次，两岸经济依赖度尚不足以确保两岸的和平统一。探询衡量经济相互依赖程度的科学方法比较困难，同样，制定一种较为准确衡量经济相互依赖的指标也是一项艰巨的研究任务。例如，海峡两岸贸易联系发生变化或断绝后，我们很难确定一方即将付出多少代价，而这才是判断基欧汉“敏感性”和“脆弱性”经济相互依赖的关键所在，因为这种代价的大小常常是根据现存事实的主观推测得出。在实践中，两个主体的经济联系如果断绝，它们可以根据自身的条件或者扩大与第三方的经济往来，或者在个体内进行经济调整等替代与他国进行经济联系的办法。目前较为普遍的衡量经济相互依赖的指标有三种：一种是根据一国贸易额与GDP的比率得出的对外经济开放程度；一种是根据一国与另一国贸易的非对称程度（对一国贸易进出口额占本国贸易进出口总额的比例）得出的自身脆弱性程度；还有一种是一国从贸

① 历年两岸经贸统计的数字，双方统计结果有较大的不同。以2006年为例，台湾“陆委会”统计之台湾经港对中国大陆的贸易顺差金额为385.49亿美元；中国大陆海关总署统计的2006年两岸贸易顺差金额为663.7亿美元。

② 卜贵林著：《论两岸经济关系发展的状况、特征和走向》，载《南京师大学报》（社会科学版），2003年第6期，第85页。

易中获得的利益大小[1]。

台湾学者童振源认为，台湾与大陆的经贸依赖程度并不高。1995年，台湾的两岸经济依赖度为1.2%至3.1%，大陆的两岸经济依赖度为1.7%至2.4%。1999年，台湾的两岸经济依赖度维持不变，大陆为2.2%至2.8%。而且，如果以“贸易依赖度”（台湾或大陆的双边贸易占各自总贸易的比例）和“贸易经济依赖度”（双边贸易总量占台湾与大陆各自GDP的比例）为指标来审视两岸经济的相互依赖程度，我们又会发现，经济相互依赖的不平衡性乃是两岸经济联系的一个重要特点。以2006年为例，台湾对大陆的贸易经济依赖度由2000年的9.7%上升到2006年的24.8%；大陆对台湾的贸易经济依赖度则由2000年的2.8%发展到2006年的4.1%。相对而言，进入21世纪后，台湾对大陆的经济依赖度一直维持在大陆对台湾经济依赖度的六倍左右。

可见，两岸经济相互依赖程度的偏低和平衡性的不足，是“政冷”现象发生的主要原因。而在经济相互依赖促进政治联系的因果逻辑中，重要的不是简单的依赖，而是互赖的程度。只有当贸易对双方产生大致相同影响的情况下，才能认为贸易有助于促进相互联系。

再次，台湾当局故意割裂经济依赖与政治融合之间的有效联系与互动。

中国大陆热切地希望将两岸经济领域的互赖优势转化为政治领域的融合动力，但是由于台湾当局一再故意阻挠和破坏，中国大陆的良苦用心一时难以收到最佳外溢效果。例如，台湾当局出于政治考虑一直没有答应大陆方面提出的“三通”倡议，反而宣布实施“戒急用忍”政策，规定台商投资大陆的上限不能超过5000万美元；更一度推行所谓的“南

① 对有关衡量经济相互依赖方法的探讨详见:Richard Rosecrance, and Arthur Stein, “Interdependence: Myth or Reality?” *World Politics*（1973, 16）, pp.1~27; Richard Rosecrance, Alan Alexandroff, Wallace Koehler, John Kroll, Shlomit Laqueur, and John Stocker, “Whither Interdependence”, *International Organization*（1977, 31）, pp.425~471; David A. Baldwin, “Interdependence and Power: A Conceptual Analysis”, *International Organization*（1980, 34）, pp.471~506; Mary Ann Tetreault, “Measuring Interdependence”, *International Organization*（1980,34）, pp.429~43; Mark. Gasiorowski, “Economic Interdependence and International Conflict: Some Cross-National Evidence,” *International Studies Quarterly*（1986, 30）, pp.23~38.

进”战略，企图把台商投资重点转向东南亚各国。台商不得已，只能实施“曲线救国”的策略。台湾当局后虽提出“积极开放，有效管理”的政策，但是其强调的重点仍非“积极开放”。更有甚者，有些民进党“立委”甚至大肆鼓吹“三通”的危害性，宣称不要“一味帮助中共以商围政”。台湾“陆委会”也强调大三通的推动要以“确保国家安全及产业安全”为前提。这在客观上极大阻碍了两岸经贸往来的正常开展。

最后，台湾淡化民族认同感的政策影响了经济热向政治热的转化。

两岸民族认同感的淡化直接导致两岸政治关系与经济关系发展的脱节和背离。台湾当局在岛内民主化的进程中有意鼓吹“台湾意识”和“台湾认同”，不断淡化和破坏台湾人民的中国认同。以李登辉为首的“台独”分子自20世纪90年代初上台以来不断推动台湾政治的“本土化”运动，大肆宣扬“台湾悲情”，刻意制造“统”、“独”对立情绪，导致两岸的认同出现一定的偏差。如今台湾已“不再视抽象或文化的中国认同为当然的唯一认同对象，而以具体或政治的台湾本土为集体认同对象”。这种认同偏差不仅对中华民族认同感构成了严峻挑战，而且严重影响了两岸统一进程。此外，经贸往来中的不平衡，两岸社会、文化科技、体育和人员交流的欠缺都不同程度地加剧了这一落差，并反过来进一步削弱了向政治统一方向转化的动力。

依赖是双方的。上述问题的存在，不仅影响了两岸经贸关系的深入发展，也影响了如何把两岸之间的联系从经济领域向政治领域扩展。经济相互依赖理论认为，经济与政治的融合过程不是“自上而下”，而是“自下而上”的，即由低级政治逐渐扩展到高级政治，但经济互相依赖向政治统一的转化过程并不是自发的，它要求双方必须考虑政治意愿中的各种因素，即使双方都怀有实现融合的强烈意愿，单方仍然可能有足够的能力阻挠向政治领域的发展。总之，这种转化的发生取决于经济联系的政治化进程，取决于政府决策者的努力、刻意的“联系战略”，以及共同认同感的建构。诸多因素当中，政府行为是实现政治和解的关键。约瑟夫·奈注重双方政府建立刻意的“联系战略”，认为这将有助于加强彼此间的“功能联系”。刻意的“联系战略”将不同类型和领域的问题联系起来，如此一个问题的解决或改善经常依赖于另一个问题。这种由政治人物、官僚机构和利益集团所推动的联系并非出于技术考虑，而是具有政治或意识形态上的意义。因此，相互依赖理论要求在发展两岸经贸交流、提高经济互赖程度的同时，注意引导经济互赖向政治亲和的转化。中国大陆应抓住"入世"带来的良好机遇，有意机制化统一进程、制定有效的联系战略、施以适当的政治推动力、继续扩展经贸领域的对外交往，从而逐渐推进两岸从经济上互赖向政治上合作迈进的步伐，缩小两岸经济往来与和平统一之间的落差。

良好的经济关系并不必然顺利地转化为良好的政治关系。经贸关系的发展虽能在一定程度上防止政治关系破裂，但其本身并不会自动促成政治关系的改善，遑论政治融合与统一。因此，由经济向政治的扩散除了与互赖程度和联系战略有关之外，还有赖于两岸政治精英的积极推动。换言之，成功的政治融合取决于人们"内化"融合过程的能力，即精英成员为融合进程指明方向的能力。新功能主义者认为，"只有当各行为体在切身利益所激发的认识基础上，希望将某一事务中学到的融合经验应用到另一种新情况时"，扩散现象才会发生。因此，两岸主要政治精英和领袖的共同政治认同和积极推动是政治融合与统一的顺利进行所不可或缺的条件。

第二节　两岸历史背景及政经互动的回顾

中国大陆与台湾两地虽然有着共同的历史与文化渊源，但自1949年以来，由于政治与社会体制的分离，经济上也各自在不同的主义"指导"下，实行两种不同的社会、政治与经济制度。中国大陆的经济发展的指导思想是马克思主义经济学，并且综合了古典经济学、现代经济学和中国传统经济思想等因素[①]。而台湾地区是在自由主义的经济思想支配下，以政府科技政策的支持为先导，从早期劳动力密集的中小企业，

① 《社会科学学报》，1996年4月4日。

发展到今天以资本密集及技术密集的高科技行业，目前，台湾地区在经济全球化的舞台上，扮演着一个重要的角色。本书试图比较海峡两岸的差异，因此必须追溯到两岸政治思维差异的源头。

一、第一阶段：新中国成立前后的国内环境

1917年俄国十月革命的成功，极大地鼓舞了中国学者探寻马克思主义在中国的发展之路。1919年“五四运动”爆发，马克思主义在中国得到了非常迅速而广泛的传播。当时国内正处于“由资产阶级领导的旧民主主义革命向无产阶级领导的新民主主义革命转变的重要时期”①，许多知识分子在新思潮的洗礼下，纷纷开始倾向于马克思主义研究，李大钊②则是中国最早传播马克思主义思想的学者。

基于对资本主义制度的怀疑以及受俄国十月革命的启发，李大钊于1918年7月，发表了《法俄革命之比较观》一文，文中详细论述了法国资产阶级革命和俄国工农革命在本质上的区别。他认为，如同法国大革命预示着世界将进入资产阶级革命的时代，俄国的十月革命也标示着社会主义革命时代的来临。不同于过去其他学者对马克思主义片面的表述，在李大钊发表的《我的马克思主义观》一文中，他对“唯物史观”、“政治经济学”及“科学社会主义”，即马克思主义三个主要的组成部分，作了较全面的介绍和比较③，并且指出三者之间是不可分割的关系；他同时还指出，“阶级斗争恰如一条金线，把这三大原理从根本上联络起来。”④李大钊具体地介绍了马克思主义学说的完整形态，对后续中国

---

① 罗正楷主编:《中国革命概论》，北京：中国人民大学出版社，1998年，第105页。

② 李大钊，河北乐亭人。早年曾就读于天津北洋法政专科学校。1914年至日本早稻田大学攻读政治学，回国后先后任职北京《晨钟报》主编，《甲寅》日刊编辑。1918年底与陈独秀一起创办《每周评论》，并先后发表《法俄革命之比较观》、《庶民的胜利》、《新纪元》等论文。五四运动期间，李大钊支持并领导相关活动，1919年10月在《新青年》上发表《我的马克思主义观》，在中国首次有系统地介绍马克思主义的基本原理。1920年与陈独秀酝酿成立中国共产党，次年共产党成立后，负责共产党在北方的全面工作，1923年后，在中共第三次及第四次全国代表大会上连续当选中央委员。1927年被军阀张作霖逮捕，在北京就义。

③ 李大钊著:《我的马克思主义观》，载《新青年》，第6卷5号，1919年5月。

④《李大钊选集》，北京：人民出版社，1959年。

发展共产主义的经济学说，有开创性的影响。

如果说“五四运动”是中国系统研究及传播马克思主义政治经济学的起点，那从“五四运动”到1949年中华人民共和国成立，则是马克思主义政治经济学在中国广泛传播并取得重要地位的过程。[①]而后，一些马克思主义者从中国的国情出发，将马克思主义的理论与中国特殊的国情相结合，而形成中国新民主主义政治经济学。此外，约从1940年到1956年，[②]毛泽东提出了新民主主义经济的性质和矛盾及向社会主义过渡等相关问题，从此新民主主义理论的具体理论框架得以确立。在这一理论框架当中，他强调国营经济的领导地位，指出前者要凌驾于合作社经济、私人资本主义、个体经济和国家私人合作的国家资本主义经济之上，以保障新民主主义经济向社会主义经济的过渡性。

二、第二阶段：1978年大陆改革开放以后的环境

新中国成立后，中国大陆的经济发展在曲折中前进。1958年中国“生产大跃进”之后，中国进入了一个经济增长不稳定的时期，而“文化大革命”的发起，进一步将中国发展商品经济的时间推迟至70年代末。1978年，中国共产党第十一届三中全会召开，将全党的工作重点转移到经济建设上来，并强调以经济改革及发展为主轴，建设有中国特色的社会主义，中国才逐步进入改革开放的新时代。

1978年12月，在十一届三中全会上，中共中央提出了“对内改革、对外开放”的政策，由此确定了中国改革开放的总体策略，两岸关系也是在这种新的政治与经济的政策下，以发展市场经济为重点，取代了意识形态上的竞争和敌视。这次大会确立了中国共产党全党的工作重点向四个现代化建设转变，具体来说，就是在国内创造一个安定团结的政治局面，在国际上争取一个长期的和平环境。就台湾问题而言，因考虑如

① 在这段过程中亦有包括当时中国学者，对《国富论》作者亚当·斯密（Adam Smith）所提出的经济自由主义理论或其他社会主义经济思潮，作为对未来中国经济发展理论的探讨。

② 刘宏、沈山、石淑华等著：《百年梦寻——20世纪中国经济思潮与社会变革》，北京：西苑出版社，2000年，第123页。

果使用武力，将给台湾同胞带来灾难，同时由于战争的代价势必影响四个现代化的进程，甚至牵动国际格局的变换，因此，中共中央决定把“和平统一祖国”①作为既定国策和长期的施政方针，而不再以武力解放台湾作为解决台湾问题的主要政策诉求。②

表1-2：改革开放以来，中国实施经济改革政策的三个阶段

阶段	时间	改革重点	具体措施与成果
一	1978 ~ 1984	农村改革、扩大国有企业经营自主权、创办经济特区	农民实行家庭联产承包；开放14个沿海港口城市
二	1985 ~ 1991	城市改革、国有企业的改革为重点、允许私营经济发展	上海及深圳证交所成立
三	1992 ~ 现在	引进外资与技术、建立社会主义市场经济体制、创新体制、扩大和发展市场、实行股份制、建立现代企业制度、建构宏观调控系统、西部大开发、推动科学发展、实现全面建设小康社会、致力构建和谐社会	中国经济每年平均都以8%的速度增长；对香港及澳门恢复主权；2006年中国GDP同比增长10.7%

图表来源：作者撰写。

大陆对台政策的改变，即“和平统一”成为中国大陆解决台湾问题的战略方针，并开始倡议两岸进行通商、通航、通邮，及文化、学术、体育和工艺观摩交流等所谓的“三通”及“四流”③政策，但这些主张并未得到台湾当局的认同，蒋经国于1979年提出“不接触、不谈判、不妥协”的“三不政策”作为拒绝“三通”、“四流”主张的回应。虽然“三不政策”对两岸的经贸交流有所影响，但大陆方面对台商所采取的各项

① 1979年元旦，全国人大常委会发表《告台湾同胞书》，正式提出“和平统一祖国”作为解决台湾问题的策略方针。

② 为配合“和平统一祖国”的策略方针，国防部部长徐向前于1979年1月1日，正式宣布即日起停止对大金门、小金门、大担岛、二担岛等岛屿的武装炮击，结束两岸军事对峙状态。

③ “三通”是指通商、通邮、通航。“四流”包括：经济交流、文化交流、体育交流、科技交流。

优惠政策，已开启台商到中国投资的新局面。

自1979年中国实施改革开放政策后，两岸的经贸发展相较1979年之前的贸易往来，有非常可观的增长①。大陆方面亦不断颁布对外商及台商的各项经贸与优惠政策，由此带动两岸经济交流的“繁荣”。虽然台湾对大陆的出口贸易金额主要来自于经由香港的转口贸易，但以此为开端的经贸互动，已奠定了双方未来经济交往快速发展的重要基础。这一时期中国官方所颁布的对外商或台商重要的经济政策和相关法律见表1-3。

表1-3：中国官方颁布的对外商或台商的经济政策（1979~1986）

时间	重要的经济政策和法律条文
1979	全国人大常委会发表《告台湾同胞书》②，提出“三通”、“四流”政策主张
	颁布《关于开展对台湾地区贸易的暂行规定》
	通过《中外合资企业经营法》
1980	公布《购买台湾产品的补充规定》，将台湾进口的贸易视作“国内贸易”，可免进口关税③
1983	通过《中外合资企业经营法实施条例》
	公布《关于台湾同胞到经济特区投资的特惠办法》
1986	通过《外资企业法》、《关于鼓励台湾同胞的投资规定》

资料来源:《人民日报》(1979~1986)。

在此期间，尽管大陆对台湾实施特殊的经贸优惠政策，但大陆对台贸易基本上没有突破性的增长，而两岸的贸易总额到1986年也只有9.55亿美元（表1-4）。与此同时，虽然蒋经国在1979年曾以“三不政策”“响应”大陆所提出“三通”、“四流”的政策，但随着两岸经贸关

① 近年来，在国际经济低迷的状况下，中国的经济增长率仍然以每年8%的速度在增长，而1978年改革开放以来的政策转变，也为两岸经济交流与日后中国的经济发展打下坚固的基础。

② 《告台湾同胞书》的主要内容包括：在解决台湾问题时“一定要考虑台湾的现实情况”；肯定台湾当局“一贯坚持一个中国的立场，反对台湾独立”；通过谈判，结束军事对峙；“实现通航通邮”、“进行经济交流”等。

③ 此优惠政策因港商利用港货冒充台湾货物逃避关税而于1982年取消，改实行“调节税”。

系互动开始频繁，台湾当局亦在本阶段放松与大陆间接贸易的限制，并多次公布相关政策，包括1985年所宣布“转口贸易不予干预、不与中共直接通商、不与中共人员或机构接触”的《转口贸易三原则》。此外，台湾当局于1987年颁布开放29项大陆农工原料间接进口的规定，如此两岸便有了实行性的经济交流与往来。

自改革开放以来，两岸的经贸关系基本上遵循“间接”和“单向”的原则，亦即两岸间的贸易，必须通过大陆地区以外的第三地进行，商品必须经由第三地转运，对大陆投资的情形也是这样，必须经过第三地向大陆投资。因此，这一阶段两岸的经贸交流中，香港作为第三地，成为大陆与台湾地区重要的贸易中转站①。

随着两岸经贸政策的改变，及“过境货物”、“转运”等贸易方式的兴起，经由香港转口的贸易额在两岸贸易中所占的比例逐渐下降，但是香港仍然是两岸经贸往来时一个重要的缓冲地区。1997年7月1日，中国对香港恢复行使主权，对于台湾当局对大陆的“间接”贸易政策而言，这是一个重要的考验。但经过双方长期的协商，最后仍将香港定位为两岸之间的“第三地”。如此，1997年香港回归祖国之后，依然继续扮演着“第三地区”这个重要的角色。

三、第三阶段：1987年台湾当局开两禁以后两岸的经济往来

自17世纪初期荷兰人占领台湾以来，台湾一直以发展海外贸易为主要的经济“治国术”。数百年来，这种经济“治国术”一直占据“统治地位”，即使在1949年国民党撤退到台湾地区之后，台湾经贸发展与政府经济政策的制定，基本上遵循“海岛型外向经济”的模式，亦即以进出口贸易带动整个经济的发展为主轴。事实上，也正因为此，二战结

① 表1–4“台海两岸经香港转口贸易金额统计”清楚地显示，经过本阶段两岸政府经贸政策的制定与开放，两岸经济贸易额从1987年起，有明显而具体的增长。

表1-4：台海两岸经香港转口贸易金额统计

单位:百万美元

时间	贸易总额		经香港转口				顺（逆）差
			台湾向中国大陆出口		台湾从中国大陆进口		
	金额	增长率（%）	金额	增长率（%）	金额	增长率（%）	
1982	278.5	-39.4	194.5	-49.4	84.0	11.8	110.5
1983	247.8	-11.0	157.9	-18.8	89.9	6.9	68.0
1984	553.3	123.3	425.5	169.5	127.8	42.2	297.7
1985	1,102.8	99.3	986.9	131.9	115.9	-9.3	871.0
1986	955.5	-13.4	811.3	-17.8	144.2	24.4	667.1
1987	1,515.4	58.6	1,226.5	51.2	288.9	100.4	937.6
1988	2,720.9	79.5	2,242.2	82.8	478.7	65.7	1,763.5
1989	3,483.4	28.0	2,896.5	29.2	586.9	22.6	2,309.6
1990	4,043.7	16.1	3,278.3	13.2	765.4	30.4	2,512.9
1991	5,793.2	43.3	4,667.2	42.4	1,126.0	47.1	3,541.2
1992	7,406.9	27.9	6,287.9	34.7	1,119.0	-0.6	5,168.9
1993	8,689.0	17.3	7,585.4	20.6	1,103.6	-1.4	6,481.8
1994	9,809.5	12.9	8,517.2	12.3	1,292.3	17.1	7,224.9
1995	11,457.0	16.8	9,882.8	16.0	1,574.2	21.8	8,308.6
1996	11,300.0	-1.4	9,717.6	-1.7	1,582.4	0.5	8,135.2
1997	11,458.9	1.4	9,715.1	0.0	1,743.8	10.2	7,971.3
1998	10,019.0	-12.6	8,364.1	-13.9	1,654.9	-5.1	6,709.2
1999	9,803.0	-2.2	8,174.9	-2.3	1,628.1	-1.6	6,546.8
2000	11,573.6	18.1	9,593.1	17.3	1,980.5	21.6	7,612.6
2001	10,504.8	-9.2	8,811.5	-8.1	1,693.3	-14.5	7,118.2
2002	12,019.9	14.4	10,311.8	17.0	1,708.1	0.9	8,603.7
2003	13,950.4	16.1	11,789.4	14.3	2,161.1	26.5	9,628.3
2004	17,247.3	23.6	14,761.9	25.2	2,485.4	15.0	12,276.4
2005	19,690.4	14.2	17,055.9	15.5	2,634.5	6.0	14,421.4
2006	21,617.0	9.8	18,707.2	9.7	2,909.8	10.5	15,797.3
2007（1~10月）	19,881.4	11.3	17,467.1	12.8	2,414.3	1.6	15,052.8

资料来源：台湾《两岸经济统计月报》（1982~2007）。

束后，台湾经济一直保持着较高速度的增长。从20世纪60年代初期开始，台湾当局开始奉行“外销导向”的经济发展策略，除利用当时台湾廉价的人力资源，致力于发展劳力密集型产业外，还在政府相关外销优惠政策的鼓励下，为台湾创造更多外汇与经济增长，针织业、礼品业以及后来的球鞋业等，均得到迅速的增长。

20世纪70年代，在时任“行政院长”蒋经国先生的领导下，台湾当局大力发展“十大建设”[①]，制定科技政策并集中“政府”资源培养科技人才，发展科技事业，从此台湾进入近代经济发展的第一个黄金阶段。从1965年到1985年，台湾的经济一直保持着每年超过9%的增长率。此外，“从1986年到1995年，台湾处于由工业化社会走向后工业化社会的转型期”[②]。这一时期，虽然受新台币升值以及劳力密集产业在成本上失去国际竞争力的影响，但由于台湾内需的扩张，因此台湾经济增长仍维持平均每年约7.99%的增长率。即使在东南亚金融风暴时期[③]，台湾经济从1996年到1999年，增长率依然达年平均5.75%。[④]

表1-5：1986~1995年台湾地区经济年增长率[⑤]

1986	1987	1988	1989	1990	1991	1992	1993	1994	1995
12.6%	11.9%	7.8%	7.2%	7.2%	7.55%	6.76%	6.32%	6.54%	6.03%
平均经济增长率			7.99%						

数据来源:《台湾2003》;作者整理。

① “十大建设”是台湾当局第六期经济建设计划（1973 ~ 1976年）的主体计划。其内容包括：兴建南北高速公路，铁路电气化，兴建北回铁路，兴建桃园中正国际机场，兴建台中港，改建苏澳港，兴建高雄造船厂，兴建三座核电厂，兴建高雄钢铁厂，建立石油化学工业。十大建设总投资约为60亿美元。

② 全国台湾研究会编:《2002年两岸关系研究报告》，北京：九州出版社，2004年，第2页。

③ 1997年5月开始，由于泰国外汇市场受到冲击，泰国政府将固定汇率改为浮动汇率，引起泰铢大幅贬值，股市重挫。相邻区域的菲律宾、马来西亚和印度尼西亚等国，受此影响货币亦相继大幅度的贬值，形成整个东南亚地区的金融风暴，香港地区、台湾地区、韩国及日本亦相继受到冲击，许多大公司、证券公司、银行等金融机构，纷纷倒闭，世界各大证券市场及金融中心，后续亦受到较大的震撼。

④ 根据全国台湾研究会所编《台湾2003》数据显示，台湾经济增长率从1996年到1999年分别为：5.71%、6.81%、4.83%、5.67%，平均年增长率为5.75%。

⑤ 全国台湾研究会编:《台湾2003》，北京：九州出版社，2004年版，第564页。

1987年是台湾当局大陆政策变化的分水岭。是年，台湾当局首先解除了“《戒严法》”，[①]接着开放台湾居民赴大陆探亲[②]，受此政策影响，台湾资金和技术从此随着人员的流动大量进入大陆，形成第一波台湾居民赴大陆投资的热潮。在这一时期，台湾当局较大幅度地放开大陆政策，并取消许多过去对大陆经济贸易交流的限制，承认转口贸易和开放29项大陆农产品进口到台湾。

1987年以来台湾当局大陆经贸政策的改变，除了促使两岸贸易金额快速增长之外，另外的一个结果就是台商赴大陆投资的增长率以惊人的速度巨幅增加。根据大陆官方的统计数据显示，整个80年代，台商对大陆投资的总金额为2.02亿美元，然而，仅1990年一年的投资金额，就迅速上升到2.22亿美元，超过之前整个80年代的总额。1991年，台商投资大陆的总额倍增至4.66亿美元。

由于两岸经贸交流巨幅增长，相关的商业往来也进入一种良性的互动。例如，1990年台湾当局开放厂商经由第三地区赴大陆投资，从此，台湾机器、设备、原料可以直接转运大陆，这种新的交流模式改变了既有的转口贸易形态，突破了原有间接贸易的规定。在此基础上，两岸的经贸互动形成一种新的局面，即经过通关的转口贸易形式在两岸贸易中所占的比率逐步降低。

台湾当局大陆经贸政策的改变，是这一时期两岸经贸交流快速提升的主要影响因素，但同期中国大陆鼓励台商到中国大陆投资的优惠政策和相关法律条文的颁布，也是加速台商对大陆投资与双方经贸互动重

---

① “《戒严法》”制定于1934年11月，并曾于1948年5月及1949年1月作过两次修订。1987年7月14日，蒋经国宣布自7月15日起，台湾地区“解除戒严”，其相关内容包括：取消部分军法措施（非现役军人犯罪不再受军法审判）；缩小“台湾警备总司令部”的职权范围；放宽台湾出入境的限制；开放报禁、书禁；放宽人民集会、结社、游行、罢工的权利等。

② 蒋经国于1987年初指示台湾有关单位及部门研究开放台湾人民赴大陆探亲的可能性。台湾当局宣布解除戒严之后，国民党“中常会”于1987年10月14日通过台湾民众赴大陆探亲的方案，并于次日宣布了除现役军人及现任公职人员外，凡是在大陆有血亲、婚亲及三等亲以内的亲属人员，都可于是年11月2日起，向台湾红十字会登记赴大陆探亲的具体办法及方案。

要的原因之一。例如，1988年颁布的《二十二条》[①]，即《国务院关于鼓励台湾同胞投资的规定》给予台资包括开发土地、延展经营权等各种优惠，亦即台商同时获得兼具本国国民与外资双重优惠的“超国民待遇”。关于这一时期中国对台商所颁布的相关鼓励政策和法律规定，具体可参阅表1–6。

表1–6：中国对台商所颁布的相关鼓励政策和法律条文（1987~1991）

时间	相关政策与法律规定
1988年	《国务院关于鼓励台湾同胞投资的规定》(简称《二十二条》)
	成立国务院台湾事务办公室（简称“国台办”）
	成立对外经贸部对台经贸关系司
	通过《中华人民共和国中外合作经营企业法》[②]
1989年	制订对台工作指导总纲及设置“台商投资区”
1990年	颁布《国务院关于加强对台经贸工作的通知》
	修正《中外合作经营企业法》
	宣布开发上海浦东地区

资料来源:《人民日报》(1988~1991)。

这一时期，台湾当局在为因应两岸经贸交流与投资的需要，亦制定下列相应政策与法律规定，相关条文整理如下（表1–7）：

表1–7：台湾当局颁布的相关政策和法律规定（1987~1991）

时间	相关政策与法律规定
1987年	蒋经国宣布解除“《戒严法》”，并开放台湾地区民众前往大陆探亲
	开放29项大陆农工原料间接进口台湾

① 为积极促进大陆和台湾地区之间的经济技术合作，吸引台商至大陆投资，促进海峡两岸经济繁荣，中国国务院根据“一国两制”的指导方针和平等互利的原则，制定了《国务院关于鼓励台湾同胞投资的规定》，其内容包括规范台商在大陆投资形式、享受外商投资待遇、银行贷款、合法利润汇往境外等相关规定，并于1988年7月3日以国务院令第7号公布施行，由于相关规定共有22条，故亦简称《二十二条》。

② 1988年3月25日至4月13日，中华人民共和国第七届全国人民代表大会第一次会议通过《中华人民共和国中外合作经营企业法》，允许中国企业与外商成立合作经营企业。

（续表）

时间	相关政策与法律规定
1988年	颁布《大陆产品间接输入处理原则》
1989年	公布《大陆地区物品管理办法》
1990年	制定《对大陆地区间接输出货品管理办法》
	台湾当局成立"国家统一委员会"（简称"国统会"）、"行政院大陆委员会"（简称"陆委会"）、"海峡交流基金会"（简称"海基会"），处理大陆事务
1991年	台湾"国统会"通过"《国家统一纲领》"，①主张只有一个中国，中国应当统一，同意"开放两岸直接通邮、通航、通商"并"推动两岸高层人士互访"
	李登辉宣告终止"动员戡乱时期"

资料来源：《人民日报》（1987~1992）。

四、第四阶段：1992年邓小平南巡讲话之后

1992年邓小平"南巡讲话"后，台商的大陆投资亦开始急剧增加。这是因为，"南巡讲话"带动了大陆改革新浪潮，此后大量外商资金流入中国，如此形成自1987年台湾解除"《戒严法》"之后，台商对大陆投资的又一波热潮。

在这一阶段两岸的投资与经贸交流中，双方继续推行前一时期积极推动两岸经贸关系的政策。具体而言，中国大陆通过了《台湾同胞投资保护法》②（简称"台保法"），提出对赴大陆投资的台商"同等放宽，适当优先"的原则，而台湾当局亦在1992年制定了规范两岸人民关系的《台湾地区与大陆地区人民关系条例》（简称"两岸人民关系条例"），并依据此法制定《对大陆地区从事投资或技术合作许可办法》，与此同时，亦继续开放自大陆转进口货品的范围。

从经济层面来看，这一阶段两岸市场、人力与成本的需求，成为中

① 李登辉就任台湾"总统"后，致力于所谓的"《国家统一纲领》"，制定近程交流互惠、中程互信合作及远程协商统一的阶段性工作议程。并于1990年10月7日以任务编组的方式，成立了"国家统一委员会"（简称"国统会"），负责国家统一政治方针的研究与咨询。

② 为促进海峡两岸经济的交流与往来，中国大陆制定《台湾同胞投资保护法》，以保障台湾两岸人员的往来及经济的交流，并"保护和鼓励台湾同胞投资，促进海峡两岸经济发展"。

国与台湾地区两地经贸交流快速增长的主导力量。但在政治层面上，两岸的关系却变化多端，两岸的经贸往来是在政治因素的影响下“匍匐”前行。

这一时期，几件事件的发生影响着两岸经贸关系的发展。首先是1993年的“汪辜会谈”。汪道涵和辜振甫分别代表“海协会”和“海基会”在新加坡举行会谈，这是台海两岸首次由政府授权的正式会谈[①]。虽然此前，双方代表亦举行过数次会谈，但这次代表级别最高。由于双方在1992年底举行的第三次会谈中，就“一个中国”的原则，作出了口头协议，[②]所以，尽管在汪辜会谈中对部分议题尚存在争议，但双方仍达成了《两岸公证书使用查证协议》、《两岸挂号函件查询、补偿事宜协议》、《两会联系与会谈制度协议》、《汪辜会谈共同协议》等四项协议。这次会议不仅为海峡两岸开辟了新的沟通渠道，而且建立了未来双方协商的机制。总而言之，这次会谈对两岸政治与经济关系的发展产生了极为积极的影响。

1996年是两岸经贸关系发生结构性变化的一年。这种结构性的变化源起于台湾经济向大陆倾斜，以及两岸政治冲突与分歧的累积，最后的结果是李登辉对大陆施行“戒急用忍”[③]的政策。首先，由于台商对大陆投资的快速增加，台湾当局感受到企业“西进”大陆的危机。据中国大陆统计的数据显示，1990年到1993年，台商在大陆投资的金额从2.22亿美元增至31.4亿美元，而两岸经港贸易总额从1987年的15.1亿美元，快速上升到1993年的86.8亿美元。因此，为了分散对中国投资

---

① 1993年4月“汪辜会谈”在新加坡举行，是近代两岸关系中极具意义的事务性商谈。大陆海协会会长汪道涵和台湾海基会董事长辜振甫代表双方主持此次会谈，并签下一系列两岸交流与合作的协议。

② 即所谓的“九二共识”。1992年11月大陆海协会及台湾海基会达成共识，各自以口头表示的方式表明“海峡两岸均坚持一个中国的原则”。

③ “戒急用忍”是1996年9月14日，李登辉在“台湾工业总会”召开的“经营者大会”上致辞时所提出的。李登辉表示，“因应两岸关系必须秉持‘戒急用忍’的大原则”，要求台商减少对大陆的投资。同年10月，他在“国统会”上再次宣称，大陆政策“必须以根留台湾，加强建设，充实国力为出发点，‘戒急用忍，行稳致远’”。由于“戒急用忍”政策的施行，使两岸经贸关系的发展受到了一定程度的影响。在李登辉执政期间，“戒急用忍”一直是台湾当局大陆经贸政策的主导方针。

的风险，台湾当局于1993年提出“南向”政策①，鼓励企业向东南亚国家投资；随后1994年又提出“亚太营运中心”政策，并鼓励台商根留台湾。虽然这一时期两岸的经济往来有飞跃性的增长，但两岸的政治互动不进反退。1994年3月，李登辉在接受日本作家司马辽太郎访谈中，所言的“主权是危险的单词”、“台湾必须是台湾人的台湾”等引起岛内外及华人社会，尤其是北京的强烈反应。此外，台湾旅客在大陆遭遇抢劫烧船的“千岛湖事件”②亦引发两岸对峙，再加上1995年李登辉至美国康奈尔大学访问一事，美、中、台三地关系处于剑拔弩张的紧张地步，上述种种不愉快的政治事件终止了“海协会”与“海基会”的协商机制。1995年台海危机爆发，间接促进了李登辉在1996年赢得台湾地区第九任“总统”的选举。李登辉第一次当选台湾地区公民直选的“总统”后，于1996年9月14日在“全国经营者大会”上提出“戒急用忍”的两岸经贸政策。

进入20世纪90年代后，台商对大陆的投资逐渐由中小企业转为大企业，此时两岸的经贸交易总额增长迅速。然而，由于1996年两岸政治环境的变化，双方经贸交流的结构发生重大的变化，两岸经贸交易的总额因而起伏不定。我们从表1–8的统计数据，就可以观察到政治因素对两岸经贸互动与投资所产生的影响。

① 1993年8月初，台湾当局提出推动产业向东南亚发展的南向政策。倡议南向政策的主要原因如下：首先，是着眼于分散市场风险，特别是对大陆的投资总金额增长太快；再则，是为加强与东南亚国家的政经关系。但这一隐含意识形态的金融政策，由于与两岸经贸发展的自然趋势相违背，因此，受到主张加速两岸经贸关系者的质疑和批评。

② “千岛湖事件”：1994年3月31日，台湾一旅行团一行24人搭乘游船“海瑞号”至千岛湖旅游，遭歹徒抢劫并受胁迫进入船底舱，结果连同8名船员及2名导游在内，全部遇害。

表1-8：台商在大陆投资及两岸经贸总额的统计（1990~2005）

年度	重大影响事件	台商在大陆投资统计（协议金额/亿美元）	两岸经港贸易总额（亿美元）
1990	台湾开放厂商经由第三地至大陆投资	9.8	40.4
1991	台湾宣布停止“动员戡乱时期”	13.9	57.9
1992	邓小平南巡讲话、“九二共识”	55.4	74.0
1993	“汪辜会谈”	99.7	86.8
1994	"千岛湖事件"，司马辽太郎对李登辉的采访	53.9	98.0
1995	台海危机，李登辉访美“亚太营运中心计划”	57.8	114.5
1996	台海危机、“戒急用忍”政策、李登辉就任台湾第九任“总统”	51.4	113.0
1997	香港回归祖国	28.1	114.5
1998	“汪辜会谈”	31.0	100.1
1999	李登辉：“两国论”	25.3	98.0
2000	陈水扁就任台湾第十任“总统”	40.0	115.7
2001	台湾加入世界贸易组织	69.1	105.0
2002	陈水扁：“一边一国，公投立法”	67.4	120.1
2003	SARS疫情，台“陆委会”公布“两岸直航之评估影响报告”	85.5	139.5
2004	“3·19”台湾“总统选举”枪击事件	93.0	172.4
2005	国民党前主席连战先生至中国大陆访问	103.5	196.9

资料来源：中国对外经贸部；香港海关统计；中国对外经济贸易统计年鉴；台湾“经济部国贸局”：《两岸经济统计月报》；中华经济研究院：《大陆工业发展季报》。

总而言之，上述各阶段政治因素对两岸经贸互动有直接的影响。两岸经济相互依赖的需求，基本上推动两岸经贸与投资，朝着更加紧密的趋势前进[①]。在上述各阶段中，两岸经贸往来不断受到政治因素的制约，时快时缓，但总体来说，两岸经济相互依赖、相辅相成的关系，已是一个不变的格局。

第三节　香港回归模式与两岸关系

一、香港问题产生的原因与背景

香港包括香港岛、九龙和新界三个区域，总面积为1092平方公里，人口约为700万人，是仅次于伦敦和纽约的世界金融中心。香港亦是世界第三大黄金市场，亚洲主要的资本、股票和外汇中心。在交通运输上，香港是世界最重要的贸易港口和空运中心，同时也是世界第二大集装箱运输中心，其进出口总额一直位于世界前十五名。[②]如今，香港在国际资本市场上占有一席之地，但在近代历史的发展上，香港却是西方殖民者侵略下，强迫中国签署《南京条约》、《北京条约》和《拓展香港界址专条》等不平等条约的产物——作为英国的殖民地长达一个半世纪。

香港自古以来就是中国领土不可分割的一部分。香港出土的历代文物表明，自先秦以来，中国历代王朝均在此设立行政机构，置当时地方政府的管辖之下。明代以来，香港由原属的东莞县划出改为新安县，香港地区从此隶属新安县管辖。

英国对香港的殖民统治始于清末鸦片战争之后。其实，英国在中国扩张殖民地的野心，早在1792年通过全权大使马戛尔尼（Lord McCartney）以照会形式向清政府提出“割让海岛”以利英国人通商居

① 虽然两岸人力密集的产业一度处于相互竞争的状态，但随着产业分工、相关经济与政治政策的开放，两岸投资与贸易交流在起伏中呈不断增长的趋势。

② 王功安、毛磊主编：《海峡两岸关系概论》，武汉：武汉出版社，1998年，第149页。

住的要求时，就可以看出端倪。当时英国对华贸易存在巨额逆差，其工业产品又无法拓展中国市场，因此，非法向中国走私鸦片就成为一种平衡两国贸易及掠夺中国白银的方式。据统计，至鸦片战争前，中国因鸦片而流出的白银已超过1000万两。

1839年，清朝钦差大臣林则徐[①]在广东虎门销毁二万多箱鸦片。英国驻华商务监督义律（C. Elliot）被任命为全权代表，率领“东方远征军”对清政府发动鸦片战争。在“船坚炮利”的殖民主义者的侵略下，腐败的清政府无法抵挡英国对华武力攻势，以失败告终。鸦片战争后，英国对清朝除提出赔偿鸦片损失白银2100万两及开通商口岸的条件，除此之外，要求割让香港岛。1842年8月，新任英国驻华全权使臣兼商务监督璞鼎查（Henry Pottinger）率军北上侵入长江，以武力胁迫满清政府与英国在南京签署中国近代史上的第一个不平等条约——《南京条约》[②]。而根据《南京条约》第三条“今大皇帝准将香港一岛给予大英国君主及嗣后世袭主位者长远据守主掌，任便立法治理”的条约内容，英国开始了对香港的殖民统治。

英国占领香港之后，始终没有停止过对九龙半岛和新界的觊觎。1856年至1860年间，英国又发起历时四年的第二次鸦片战争[③]，清政府再次战败，中英旋于1860年10月在北京签署《北京条约》[④]。《北京条约》是中国近代影响香港历史的另一个不平等条约，在条约的第六项除规定原大清两广总督劳崇光，将粤东九龙司地方一区交与英国驻广州总领事巴夏礼代国立批永租在案，并“兹大清大皇帝定即将该地界，付与大英大君主并历后嗣，并归英属香港界内、以期该港埠面管辖所及，庶保无事”。根据《北京条约》的条款，清政府将九龙半岛界线街以南的地区，

---

① 清道光十八年（1838年）湖广总督林则徐上言：“烟不禁绝，数十年后，岂唯无可筹之饷，且无可用之兵。”道光深以为然，遂以林则徐为钦差大臣，赴广东督办禁烟事宜。

② 清道光二十二年（1842年8月）英国强迫中国签署《南京条约》（亦称《江宁条约》），内容共十三款，这是中国近代史上与列强签订的第一个不平等条约。

③ 英国借口“亚罗号船”事件，联合法国在1856年（咸丰六年），发动第二次鸦片战争。

④ 1860年10月（咸丰十年），英法联军焚毁圆明园并进占北京。清政府在战败后与英国签订《续增条约》共九款，史称《北京条约》。

割让给英国；这一地区是继香港岛后，英国在中国领土实施殖民统治的另一个地区。

在九龙半岛南部地域沦为英国殖民地之后，英国殖民者殖民统治中国的野心并没有消失。1894年中日甲午战争①爆发后，英国乘机向清朝提出拓展界址到深圳湾一带，并包括距香港三海里以内的所有岛屿。甲午战争中清政府战败，英国进一步提出香港扩界的要求。在英帝国主义威逼下，1898年清政府再一次在北京与英国签署《拓展香港界址专条》，将深圳河以南界限街以北俗称“新界”②地区的九龙半岛，包括200多个岛屿及大鹏湾和深圳的海域，均租借给英国，为期99年，即至1997年6月30日为止。

从1842年《南京条约》将香港割让给英国开始，到新中国于1997年7月1日恢复行使对香港的主权为止，香港地区沦为英国殖民统治长达一百五十余年。

表1–9：香港地区沦为英国殖民地的相关不平等条约

日期	条约名称	英帝国签署人	豁让地区
1842年（道光二十二年）	《南京条约》	璞鼎查（Henry Pottinger）	香港岛
1860年（咸丰十年）	《北京条约》	巴夏礼（Harry Smith Parkes）	九龙半岛界线街以南部分，包括昂船洲在内
1898年（光绪二十四年）	《拓展香港界址专条》	窦纳乐（C.W. MacDonld）	深圳河以南界线街以北的九龙半岛及大鹏湾和深圳湾海域

图表来源：作者自撰。

① 1984年（光绪二十年），岁次甲午，朝鲜东学党起义，国王大院君接见当时清廷驻朝鲜通商大臣袁世凯，请求中国派兵镇压东学党，而日本亦借口保护商业及侨民，决定出兵朝鲜。后由于撤兵问题及中国不允日本所提出共同改革朝鲜内政的要求，中日关系亦趋紧张。是年7月25日日本驻朝鲜公使大鸟圭介发动攻势，在丰岛西北截击北洋舰队，“济远舰”受创惨重，“广乙舰”中弹搁浅，并在牙山附近海面截击清政府的运兵船，“操江号”被俘，“高升号”被击沉，七百多名清军丧生，日军正式挑起侵略战争，史称“甲午战争”。

② 1898年6月9日，中英《展拓香港界址专条》在北京签字。根据该条约内容与后续划界的谈判，英国强行割租深圳河以南界限街以北面积达946.4平方公里的九龙半岛及大鹏湾和深圳湾海域235个大小岛屿，英国人称此地域为“新界”。

二、“一国两制”理论的形成与基本内容

“一国两制”原为中国为解决台湾问题所提出的政治解决方案，但由于香港与澳门回归祖国的问题要早于台湾，因此，香港及澳门成为“一国两制”的试验田。[①]“一国两制”成功解决了中国对香港恢复行使主权的问题，它不但在现阶段解决了中英历史遗留问题和澳门问题，亦为台湾问题提供一个重要的范例。

“一国两制”是中国政府提出解决中国统一问题的基本方针与国策，其基本内容是在一个中国的前提下，香港、澳门和台湾是中国领土不可分割的一部分。在“一国两制”的架构下，中国大陆实行社会主义制度，而香港、澳门和台湾地区仍然维持原有的资本主义制度和生活方式。中华人民共和国成为国际上中国政府的唯一合法代表。

关于“一国两制”政策与理论的形成，邓小平曾经指出：“‘一个国家，两种制度’的构想不是今天形成的。而是几年以前，主要是在我们党的十一届三中全会[②]以后形成的，这个构想是从中国解决台湾问题和香港问题出发的。”事实上，1978年12月中国共产党第十一届三中全会对解决台湾问题的决议，是中国政府从“解放台湾”过渡到“和平统一”的对台政策的重要分水岭[③]。

十一届三中全会以前，“解放台湾”是中国对台的基本国策。从1949年3月15日新华社发表《中国人民一定要解放台湾》，首次提出

---

① 毛泽东等中国第一代领导人对“一国两制”的思想曾有表述。而后，邓小平等为解决台湾问题，提出了“一国两制”的解决方案。具体的提出过程，请参阅任明亮:《“一国两制”构想的形成与发展》，载《辽宁行政学院学报》，2007年第1期，第213页。

② 1978年12月18日至22日，中国共产党第十一届三中全会在北京举行。这次会议是中国共产党自建国以来最具深远意义的会议，同时也是国家政策的转折点。这次会议共产党除了脱离长期左倾的错误外，亦作出了把全党工作的重点和全国人民的注意力转移到社会主义现代化的建设上。在会议上，邓小平以《解放思想，实事求是，团结一致向前看》为题，作主题报告，其内容包括：解放思想是当前一个重大政治问题；民主是解放思想的重要条件；处理遗留问题为的是向前看及研究新情况，解决新问题。这是“文化大革命”结束以后，中国面临何去何从最重要、最关键的一个倡导性的文献。

③ 潘叔明著:《“一国两制”与台湾问题》，北京：人民出版社，2003年，第41页。

"解放台湾"的口号开始，历经1954年"第一次台海危机"，[①]1958年"第二次台海危机"，[②]1959年毛泽东的《告台湾同胞书》及1963年由张治中致函陈诚告知中国共产党对台"一纲四目"的政策，中共中央的对台政策，原则上是围绕着"解放台湾"这一基本国策而展开的。而自1978年12月，中国共产党十一届三中全会决定将中国基本国策转移到经济建设后，在会议公报中首次以"台湾回到祖国怀抱，实现统一大业"来代替"解放台湾"的说法。此后，1979年元旦全国人大常委会发表《告台湾同胞书》，1981年叶剑英关于台湾回归祖国、实现和平统一的九条方针政策（俗称"叶九条"），1983年邓小平关于实现台湾和祖国大陆和平统一的六条构想（俗称"邓六条"[③]）及1995年江泽民关于发展两岸关系，推进祖国和平统一进程的八项主张（俗称"江八点"），则都以"和平统一"作为解决两岸问题的基本主张。

十一届三中全会以来，中国共产党一直以"和平统一"作为指导方针解决国家统一问题。1982年1月，邓小平第一次正式提出了"一个中国，两种制度"的政治主张。"一国两制"构想的提出，最初着眼于解决台湾问题[④]，而后，由于香港、澳门回归的现实需要，因此率先将"一国两制"的构想"应用于"香港和澳门，以解决中英及中葡历史遗留的殖民统治问题，并作为解决台湾问题和实现中国统一的范例及蓝本。

根据中国党和国家领导人，特别是邓小平关于"一国两制"的论

① 1954年，中国将解放台湾问题再次提上议程表，除了当年7月26日正式宣布要解放台湾外，并于9月3日起，大规模地炮击大、小金门、大担及二担等岛，随后亦派出海、空攻击大陈岛和北竿塘岛。1954年美国政府与台湾当局签订《共同防御条约》，协助台湾防卫台湾及澎湖地区。1955年初中国人民解放军一举攻下一江山岛，并迫使台湾当局撤出大陈岛，后中美双方经由谈判方式解决此次台海危机。

② 即台湾所谓的"八二三炮战"。1958年8月23日，中国国防部长彭德怀命令福建前线部队大规模炮击金门，并出动海军重创国民党军舰，后经中美大使级会谈，以谈判方式化解此次危机。

③ 1983年6月26日，邓小平在接见美国华裔教授杨立宇时所提出，内容包括：台湾问题的核心是祖国统一；坚持一个中国；不赞成台湾"完全自治"；统一后，台湾作为特别行政区，可以实行与大陆不同的制度；所谓"三民主义统一中国"是不现实的；实现统一的适当方式时举行国共两党平等会谈。

④ 王功安、毛磊主编：《海峡两岸关系概论》，武汉：武汉出版社，1998年1月，第147页。

述，以及后来全国人大颁布的《中华人民共和国香港特别行政区基本法》和《中华人民共和国澳门特别行政区基本法》，“一国两制”主要有以下含义：①

第一，“一国”是“一国两制”的前提，国家主权统一是“一国两制”的主要核心。实行资本主义制度的香港、澳门、台湾地区，可以拥有高度自治权力，台湾甚至可以保留军队，但不具有独立国家的外交、国防、宣战、媾和等权力。在国家主权上，中国政府的态度完全是为了维护国家统一主权利益。

第二，社会主义制度是“一国两制”的主体制度。邓小平认为，“一国两制”包含两个主要的构面。即一方面，社会主义国家允许一些特殊地区长期实行资本主义制度，另一方面也要确定国家的主体是社会主义。这构成了“一国两制”的主要内涵之一。“一国两制”政策当中最为关键的一点，就是强调一国，且大陆社会主义的主导地位。中国政府对香港、澳门、台湾地区的政策，是在国家主体坚持四项基本原则的基础上制定的。因此，可以说保持中国共产党领导下的社会主义制度是“一国两制”的基础。

第三，“一国两制”是一项长期奉行的国家政策。邓小平的这一思想，早在1979年1月8日会见美国客人时就已初步提出。当时，针对中国大陆是否要在某个时期激烈地改变台湾现状，以及在台湾实行共产党制度的问题时，他做了明确的阐述。他表示，将来台湾实行什么制度，可以根据台湾人民意志决定，愿意选择什么就选择什么。1981年8月26日，邓小平在会见一位海外知名人士时，再次更为透彻地阐述这个问题。他认为，如果用和平方式已不可能解决两岸问题，那将不排除用武力方式解决台湾问题。即使武力解决，台湾现状也可以不改变。之后，在解决香港问题时，为消除香港人士的疑虑，邓小平不仅从思想方法上做了极为坦诚的辨析，而且进一步从法律上加以明确规定。所以，邓小平主张在中英协议中，确定香港“一国两制”50年不变。这就使“一

① 关于“一国两制”含义这部分内容，重点参考了潘叔明著：《“一国两制”与台湾问题》，人民出版社，2003年，第48~52页。

国两制”的实行及未来发展具有法律上的保障。

第四，坚持以“一国两制”实现中国的和平统一。“一国两制”构想倡导用和平方式而不是用战争方式来实现祖国统一。但是，中国政府不能承诺放弃使用武力。这是出于防止外来势力和分裂势力干扰的考虑，不承诺放弃武力的使用是对台湾当局拖延统一、外国干涉势力破坏统一、岛内“台独”和分裂势力分裂国家保持战略制约的有效手段。和平方式实现统一的方针，有利于中国现代化建设、有利于台港澳地区繁荣稳定、有利于台港澳同胞切身利益、有利于国家安全和民族团结、有利于亚太地区和平稳定。

“一国两制”强调的精神是在一个中国的原则下，以两种制度并存的方式来解决历史遗留的主权与政治问题。根据“一国两制”实施的精神，统一后的香港、澳门和台湾仍享有高度的自治权，除保留其资本主义经济和现有的生活方式与制度外，其他诸如行政管理权、立法权及司法权等亦保持绝对的自主，中央政府不干预特别行政区的内部事务。“一国两制”的方针，既有助于保护国家主权、实现中国统一，又充分考虑到香港、澳门和台湾地区的现状，是中国、特区人民及香港、澳门原殖民政府都可以接受的一种方式。

三、“香港回归模式”的形成与内容

1. 香港回归模式的形成

“一国两制”的提出，不但解决了中英、中葡历史上遗留下来的殖民统治问题，更为解决海峡两岸问题提供了一个可能的方向。特别需要指出的是，1997年7月1日，“一国两制”政策首先成功应用于香港回归中国问题，不但给国际社会提供了一个解决主权纷争的方式，而且具有政治的现实意义。香港回归问题的解决，首先使“一国两制”的政治主张，在国际社会得到实施和检验的机会，更为解决台湾问题，提供了一个蓝图和范例。因此，“香港回归模式”备受国际社会及两岸专家学者关注。

所谓“香港回归模式”，是指用邓小平“一国两制”的思想与主张，作为解决中英香港问题的基本方针。具体言之，无论是回归前的谈判与筹备，过渡时期的策略与安排，还是回归后具体的管理和实施方式，都以“一国两制”作为最高的指导纲领和管理模式。

20世纪60年代中期以来，无论是从政治还是经济的层面来看，都正如周恩来所言——“香港是气象台、观察站、交际处”[①]。这道出了香港所具有的地位：香港一直扮演着中国对外获取各种政治与经济信息的重要渠道，它不但是中国与国际社会间的重要桥梁，也是中国最重要的对外贸易窗口。因此，进入70年代后，“长期打算，充分利用”香港就成为中国政府解决中英香港问题的基本主张，而具体做法则为在时机成熟时，通过谈判和平解决香港问题，问题解决之前则维持现状。

事实上，中国解决香港问题的策略是长期布局的结果——中国期望通过外交手段，以和平方式解决这一历史遗留问题。例如，在中国对联合国非殖民化特别委员会的“公关”下，第27届联合国大会于1972年11月8日通过了香港、澳门两地是被英国和葡萄牙占领的中国领土，解决香港及澳门问题是中国主权范围内的问题，而非殖民地范畴的决议。这项决议排除了其他国家及联合国干预解决香港问题的可能性，并为后来中国与英国解决香港问题的谈判，创造了较佳的条件。

随着香港回归日期的临近，如何以和平方式及适当的政治主张，使中、英、港三方皆能接受作为解决香港问题的方案，便成为中国必须积极面对的问题。基于对香港特殊历史背景和现实状况的考虑，在经过长期审慎地思考之后，邓小平于1982年在英国首相撒切尔夫人（Margaret Hilda Thatcher）访华期间，正式提出了以“一国两制”解决香港问题的构想。此后，经过两年22轮谈判，1984年中英两国先后在北京草签了《中华人民共和国和大不列颠及北爱尔兰联合王国政府关于香港问题的联合声明》。同年12月，中英双方在北京正式签署《联合声明》，并宣布：“中华人民共和国政府将于1997年7月1日起对香港恢复行使主权。”此外，1990年4月4日，全国人民代表大会第七届第三次全体委员会议

① 李后著：《百年屈辱史的终结——香港问题始末》，北京：中央文献出版社，1997年，第40页。

亦通过了《中华人民共和国香港特别行政区基本法》[①]，作为香港特别行政区的法律依据。相关法律除规范中央和特别行政区的关系外，还明确指出中央人民政府所属各部门、各省、自治区、直辖市，均不得干预特别行政区根据《基本法》自行管理的事务。伴随着"一国两制"的具体实行，香港回归模式逐步形成。

2. 香港回归模式的内容

与当年《南京条约》、《北京条约》和《拓展香港界址专条》等不平等条约决定了香港沦为英国殖民地不幸的命运不同，1984年中国和英国签署的《中华人民共和国政府和大不不列颠及北爱尔兰联合王国政府关于香港问题的联合声明》，确定了中华人民共和国政府自1997年7月1日起对香港恢复行使主权，并以"一国两制"的政治构想及相关法律保障和解决香港回归前的筹备问题、政权交接时的过渡问题和中国对香港行使主权后的管理问题。

为确保在"一国两制"的基本框架下，香港回归模式能得到有效地执行，中国政府还根据1982年通过的《中华人民共和国宪法》第三十一条的法律条文，制定了《香港特别行政区基本法》。该条法律规定："国家在必要时得设特别行政区，在特别行政区内实行的制度按照具体情况由全国人民代表大会以法律规定。"

自第六届全国人大常委会第十一次会议审议通过中华人民共和国香港特别行政区基本法起草委员会名单，并于1985年7月1日在北京正式成立香港基本法起草委员会[②]开始，历经前期准备工作阶段，起草《基本法征求意见稿》阶段，基本法草案形成阶段和基本法草案通过阶段，最后于1990年4月由第七届全国人大第三次会议正式通过了《香港特别行政基本法（草案）》及其三个附件。至此，一部以"一国两制"为基本构想的国家法律正式诞生，并使香港回归祖国及后续的治理模式，在

① 邓小平认为并称赞《中华人民共和国香港特别行政区基本法》是"一部具有历史意义和国际意义的法律"，同时也是"一个具有创造性的杰作"。

② 1985年4月，全国人民代表大会第六届第一次全体委员会批准关于香港问题的联合声明，并作出成立中华人民共和国香港特别行政区基本法起草委员会的决定，同年7月1日该委员会正式在北京成立。

"一国两制"的政策指导下，以具体和系统的法律形式，在香港地区正式实行与运作。

"一国两制"的实施，不但明确定位了中国和香港特别行政区的关系，而且以"港人治港"的基本政策，使香港人民在结束英国殖民统治后，享有高度的香港治理自主权。诚如《基本法》第十二条所明确指出的："香港特别行政区是中华人民共和国的一个享有高度自治权的地方行政区域，直辖于中央人民政府。"因此，《香港特别行政区基本法》(以下简称《基本法》)充分体现出了在"一国两制"的架构下，香港回归模式具有坚定的原则和灵活性。就"港人治港"而言，香港人民亦表现高度的智慧与管理能力，特别是在"东南亚金融危机"期间，特区政府在危机的处理过程中，有效地遏止了金融灾难在香港的蔓延。这充分表现出特区政府在"港人治港"的政策下，有绝对自主的能力和权力来治理香港事务，并进一步证明"一国两制"的实践可行性。

香港回归模式遵循"一国两制、港人治港、高度自治"的执行方针和原则，受国家政策及法律保障，其具体的执行方案包括以和平谈判的方式恢复中国对香港行使主权，高度"港人治港"自治原则，保留资本主义制度及受宪法和国家法律的保障四个方面。

首先，以和平谈判的方式恢复中国对香港行使主权。历史上，香港是英国通过不平等条约，以武力占领而成为殖民地，因此中国对香港拥有主权。中国虽然有权以任何形式和手段收回领土，但基于中国、香港地区以及英国三方的共同利益，中国虽不排除使用包括武力解决香港问题，但中央政府首先选择以和平谈判解决香港回归问题。中英谈判过程极为艰辛，最终中国通过坚持不懈的谈判方式，成功收回了香港主权。中国是否拥有香港主权问题，是中英谈判中最为关键的问题，对此问题，《基本法》第十二条规定中国只有一个主权，"香港特别行政区是中华人民共和国的一个享有高度自治权的地方行政区域，直辖于中央人民政府"[①]。这就是"一国两制"中"一国"的内涵。主权问题正是香港回

① 宋小庄著：《论"一国两制"下中央和香港特区的关系》，北京：中国人民大学出版社，2003年，第98页。

归模式首要的内容。此外，为体现中国对香港的主权，《基本法》进一步规定，废除港督一职，特区行政长官由中央人民政府直接任命，特区外交事务和国防由中央人民政府统一管理，中国人民解放军取代驻港英军进驻香港，特区行政长官、行政会议成员，立法会主席，政府主要官员，终审法院和最高法院首席法官，必须是在外国无居留权的香港永久性居民中的中国公民等。这种以和平的方式恢复行使中国对香港主权的具体方式与政策，是香港回归模式中最主要也是最重要的内容。

表1–10：中英香港问题谈判及合约签署大事记

时间	相关事件
1982年9月	英国首相撒切尔夫人访华，邓小平在会见时提出用“一国两制”解决相关回归问题的构想
1984年9月	中英在北京草签《中华人民共和国和大不列颠及北爱尔兰联合王国政府关于香港问题的联合声明》
1984年12月	中英双方在北京正式签署《联合声明》
1985年4月	全国人民代表大会第六届第一次全体委员会批准关于香港问题的联合声明，并作出成立基本法起草委员会的决定
1985年5月	在北京举行中英《联合声明》批准书互换仪式
1990年4月	全国人民代表大会第七届第三次全体委员会通过《中华人民共和国香港特别行政区基本法》

图表来源：作者自撰。

其次，高度“港人治港”的原则。香港回归祖国后，享有高度自治的权利与原则。《基本法》第二十二条第一款明确规定：“中央人民政府所属各部门、各省、自治区、直辖市，均不得干预香港特别行政区，根据本法自行管理的事务。”具体而言，高度“港人治港”的原则体现在：香港作为特别行政区享有行政管理权、立法权、独立的司法权和终审权；香港财政独立运作，中央不向香港征税；香港可以用“中国香港的名义参加《关税和贸易总协议》等国际组织和国际贸易协议；并可以单独与世界各国在经济、金融、贸易、教育、文化、旅游、航运等领域发展并保持合作关系或签订相关协议。除此之外，香港特别行政区还可以依实际需要在海外设立官方或半官方的经贸机构。为贯彻“港人治港”的原则,《基本法》亦规定：香港特别行政区主要的官员由行政长官提名，中央政府仅保留任命权；中央亦不会从内地派官员管理香港特区事务。

第三，保留资本主义制度。《中英联合声明》第三款中关于中央政府对香港的十二项基本方针中明确提出，香港“现行的社会经济制度和生活方式不变”。在《基本法》中也有明确的规定:“香港特别行政区不实行社会主义制度和政策，保持原有资本主义制度和生活方式，五十年不变。”香港保留实行资本主义制度的政策，这是贯彻“一国两制”精神的具体表现。在这种拥有灵活性而不失中国主权的架构下，香港可以继续维持其国际金融中心的地位，从而回归后香港人民的生活、政府的经贸职能、资本市场的运作以及投资环境和国际航运中心的地位都不受到任何的影响。保留资本主义制度不变，是具体执行“一国两制”国家政策中最主要的精髓之一。

最后，宪法和国家法律的保障。香港回归模式是贯彻中国政府“一国两制、港人治港、高度自治”基本国策的产物。其执行的法理依据是中英在1984年所签署的《中华人民共和国和大不列颠及北爱尔兰联合王国政府关于香港问题的联合声明》。《联合声明》中关于中国政府以“一国两制”的国家政策解决香港问题的十二条基本方针亦明确规定了中国对香港恢复行使主权后，中央和香港特别行政区的基本关系。

除此之外，香港的回归模式也受国内《中华人民共和国宪法》和香港《基本法》的保障。《宪法》第三十一条①明确规定:“国家在必要时得设立特别行政区，在特别行政区内实行的制度按照具体情况由全国人民代表大会以法律规定。”如此，“一国两制”解决香港问题及具体模式

① 我国在1982年对宪法进行修改时，当时的全国人民代表大会考虑到未来解决台湾统一和香港、澳门回归问题的方式，因此，决定以“一国两制”为基本方针，为将来实现中国大陆与台湾、香港和澳门等地完成统一及回归作宪法与相关法源方面的准备。事实上，特别行政区制度可以说是“一国两制”方针在宪法上的体现。参见许安标、刘松山著:《中华人民共和国宪法通释》，北京：中国法制出版社，2003年，第107页。

具有了宪法保障。1990年，第七届全国人大第三次会议[①]审议通过《基本法》及其三个附件，成为香港特别行政区法律的基础及依据，为香港回归模式及后续的治理提供了具体的法律保障。

表1-11:《中英联合声明》中有关中国政府解决香港问题的十二条基本方针

	相关内容
1	根据宪法设立香港特区
2	中央行使维护国家统一和主权的权力，香港特区行使地方的高度自治权
3	香港特区享有行政管理权、立法权、独立的司法权和终审权
4	“港人治港”
5	现行的社会经济制度和生活方式不变
6	保持自由港和独立关税区的地位
7	保持国际金融中心的地位，港币继续流通，自由兑换
8	保持财政独立，中央不征税
9	香港特区可与世界各国建立互利的经济关系
10	以“中国香港”名义与世界各国、各地区及有关国际组织保持发展经济文化关系，自行签发旅游证件
11	自行维持社会治安
12	上述基本方针政策及其具体说明将以基本法规定之，50年不变

图表来源：作者整理。

四、香港回归模式的现实效应分析

1. “一国两制”的政策下香港回归的效应评估

自1997年7月1日中国恢复对香港行使主权，至今已有十余年时间。这段时期中，中央政府严守《基本法》中，关于中央人民政府所属各部门，各省、自治区、直辖市，均不得干预特别行政区根据《基本法》自行制定与管理的事务的相关规定。这充分说明香港特别行政区能充分发挥“港人治港”的原则，中央人民政府与特别行政区的权责划分

① 1990年3月20日至4月4日，第七届全国人大第三次会议在北京举行，会议通过《中华人民共和国香港特别行政区基本法》及其三个附件和香港特别行政区区旗、区徽图案。

得到明确的规范，具体实现“一国两制”，香港特别行政区保留资本主义制度不变的核心政策。

香港回归后，香港特区政府在中央政府的支持下，不但维持现有的资本主义制度不变，特区政府也脱离英国的殖民统治，从而拥有绝对的自治权，能对特区经济、行政与其他相关事物进行有效的管理。香港回归十年中，社会整体稳定，经济发展迅速以及特区行政事务开展顺利，这充分展现了“一国两制”政策指导下，香港回归模式取得了巨大的成功。除此之外，香港特区高度的自治能力，亦保证了香港的未来发展能够得到香港人民充分而绝对的支持。

“一国两制”政策指导下的香港回归模式具有巨大的外溢效应——1999年12月20日澳门回归，同时也得到国际社会的极大关注，特别是以“一国两制”模式解决香港回归问题，是国际上以和平方式解决国家主权及领土纷争的一种新策略与政治主张。因此，香港回归模式是否能得到国际社会的认同，是对“一国两制”政策极大的考验与挑战。

有关“一国两制”在香港实施后的情况，我们可以通过相关民意调查的结果来做进一步的分析。在这里，笔者引用香港大学民意研究计划主任钟庭耀所作的民意调查，其调查结果摘要如下①：

（1）香港居民在回归之前对“一国两制”信心表现较为薄弱

数据显示，香港民众对“一国两制”的信心，在过去十年间大概可以分成4—2—4年三个阶段。第一阶段为1993 ~ 1996年的四年，有信心与没有信心的比率通常都在三成半至四成半之间徘徊，大致彰显了回归前中英争执的结果。1992年彭定康出任港督，旋即就政制发展与北京展开争论。1993年3月，当时港澳办主任鲁平讥讽彭为“千古罪人”，争执热度可见之激烈。当时，处在夹缝之中的香港人在1991年才初尝大型民主选举的滋味，民主制度远未成熟。香港人一方面对彭定康的政制改革表示欢迎，另一方面又怕得罪北京，香港民众对“一国两制”的前景并不乐观。

① 钟庭耀:《从民调检视香港民众对“一国两制”之认同》，收录于《“一国两制”下的香港国际研讨会论文集》，第一版（台北，群策会,2003年10月），第222~256页。

1993年下半年，中英双方就香港在回归前后政治与体制安排的谈判破裂，中方宣称要“另起炉灶”，香港人对“一国两制”的信心在1994年4月跌至32%的谷底。至1994年中，彭定康单方面的政改方案尘埃落定，中英虽然未达共识，但由于争议较为平息，不少香港民众对“一国两制”的信心反而有所增加，并由1994年上半年的35%上升至1996年下半年的45%。

（2）香港居民在1997年香港回归后，对“一国两制”的信心上升

从1997年上半年至1998年下半年为止，香港民众对“一国两制”的信心有非常快速的增长，在这第二阶段的发展，民众的信心，由45%增加至67%。此阶段期间，香港可谓是大事连连——由1996年底董建华被推选为香港特别行政区第一任行政长官开始，中间经历临时立法会的成立、主权回归、亚洲金融风暴出现、禽流感袭港和新机场失误事件。这些事件都影响了特区政府的政治威信，这可从香港民众对香港政府信任程度的下降反映出来。不过，值得关注的是，香港民众对“一国两制”的信心并未受到影响。或者说，即使有影响，也是民众对“一国两制”的正面评价不断上升，直至1999年的上半年为止。

从宏观角度分析香港民众对“一国两制”信心的走势，我们可得出如下结论：回归以前，特别是在中英谈判较剧烈的争论期间，民众疑虑中央政府在1997年香港回归后推倒现有制度，改变香港自由和殖民地统治后期出现的民主发展。至中英谈判最后确定，大陆亦不断表示会维持香港的高度自治和港人治港，香港民众对“一国两制”的信心才慢慢增加。

及至回归准备就绪，董建华出任首届香港特首，香港人对回归已有了充分的心理准备。而回归以后，由于进驻香港的解放军纪律严明，中央政府亦没有明显干预香港行政的运作，反而在国际金融危机期间积极保护香港金融市场与经济发展。此外，不受国内政策影响，香港特区享受高度自主的自治权，民众的生活方式并没有太大改变，所谓“马照跑、舞照跳”，这些都增强了香港民众对“一国两制”的信心。

（3）1999年人大释法案，影响香港居民对“一国两制”的信心。

为了解决香港人在内地所生子女的居港权问题，1999年5月，香港特区政府决定不接受香港终审法院的判决，正式向全国人民代表大会常务委员会寻求解释基本法的有关条文，从行为上重新演绎了“一国两制”。经过这一事件，民众对“一国两制”的信心开始走向下坡，由此进入第三阶段，亦即自1999年起，民众对“一国两制”的信心有所迷惑，由之前的67%回落至2003年上半年的49%。

人大释法之前，香港终审法院与人大的关系，是一个宪政层面的法律问题，但是存在不少灰色地带。人大释法以后，对于不少本地法律界专业人士和一般市民来说，香港的终审权力受到侵害，而罪魁祸首不是争取居港权的人士、本地的学者专家、本地的法院，而是香港特区政府。远在人大释法之前，特区政府动员各个部门，发放大量不利的评估数字，致使部分市民反对相关人士来港。特区政府在部分大陆法律专家言论的配合下，加上香港的左派团体和人士，亦急欲彰显“一国两制”中的“一国”部分，使得本是法律层面的问题增添了更多的政治色彩。

人大释法事件，除影响港人对“一国两制”的信心外，还具有如下影响：

第一，人大释法事件是由董建华为首的特区领导主动提出，事件发展到政治层面，已触动国家主权问题。

第二，人大释法事件触及香港居民非常关心的自由和法治观念，该事件虽然在短期内得以解决，但伤害了“一国两制”的制度优越性。这种悖论，在基本法第23条立法的争论中再次出现。

第三，1999年后香港民众对“一国两制”的信心下跌，根源于特区政府并未发挥“两制”的具体优势。

此外，香港居民对于中央政府与特区政府的评价，在香港回归以后，亦有明显的差异。1999年下半年开始，虽然中央给予特区政府极大的支持，但由于特区政府在处理亚洲金融风暴、禽流感和机场搬迁问题上未能取得及时的效果，香港民众认为特区政府的施政尚有改善的空间。不过，这些1997~1998年间的事故，虽然在某种程度上限制了香港居民对“一国两制”信心的增长，但就整体而言，并没有产生明显的负面作用。例如，经民意调查统计，至2003年上半年只有30%香港民众信任特区政府的执政能力，不信任者则达43%，但民众对中央政府的评价当中，信任程度反而增加了。另外，回归以前，大概只有20%多香港居民信任中央政府，不信任者达40%~50%。回归以后，正反评价者各维持在30%左右。2001年中期，民众信心开始增加，至2002年上半年达到高峰，即约49%。

香港回归后，虽然特区政府经历了种种"磨难"，如1997年底开始的金融风暴、1998年4月首次出现的禽流感、1998年11月的胡仙案、1999年6月的人大释法、2000年特区政府宣布八万五房屋政策已在1998年"不存在"，同年有关公安条例的争论、民调事件、倒董浪潮，2001年初陈方安生辞职，2002年特区政府推行高官问责制，2003年3月的梁锦松税前买车事件及非典型肺炎爆发，以及自2002年9月开始有关基本法第二十三条立法的争论等，这些事件反映了特区政府的行政治理能力尚有改善的空间，但香港民众对于"一国两制"，在香港的实行，还是抱着非常乐观的态度。

图1–1：香港民众对"一国两制"信心的走势

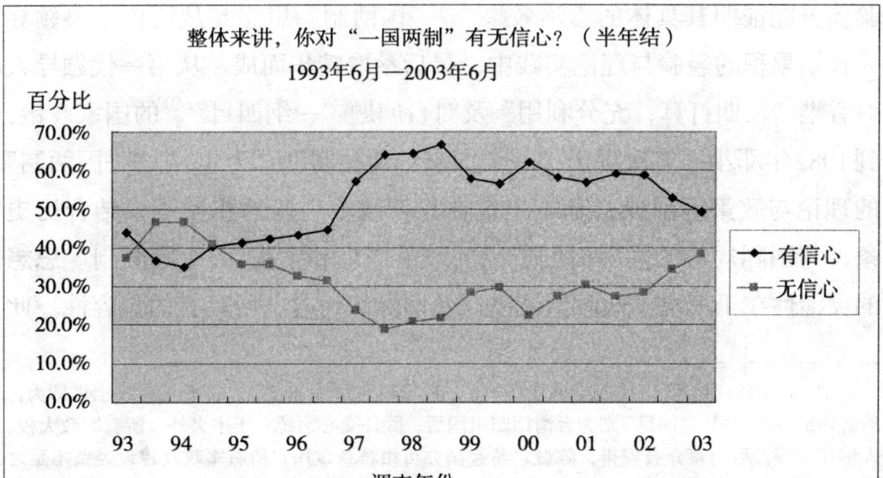

图表来源：钟庭耀《从民调检视香港民众对"一国两制"之认同》。

图1-2：香港民众认为“一国两制”是否适用于台湾的意见走势

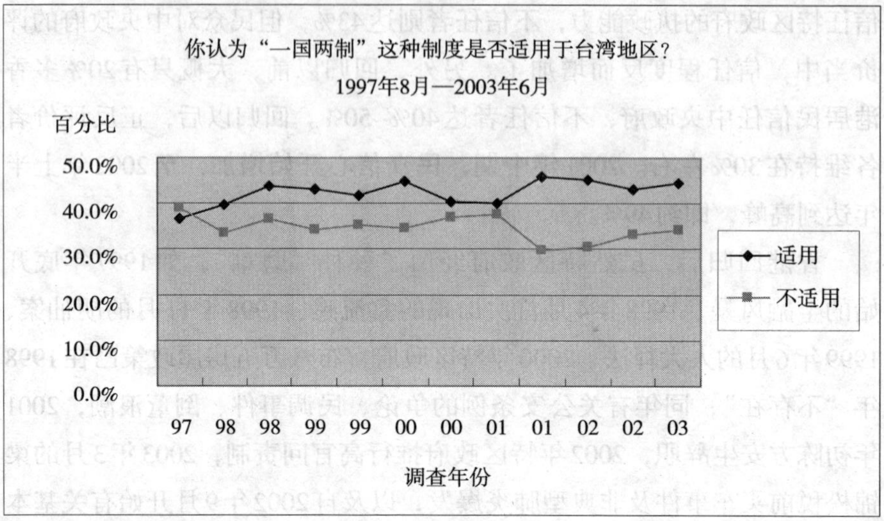

图表来源：钟庭耀《从民调检视香港民众对“一国两制”之认同》。

2. 香港回归模式成功的主要原因分析

“一国两制”政策的实施，给国际社会提供了解决政治与领土纷争的一种新方法和新模式，如同一种新药的上市，需经过无数的临床实验，方能证明其具体的诊治效果。“一国两制”思想是从历代中央领导人长期累积的经验与理论实践中，最后萃取精华而成。从第一代领导人对香港“长期打算，充分利用”及对台问题“一纲四目”[①]的国家政策，到1982年邓小平首次提出“一个国家、两种制度”为止[②]，“一国两制”的理论与政策的形成，基本上是在长期政治经验的积累下，结合历史条件与国际局势的发展而创造出的政治构想和主张。“一国两制”思想的灵活性在于解决不同政治体制以及国际纠纷时，所具有的包容性。此

① 1960年代初期，周恩来曾将中国对台的政策归纳为“一纲四目”。所谓的“一纲”即为台湾必须统一于中国。“四目”则为台湾回归祖国后，除外交必须统一于中央外，所有军政大权、人事任免等，可由蒋介石安排，陈诚、蒋经国亦可由蒋意重用；所有军政及建设经费不足之数中央可拨付；台湾的社会改革可以从缓，必俟条件成熟并征得蒋之同意后进行；互约不派特务，不作破坏对方团结之举。

② 高放著：《邓小平何时首次提出“一国两制”的概念》，载《理论前沿》，1997年第19期。

外，“一国两制”政策的成功实施，也是其他诸多政治与经济因素共同作用的结果。具体而言，这些相关因素包括如下几点：

（1）中国国际与政治地位的提高。

1978年中国共产党第十一届三中全会确定推动“改革开放”的国家政策后，中国随即于1979年元旦与美国正式建交①，并逐步融入现存的国际体制。近三十年来，中国政治经济的发展与进步也是有目共睹，因此国际社会一定程度上认同中国改革开放以来的成就。英国前首相撒切尔夫人在其回忆录里提到，“在《中英联合声明》谈判的过程中，英国谈不上是胜利，也不可能会有胜利，因为在事实上，他们谈判的对手是一个绝不妥协与势不可挡的一个超级强国。”这也说明了，中国能顺利以“一国两制”的政策恢复行使对香港的主权，其主要原因在于中国政治与经济实力的发展提供了重要的后盾。

（2）具有法律的依据与保障。

1898年，清政府和英国签订《拓展香港界址专条》不平等条约，从此香港新界地区沦为英国的殖民地达99年之久。历史上，在满清王朝结束统治时，以及新中国成立后，本有废除不平等条约、收回香港失地的机会，但囿于当时国际社会的限制，以及国内政治形势的影响，香港问题一直延续到1997年《拓展香港界址专条》条约期满才得到完全解决。从国际伦理道义角度而言，中国对香港恢复行使主权，本身就是一件解决历史遗留问题的正义之举。从法律角度而言，《中英联合声明》及《中华人民共和国宪法》第三十一条的规定，以及香港《基本法》的完成与实施，都提供了香港回归祖国的重要法律依据。这些法律依据不但保障了中国、英国、香港特区三方的利益，更为香港日后经济的发展与社会的繁荣与稳定，提供了最坚固的法律基础与保障。

（3）中国实施“一国两制”政策，落实香港回归模式不可撼动的

① 1978年5月，美国表示愿意接受并履行与台湾“废约、撤军、断交”的中美建交三原则。并在此后半年的谈判中，中美双方达成如下相关协议：美国承认只有一个中国，台湾是中国领土的一部分，中华人民共和国政府是中国唯一合法的政府；美国政府与台湾断绝“外交关系”；美国军事力量于1979年4月1日完全撤出台湾及台湾海峡；与台湾当局终止《共同防御条约》等。

决心。

“一国两制”的政策，最初是为解决台湾问题而提出的。但由于香港回归问题在20世纪80年代凸显，因此，“一国两制”政策，在1997年首先被用于解决香港回归问题。“一国两制”方针提出后，引起国际社会诸多政治家与学者热烈的讨论，同时，其他各种解决香港、澳门和台湾问题的主张亦粉墨登场，其中包括台湾当局所提出的“一国两府”、“一国两区”、“一国两治”、“三民主义统一中国”和“多体制国家”等。另外，也有其他学者提出“邦联制”、“联邦制”、“两国两制”、“一中一台”、“大中华国协”、“大中华经济圈”等近百种不同解决模式。然而，中国政府落实以“一国两制”政策作为解决香港回归模式的决心，并未由此撼动。尽管在中英双方谈判期间，英国曾相应地提出其他解决方案①，但中国坚持“主权问题不是一个可以讨论的问题”，拒绝英国的要求，坚持以“一国两制”的政策恢复行使中国对香港的主权。回归后，在“一国两制”的模式下，香港特别行政区的行政治理与政策执行，都不受中央驻港的解放军部队或外交部和中央各部委的干预，而由香港人民确实执行中央“一国两制、港人治港、高度自治”的政策方针。

（4）“一国两制”的原则性与灵活性。

香港回归模式之所以能成功实施和切实执行，中国政府关于“一国两制”不可撼动的核心原则与政策的灵活性是至关重要的原因。在“一国两制”的制度下，坚持一个中国的原则、以社会主义和资本主义并存的方式解决两种政治体制的差异、香港回归后享有高度的自治权、反对英国或外国势力插手香港回归问题及以积极谈判促进中国恢复行使对香港的主权而同时又不承诺放弃使用武力，都是香港回归模式成功的基本原则。在恪守基本原则的前提下，“一国两制”政策方针所具有的灵活性，是香港回归模式能得以切实执行的重要原因。邓小平曾经指出：

---

① 在中英香港回归问题谈判期间，英方曾经提出以“主权换治权”的要求，但被中方所拒绝。1982年9月24日，邓小平在会见来访的英国首相撒切尔夫人时，针对中国政府对香港回归问题的立场亦明确表示：“主权问题不是一个可以讨论的问题，如果中国在1997年，也就是中华人民共和国成立48年后还不把香港收回，任何一个中国领导人和政府都不能向中国人民交代。”

“用和平的方式解决香港问题，就必须考虑到香港的实际情况，也考虑到中国和英国的实际情况，就是说，我们解决问题的办法要使三方面都能接受。”因此，在坚持“一国两制”上述原则的同时，充分考虑到英国及澳门问题中葡萄牙的利益。在港澳回归之后，“保持原有的资本主义制度和生活方式，五十年不变”及《基本法》规定，特区财政的收入完全用于香港自身的需要，不须上缴中央人民政府，保持国际金融中心的地位，港币继续流通，都是“一国两制”政策灵活性的具体表现。

第四节　两岸入世与两岸经贸发展

世界贸易组织（World Trade Organization，WTO）[①]于1995年1月1日正式成立，其主要目标在于通过制定贸易规则，保障全球贸易稳定、自由进行；并通过实施贸易协议、解决贸易争端、监督各国贸易政策及技术扶持和培训等方式，保障发展中国家的世界贸易利益。[②]此外，WTO是一个具有法律人格（Legal Personality）和法律能力（Legal Capacity）的国际组织，其成员享有对等的权利和义务，同时也具有平等的地位。两岸加入WTO之后，双方经贸往来必将得到进一步发展，互动与接触也将更为频繁。在加入WTO的背景下，中国大陆将加速外贸体制改革，而台湾也将进一步放宽对大陆进口货物的管制，因此市场因素对两岸经贸交流的影响力将越来越大。有鉴于此，WTO成员间的基本贸易原则，是规范两岸经贸与政策的基本依据，这些原则主要有：

（1）最惠国待遇原则，即一般所称的不歧视原则。按照WTO的精神，其相关成员在国际贸易、关税航运等方面，给予任何第三国的减让、特权、优惠或豁免，缔约另一方或其他缔约方可以得到相同的待遇。[③]

---

① 世界贸易组织、国际货币基金组织、世界银行被称为世界经济的三大支柱，其中，世界贸易组织更有所谓的“经济联合国”之称。

② 罗晓军著：《WTO与中国大商机》，台北：灵活文化事业有限公司，2001年，第19页。

③ 陈玉明主编：《中国加入WTO各行业前景分析》，北京：经济日报出版社，2000年，第5页。

（2）无歧视待遇原则[①]，又称为无差别待遇原则。此原则确保缔约成员在实施某种限制或禁止措施时，不得对其他缔约成员实施歧视待遇。

（3）国民待遇原则[②]。在WTO的架构中，外国产品一旦进入其他成员或组织境内，在税收和法律方面，应享受与该国同类产品相同的待遇。

（4）关税减让原则。WTO的最终目标之一为消除贸易障碍，但因立即消除所有障碍这一目标在现实世界中无法达成，故规定各成员关税需朝减让之方向调整。基于互惠、不歧视原则，各缔约成员应相互协商以制定关税减让表。关税减让后，非依WTO相关条文的规定不得任意进行修正或撤销其做出的减让。

（5）消除数量限制原则。对于其他缔约成员之任一产品的输出与输入，除课征关税、国内税及其他规费外，任何缔约成员不得以配额、输出入许可证或其他措施限制其数量。

（6）撤除非关税障碍原则。除设有不得以非关税措施限制或禁止贸易等一般规定外，WTO对于诸如倾销、补贴、关税估价、输出入手续、产地标示、国内贸易法规、国营贸易事业等不属于关税形态的贸易措施亦有所规定，以防止阻碍贸易的正常流通。

一、两岸加入WTO的目的与承诺

WTO向来有“经济联合国”之称，究其主要原因，这是因为WTO在世界经济与国际经贸领域中影响极大，而且它还能给成员或相关的关税区带来较大的政治利益。

两岸加入WTO各有其不同的政治与经济动机。大陆希望利用加入WTO的机会，促进国内经济体制与国际接轨，并借由WTO相关的经贸

① “无歧视待遇原则”充分现了平等的原则特性，完全符合各成员或单独关税区，相互平等的国际法原则。

② “国民待遇原则”具体的说就是任何缔约成员应对来自于其他缔约成员之输入品给予和本国产品相同之待遇，例如内地税或其他规费、影响内地销售、购买、运输、配销使用之法令规章等。此外，任何缔约成员亦不得直接、间接规定一产品之数量或比例限由国内供应。

法规，来加速国内的法律与经济体制改革。此外，在以中国为主体架构下，在WTO体制内获取大陆、台湾、香港和澳门"一国四席"[①]的地位，有助于中国各区域经济的统合，进而有利于中国的融合及统一。而台湾加入WTO不仅出于经济考虑，其所掺杂的政治因素，更高于经济因素考虑。

两岸分别于2001年12月11日及2002年1月1日正式成为WTO的成员。事实上，台湾加入WTO的努力，始于1990年试图加入WTO的前身《关税与贸易总协议》(GATT)[②]。对台湾而言，加入WTO，则台湾的企业有更多向外出口拓展市场的机会，更重要的是，台湾当局希望借由加入WTO，获取更多所谓的"国际生存空间"，并经由与其他成员或关税区的交流与往来，重返国际经贸舞台，进一步推动台湾当局的"外交"和其他"政治"考虑。

WTO是一个以解决经贸问题为主要使命的国际组织，其成员必须遵守WTO国际协议的规定，在享受权利的同时，也肩负对其他成员相对的义务，诸如遵循最惠国待遇、国民待遇和无歧视待遇等原则。因此，关税区域主体在入世时，必须针对降低关税、减少非关税障碍、开放服务产业与内销市场和遵守智慧财产权等规定作出一定的政策调整，海峡两岸入世时亦是如此。这也就是自加入WTO开始，相关国家或地区就降低关税以及开放市场等有关项目，必须作出相应的承诺。中国大陆自2001年加入WTO以来，平均关税已从2001年加入前的15.3%降低至2006年的9.9%，而且截至2005年1月1日，除少数产品如汽车还需继续调降关税外，绝大多数相关入世时承诺削减关税的产品，均已达到WTO相关的要求。

---

① 所谓"一国四席"即在世界贸易组织(WTO)的体制内及一个主权国家的概念下，中国内地、台湾、香港、澳门分别以单独关税区名义加入而出现的四个席位并存的局面。

② 《关税与贸易总协议》(GATT)简称关贸总协议，是由23个国家于1947年10月3日在日内瓦签订的关于调整缔约国对外贸易政策和国际经济贸易关系方面的相互权利义务的国际多边协议，该协议于1948年正式生效。

表1-12：两岸加入WTO时的相关承诺

承诺调整项目		中国（加入时间：2001年）	台湾地区（加入时间：2002年）
关税减让	平均税率	由2001年的15.3%降低至2006年的9.9%	由2002年的7.08%降低至2011年的5.53%
	农产品	由2001年 的19.28%降低至2010年的15%	由2002年的14.01%降低至2011年的12.86%
	工业产品	由2001年 的12.69%降低至2008年的9.23%	由2002年的5.78%降低至2011年的4.15%
开放市场及其他相关承诺		开放金融、会计、法律、电讯、零售、配销、观光、教育和建筑等服务行业	开放金融、观光、教育、环境、视讯、营造及相关工程服务业
		取消外汇平衡、贸易平衡、内外销比率等投资限制	取消汽机车自制率规定及禁止性补贴
		恪守《智慧财产权协定》（TRIPS）的规范并承诺加入《资讯科技协定》（ITA）	允许外国人购置或租用土地作为办公室、商店、工厂及外侨学校等用途
		除特殊例外，三年内所有企业将可在关税领域内进、出口货物；外资企业的许多限制已将在三年内逐步放宽或解除	开放外国人投资经营小客车租赁业、汽车货运业及货柜货运业

图表来源：作者整理。

二、加入WTO对两岸经贸往来及政策的影响

1. 加入WTO对中国经济的影响

近年来，有关学者关于加入WTO对中国经济影响的著述丰富，主流观点认为加入WTO是利大于弊。

就入世的有利影响而言，加入WTO有利于中国进一步融入国际经济贸易体系、加快大陆对外开放的速度、市场经济体制的建立和有利于大陆利用多边贸易谈判机制改善外部贸易环境，并促使中国的经贸政策与国际接轨，从而有助于推动大陆经济贸易体制的改革。此外，加入

WTO将有利于消除中国在其他成员所受到的各种限制，有利于第三产业的发展。当然，从政治方面考虑，加入WTO将增强中国在国际事务中的发言权，在国际政治舞台上占有更主动、更有影响力的位置。[①]

加入WTO给中国经济发展带来上述好处的同时，当然也不可避免地加剧国内各产业市场的竞争环境。遵循对等开放的原则，中国在获得进入国际市场的同时，也必须适当做出关税减让，并按照事先承诺的时间表向WTO成员开放中国市场。由于市场的开放，大陆企业和产品将面临严峻的国际竞争，由此加速一些落后企业的破产和倒闭，从而可能引发严重的就业问题；另方面，发达国家将更多地利用"绿色壁垒"[②]、"技术壁垒"[③]等非关税壁垒手段限制大陆产品，从而影响大陆产品出口和一些落后产业如农业。此外，加入WTO也将对大陆商业、金融保险业、电讯业等服务行业形成巨大的竞争压力。

总之，就中国贸易领域、服务产业和政策法规的制定等方面，加入WTO都将带来巨大的竞争与调整，但对中国整体经济发展是有相对利益的。据美国高盛亚洲公司所作的模拟测算，加入WTO对中国GDP每年潜在的贡献率为0.5% ~ 0.6%。事实上，中国GDP的增长率从2001年加入WTO前的7.3%增长至2005年的9.9%就是加入WTO带动中国经济增长一个最佳的佐证。

2. 加入WTO对台湾地区经济的影响

依据大陆与世界贸易组织达成的协议，在中国加入WTO后，台湾地区将以单独关税区（简称"中国台北"）的名义入世。受自身资源及市场条件的限制，台湾地区一直致力于发展外向型经济，因此相较于大陆而言，加入WTO对台湾地区经济的影响要小。总体而言，加入WTO对台湾地区经济的影响也是利大于弊。

---

① 陈玉明主编：《中国加入WTO各行业前景分析》，北京：经济日报出版社，2000年，第9页。

② "绿色壁垒"是贸易壁垒的一种，又称环保壁垒。是指一个国家以可持续发展环保为理由和目标，为限制外国商品的进口所设置的贸易障碍。

③ "技术壁垒"，主要是指商品进口国家所制定的那些强制性和非强制性的商品标准、法规以及检验商品的合格性评定所形成的贸易壁垒。

就对外贸易而言，加入WTO对台湾经济发展有实质性贡献。台湾地区工业发达，特别是电子产品在国际市场上居领先地位，因此世贸组织规定的信息业零关税对台湾企业出口十分有利——134个国家和地区同时开放市场将有力地推动台湾地区出口的增长。此外，随着经济全球化竞争的加剧，台湾地区企业与其他贸易伙伴之间的商贸摩擦将越来越多，加入WTO有利于改变台湾当前在国际贸易活动中的不利地位。至于两岸经济互动，台湾当局也是不遗余力推动所谓“亚太营运中心”[①]及“全球运筹中心”[②]的建设。在两岸加入WTO之后，大陆迅速增长的市场和相对较为低廉的人力成本，给拥有同样语言和文化背景，且具有管理、技术、生产、营销等优势的台湾企业提供了广大的发展机会，因此台湾有可能成为外商进入中国的桥梁。再者，从政治方面考虑，加入WTO将有利于台湾当局加强与无“邦交”国家的“官方”接触，改善其孤立的国际政治地位，提高经济影响力，这也是台湾当局一直谋求加入GATT和WTO的重要原因之一。

当然，加入WTO也将对台湾地区经济产生一定的冲击，特别是对金融服务业[③]、汽车工业和农业的影响较大。由于农业生产成本逐年上升，以及出于粮食安全问题的考虑，台湾当局一直高度“保护”农业部门，台湾地区大部分农产品价格明显高于国际市场价格。所以，加入WTO将使台湾地区农业面临着来自其他成员的削减关税、取消各种非关税限制措施的压力，美国、加拿大等国的廉价农产品将对台湾农业产

---

① 1993年，鉴于民间投资意愿低落，产业加速外移，台湾当局开始推行所谓的“亚太营运中心计划”。该计划希望利用台湾在亚太地区及两岸之枢纽地位，吸引国际及本地企业在台湾设置区域中心点或总部，从事亚太地区企业的市场经营，并借以推动台湾经济的自由化、国际化和现代化。其主要意义包括两个层面：一是从企业层面来看，以吸引本国及外国企业以台湾作为据点，从事投资并开发经营亚太地区市场。二是从总体经济层面来看，加速台湾自由化的环境，吸引世界各国的厂商，以台湾作为根据地，发展与亚太各成员之间全方位的经贸关系，使台湾成为若干区域性经济活动中心。

② “全球运筹中心”为2000年后台湾当局提出营造台湾成为全世界高科技制造服务中心的经济发展构想，以避免台湾经济“大陆化”，从而增加与欧美高科技国家的经济往来与互动。

③ 两岸金融、保险业合作的前景也很广阔，为了减低加入WTO后大型跨国银行对两岸金融业的冲击，给相互之间的投资和贸易提供金融支持，两岸互设银行、金融、保险机构和开展金融、保险合作是金融业取得双赢的重要机遇。

生空前的冲击[①]；另外，根据WTO成员公平待遇的原则，台商在大陆所享受的优惠待遇将受到一定的影响，即台商企业在大陆市场上，将和其他的外资企业或大陆企业展开公平的竞争。

3. 加入WTO对两岸经贸往来的影响

由于入世后两岸技术交流、资金流动、人才互动、政策松绑的变化，再加上市场的扩大与需求等因素，海峡两岸的经贸交流将发生实质性的变化。

（1）加入WTO有利于两岸利用经济的互补性促进两岸产业的分工合作，并进一步升高台湾地区对大陆的经济依赖程度。海峡两岸经济具有较强的互补性，特别是在资金、资源、技术、人才、劳动力、市场、管理等经济要素方面有着相互依赖的互补性。鉴于这种互补性，台商若能结合大陆较为廉价的人力与产业资源，就能达到在降低生产成本的同时亦提高产品国际竞争力的效果。这种分工协作的经济发展模式，对促进两岸的经济发展将产生积极影响。[②]

（2）大陆经济发展为台商创造巨大商机。近年来，大陆为台商所提供的"经济效益"已从降低生产成本，进一步深化到提供广大的内需市场。根据2006年初台湾《工商时报》对大陆台商的调查报告显示，2005年大陆台商年营业收入比2004年同期增长约360%。台商在大陆的投资与营业活动扩大了两岸经济贸易规模，再加上入世后大陆市场的开放，台湾企业进行大陆布局与加速开发中国市场的积极性大大增长。事实上，两岸加入WTO的实质效应是双方相互减少甚至消除贸易壁垒[③]，

---

①　加入WTO后，台湾农业面临农业发达国家的冲击。或许只有和大陆的土地和劳动力结合起来，加强两岸之间的产品互通，才能增加对发达国家农产品竞争的抵御力。实际上，近几年已经有不少台湾农民携带资金、种苗、技术到福建、广东、海南等地开设农场，尽管大陆农产品价格低于台湾，但绝大多数农场以大陆市场为主要市场。

②　台湾高科技企业虽然掌握一定的技术能力，但由于岛内市场狭窄，经济上主要仰赖出口市场。大陆13亿人口的市场十分广阔，改革开放以来经济发展迅速，市场发展的潜力与机会已吸引多数国际级企业到大陆投资。如果把大陆的潜在市场、土地、劳动力与台湾先进技术、开发能力和营销相结合，资源的互补将使两岸经济的发展快速增长。

③　贸易壁垒：是一国为保护本国产业，通过设置障碍，限制外国产品进入本国市场的一种贸易救助手段。

并在WTO的国际经贸规范下从事自由公平的经济竞争，这将大大促进两岸贸易的往来与发展。

（3）加速台湾地区服务产业的西进。中国在加入WTO时承诺将逐步开放服务业市场，这已吸引众多从事服务业的台湾企业前往大陆发展。近年来，无论是物流、医疗、房地产、教育、影视、文化、电讯、零售、建筑，还是金融、法律及会计等行业领域，许多台商均已调动优秀专业团队前来大陆“洽谈业务”。根据台湾“中华民国全国工业总会”2006年11月统计资料显示，台湾已有7家银行、14家证券公司、11家台资保险公司在大陆设立代表处，并有一家两岸合资的人寿保险公司在大陆成立并已开始运营。

（4）加入WTO以后，由于两岸经贸往来将更加频繁，交通及运输问题将成为一个亟待解决的问题。虽然WTO的条款和规定并未具体规定两岸的运输与直接通航方式，但目前两岸间接贸易或利用第三地通航的方式，对于企业特别是高科技企业的运输、人员、商务洽谈和时间成本等而言，都存在诸多不便之处。因此如何解决“三通”问题是两岸政府必须共同努力的目标①。

（5）双方的经贸纠纷逐渐成为一个重要的课题。除企业之间可能出现的争执之外，海峡两岸的经贸部门，在贸易发展上亦面临新的挑战。2002年3月23日，中国外经贸部宣布对俄罗斯、韩国与台湾地区等冷轧钢品及扁轧品进行反倾销②调查；3月30日又宣布对台湾地区聚氯乙烯（PVC）产品提出反倾销调查；而后于5月24日又对从台湾进口的部分钢产品，实施临时性保障措施。针对诸如此类议题，两岸代表曾于当年12月在瑞士日内瓦讨论大陆进口台湾地区钢品防卫措施，但未能达成相关共识。两岸如何具体而有效率地解决经贸纠纷，已成为两岸加入

① 2008年12月15日，两岸根据海协会与海基会于同年11月在台北所签署的《海峡两岸空运协议》、《海峡两岸海运协议》、《海峡两岸邮政协议》，正式启动两岸空运直航、海运直航和直接通邮，这表示着自1979年全国人大常委会发表《告台湾同胞书》，首倡两岸“三通”以来，经过近30年的努力，两岸“三通”终于最后实现实现。

② “反倾销”是指对一产品自一国出口至另一国的出口价格低于在正常贸易过程中出口国供应消费的同类产品的可比价格所采取的相应的抵制措施。

WTO以后一个新的挑战。

（6）加入WTO有利于化解两岸政治僵局，促进经贸关系进一步发展。若要在WTO的架构下发展两岸经贸关系，势必要求以稳定、正常的两岸政治关系作为保障，这无疑为两岸政治关系的突破创造了契机。

（7）对两岸关系而言，加入WTO并不仅仅是一个经贸问题，因为在解决相关经贸政策问题时，如进一步开放商品市场和投资领域、“国民待遇”、“三通”等问题，都具有浓厚的政治色彩或背景。从台湾的角度看，台湾期望在WTO的机制或框架下以WTO成员身份来规范两岸经贸关系，以开放大陆经贸政策的“善意”来进一步换取大陆的政治“回报”。显然，在两岸缺少互信的现状下，台湾方面的思路难免不让大陆警觉，认为其借加入WTO之机，把两岸经贸关系界定为实质上的国际经济关系，以此进一步推动两岸关系朝着“两国论”[①]，即所谓的准国际关系转化的政治意图，对此大陆坚决反对。

4. 加入WTO对两岸经贸政策的影响

由于各自不同的立场和理念，两岸政府对于持续增长的两岸经贸关系采取了相应的经贸政策。中国大陆对两岸经贸合作一直采取较为明确的政策：除希望通过合作促进中国大陆经济增长外，更主要是希望以经济合作促进政治交流，从而实现“和平统一、一国两制”。而台湾当局在中国大陆经贸政策上，基本上维持其所谓的“务实、稳健、前瞻”六字方针。所谓“务实”，就是在世界各国都集中注意力并全力开拓中国大陆市场的形势下，台湾产业在两岸地缘、语言及文化共通的有利地位上，不能刻意忽略甚至放弃此市场；所谓“稳健”，则是指台湾当局不应该因经济的利益而丧失政治的警觉性。为了保护台商的权益，台湾当局认为不能让企业随心所欲到中国大陆进行贸易或投资活动，必须采取渐进、稳健的方式进行。至于“前瞻”，台湾当局认为，经贸往来的目的是要促使中国大陆的质变并进一步实现经济市场化体制。

① 李登辉于1999年7月9日在接受“德国之声”记者采访时公然向世人宣称，台湾当局已将海峡两岸关系定位为“国家与国家的关系，至少是特殊的国家与国家的关系”，以此来彻底否定一个中国的原则，此为“两国论”。

为顺应入世后的两岸经贸发展的趋势，台湾当局作了相关的政策调整。首先，在商品贸易方面，台湾当局修改了《台湾地区与大陆地区贸易许可办法》及其他相关措施，取消两岸贸易须经第三地区业者的限制，并调整现行大陆物品进口项目审查机制、实施分阶段开放大陆农产品进口及强化大陆物品防御机制等措施。其次，在服务贸易方面，分阶段开放中资到台湾地区投资服务业，开放行业基本分为优先对中资开放之行业、视情势发展再考虑对中资开放之行业及暂不考虑对中资开放之行业等三类。最后，在投资与金融方面，台湾当局已先后修改相关政策，包括《台湾地区与大陆地区人民关系条例》、《大陆地区从事投资或技术合作许可办法》、《大陆地区从事投资或技术合作审查原则》、《台湾地区与大陆地区金融业务往来许可办法》等相关条例。

在两岸经贸关系的发展进程当中，台湾当局处于相对被动的地位。一直以来，台湾当局的中国大陆经贸政策主张“导禁结合、以导为主”[①]。“导”是为了照顾台商的商业利益，“禁”是为了维护台湾人民的政治利益。但相关政策与两岸的经济现况已有较大的背离，因此，在执行时常会出现摇摆不定或朝令夕改，即所谓“民间与政府拔河、经济与政治较劲”的局面。事实上，今日两岸经济政策的调整，大都是在工商界的推动下，台湾当局被动逐渐松动，逐渐放宽的结果。

从现阶段两岸经贸发展的现状来看，中国大陆当时是采取较为积极主动的态度，并把实现双向、直接的“三通”政策作为两岸关系的当务之急，特别是在“通航”方面，虽然“直航”问题中所牵涉的国旗与国籍、航权分配、航线规划与航行安全维护等问题并不属于WTO规范范围之内，但由于“直航”直接牵涉到两岸经济与企业往来成本，因此，

① 20世纪90年代，随着台湾原材料、劳动力、土地价格的大幅上涨，生产成本快速提升，越来越多的台商将商品的生产投向土地、人力、原材料价格较为低廉且拥有广阔市场的中国大陆，两岸经贸关系的发展成为增进台湾经济的主要动力。台湾当局出于政治因素的考虑，在80年代对于台商至大陆投资，基本采取以禁为主的政策。随着两岸经贸关系的发展，两岸商业合作已成发展趋势，再加上台湾当局对自身经济发展的考量，因而从90年代开始采取了导禁结合，以导为主的方针，企图建立两岸产业的垂直分工体系，解脱产业发展困境，使台湾经济获得进一步发展。

两岸“直航”一直是大陆期望并积极促成的一项重要政策。此外，为适应入世后两岸经贸的发展与变化，中国大陆亦修改了相关政策，具体调整体现在《中外合作经营企业法》、《外资企业法》、《中外合资经营企业法》及相关实施条例或细则等三资企业法之法令。

随着两岸的入世，彼此间的交流与互动将更值得关注。从两岸的贸易量及增长率、投资增长、产业互补、区域互动及经贸政策的演变来看，在相关WTO体制的规范下，两岸各有所长，同时面对的经济冲击对双方产业与整体经济的发展亦呈现多元化的影响；以不同阶段两岸产业结构发展情况来看，只要两岸能发挥优势互补的效应，危机或许可转化成发展的契机。在入世的背景下，两岸政策透明度的提升，将有利于双方互信的增长，并为经贸合作创造新契机，从而达到两岸经济“共存共荣”的局面。

三、入世后两岸经济贸易分析

自1979年中国大陆实行改革开放以来，两岸经贸关系发展迅速。根据大陆相关统计，截至2003年，两岸间接贸易总额累计已达到3263.12亿美元，台湾在两岸贸易中获得的顺差累计已高达2256.7亿美元①。目前，台商在大陆投资办企业已达5万家，至2005年底，累计协议投资金额已达902亿美元。由于台湾当局对台湾企业至大陆投资上有诸多限制，近年来许多台商经由第三地②转赴大陆投资，以此规避台湾当局的管制。

1. 两岸经贸互动的加强

通过两岸经济交流与合作的历程可发现，两岸经济存在着互补互利的关系。大陆在科技人才、劳动力、土地和市场方面具有明显的比较优势；台湾则在资金、技术、管理和营销方面优势比较突出。2007年上半年台湾地区对大陆出口依存度高达29.3%，增至近三成，进口依存度为12.71%。两岸经济依存关系直接带动了台湾经济的转型与产业升级、

① 张邦巨著：《台湾的经济和金融及两岸经贸关系》，北京：九州出版社，2004年，298页。
② 台商选择的第三地主要包括：维京群岛、开曼群岛和香港等地。

增加了台湾的外汇储备，成为台湾经济发展的重要动力。理论分析而言，台湾对大陆的出口每增加1美元，可以直接、间接带动台湾相关产业增加产值2美元。由此，两岸贸易的发展，已成为支撑台湾经济增长的重要因素。据台湾学者分析，两岸经贸往来每年对台湾经济增长的贡献为2%，事实表明，台湾经济明显依赖大陆。2005年，两岸顺差高达581亿美元，对台GDP贡献率高达54.87%，这是近年来台湾经济由衰退到回升再至中低速增长的重要动力来源之一。需要值得肯定的是，广大台商也对大陆的经济发展做出了积极贡献。

由于两岸经济所具有的互补性，与大陆的经贸往来已成为台湾外向型经济得以继续发展的最重要因素之一。因此，多年来台商在大陆的投资呈现出从低阶到高阶，从短期到中长期，从劳动密集型到资金、技术密集型，从沿海地区向内陆地区、西部地区发展的趋势。特别是2000年以来，台湾电子信息产业的IC、IT产业纷纷涌向大陆投资，几乎所有的台湾大型计算机公司均到大陆设立生产基地，且不断扩大生产规模，企业在“台湾接单、大陆生产”的比重也逐步上升。由此可以预见未来一段时期，随着大陆法制环境的完善、改革开放的深入和两岸先后入世，两岸经贸关系将朝着更加紧密的方向发展。

从大陆方面看，银行、保险、证券、航运等更多属于高新技术产业和第三产业的台湾企业到大陆投资，有利于大陆优化产业结构和提升利用外资的质量；至于台湾方面，由于经济规律驱动着两岸经贸关系的发展，因此在经济形势发展和岛内工商业界的强烈要求之下，台湾当局也不得不放宽对大陆产品的进口限制、放松台湾企业到大陆投资及大陆企业到台湾投资的限制，从而促进两岸经济关系朝着互惠互利的方向发展。

2. 2002年以后的两岸经贸往来

两岸加入WTO之后，经贸往来与投资进一步加强，大陆逐渐取代美国成为台湾最大的贸易与资本输出市场。据台湾“陆委会”的统计数字显示，入世以来，两岸经贸往来金额快速增长，2002年两岸贸易总金额为394.97亿美元，而到2007年仅1~6月，台海两岸的贸易金额即高达464.9亿美元，较2006年同期增长13.3%，其中，台湾对大陆出口333.49亿美元，相较去年同期增长12.8%；台湾从大陆进口131.41亿美元，较2006年同比增长约14.7%；而2007年1~6月，台湾对中国大陆的贸易总额占台湾对外贸易总额比重更高达21.39%。而根据大陆官方统计，2007年1~6月，两岸贸易达到552.8亿美元，较2006年同期增长10.1%，其中大陆对台的出口额为110.1亿美元，增长15.1%；大陆从台湾进口442.7亿美元，较2006年增加9.0%，大陆对台湾的贸易逆差约为332.6亿美元。虽然两岸各自贸易数字可能有些出入，但不可否认的事实是，两岸加入WTO后，是中国大陆改革开放以来海峡两岸经贸往来的另一次高潮。

近年来，随着台商大陆投资新热潮的兴起，以电子信息产业为代表的资本与技术密集型产业成为台商投资的主流，房地产、金融、医疗、服务业正逐步成为台商投资祖国大陆的新热点，台商投资规模日益扩大。

据大陆商务部统计，入世以来，大陆在2005年共批准台商投资项目3907个，同比下降2.4%；合同台资金额103.6亿美元，同比增长11.3%；实际利用台资则为21.5亿美元。截至2005年底，台湾对大陆累计投资项目68095个，合同台资金额896.6亿美元，实际利用台资金额417.6亿美元[①]。台资在大陆累计吸收的境外投资排名中已跃居第二。

随着大陆经济的持续高速增长，台商在大陆投资普遍进入赢利期。以台湾上市公司在大陆的投资为例，台湾地区证券交易机构数据显示，2004年前3季度台湾上市公司在大陆投资收益总额高达近300亿元新台币，比2003年增加20.68%。其中，电子、水泥、塑化、钢铁等行业的增长最为明显。截至2005年6月底，台湾上市上柜638家电子公司中，已有455家在大陆投资设厂，占上市上柜电子公司的71.3%；在上市上柜的475家传统产业公司中，已有301家在大陆投资设厂，所占比重为63.3%；神达、仁宝、大众、华邦、广达等台湾知名科技企业纷纷在大

① 根据中国大陆最新对外公布资料显示，累计至2008年11月为止，台商对中国大陆累计投资项目已达77238个，实际利用台资金额高达473.8亿美元。

陆筹设研发中心、IC设计中心及软件开发基地。台商大陆投资普遍获益的状况，为岛内其他台商来大陆发展产生了一定的示范作用，未来大陆庞大市场的吸引力，将进一步推动台商大陆投资的步伐。随着两岸经贸迅速发展，两岸经济相互依赖程度也越来越深。我们可以通过以下数据具体分析20世纪90年代至21世纪初的这一趋势：

1990年，大陆是台湾第9大贸易伙伴，第5大出口市场，第20大进口市场；到90年代末，大陆已上升为台湾第3大贸易伙伴，第2大出口市场，第6大进口市场。到2001年，大陆是台湾第3大贸易伙伴，第2大出口市场，第4大进口市场与最大贸易顺差来源地；台湾是大陆第4大贸易伙伴，第2大进口市场。到2002年，台湾对大陆贸易占其出口总额的23.3%，大陆逐步取代美国成为台湾最大的出口市场。两岸贸易总额占台湾对外贸易总额的比例持续上升，由1987年以前的1%左右逐步上升到2001年的13%，仅次于美国与日本，且与美、日距离不断缩小。[①]

2004年，台湾总体经济呈现反弹复苏态势，经济增长接近6%。在台商不断扩大对大陆投资、大陆市场对台湾原材料需求增加，以及大陆购买力增强带动进口需求等因素的影响下，2004年两岸贸易继续快速增长，台湾对中国大陆贸易占出口比重，更攀升至26.8%，两岸贸易依存度持续升高。作为台湾最大出口市场和最大的贸易顺差来源地，大陆市场是台湾经济发展最重要的动力之一。

两岸经贸关系的作用举足轻重。两岸贸易的产品在以电子信息产业产品为代表的带动下，层次逐渐升高。两岸贸易产品开始转变为以资本与技术密集型商品为主，以电子电器为代表的高科技产品已成为两岸贸易的主体。2004年1~10月，两岸电子电器产品贸易额接近90亿美元，其中大陆自台进口47.7亿美元，占同期大陆自台进口额的47.9%，大陆对台出口41.3亿美元，占同期大陆对台出口额的44.7%。随着大陆产品竞争力的提升，两岸贸易正逐步从基于要素禀赋差异的传统产业间贸易

① 《海峡两岸贸易往来的过去与今天》，载《中国台湾网》，2007年7月20日，http://2006.chinataiwan.org/web/webportal/W5269870/Usmartyang/A505653.html。

走向产业内贸易。[①]

尽管两岸政治关系持续紧张对峙，甚至出现危机重重的局面，但两岸经贸关系自2004年以来仍然保持向前发展的趋势，在两岸投资、贸易、金融关系等领域取得了一系列新的进展，也推进了两岸旅游合作。但是，由于当时台湾当局顽固坚持“台独”立场，对大陆采取限制性的经贸政策，迄今为止两岸经贸往来仍处于不对等状况之下，两岸经贸关系仍受限于“间接、单向、民间”这一畸形格局。

2005年以来，两岸经济贸易增长虽不如2002~2004年期间来得快，但基本上还是呈现稳步向上的趋势。根据中国海关总署统计的数字显示，2005年1~12月，两岸贸易额为912.3亿美元，同比增长16.5%，其中大陆对台湾出口金额165.5亿美元，同比增长22.2%，大陆自台湾进口金额高达746.8亿美元，同比增长15.3%，两岸贸易顺差高达581.3亿美元，同比增长13.5%。大陆是台湾最大的贸易伙伴，最大的出口市场和最大贸易顺差来源地。[②]2006年，两岸贸易首次突破千亿美元大关，2007年两岸贸易金额更高达1244.8亿美元。

表1-13: 两岸经济贸易统计（1978~2006）

单位：亿美元

年份	贸易总额	增长率%	对台出口	增长率%	自台进口	增长率%
1978	0.46	—	0.46	—	0	—
1979	0.77	67.4	0.56	21.7	0.21	—
1980	3.11	303.9	0.76	35.7	2.35	1019.1
1981	4.59	47.6	0.75	–1.3	3.84	63.4
1982	2.78	–39.4	0.84	12	1.94	–49.5
1983	2.48	–10.8	0.9	7.1	1.58	–18.6
1984	5.53	123	1.28	42.2	4.25	169
1985	11.01	99.1	1.16	–9.4	9.85	131.8
1986	9.55	–13.3	1.44	24.1	8.11	–17.7

① 资料来源：http://tw.people.com.cn/BIG5/14811/14870/3089194.html。

② 《2005年1~12月两岸贸易、投资情况》，数据来源于中华人民共和国商务部台港澳司。

（续表）

年份	贸易总额	增长率%	对台出口	增长率%	自台进口	增长率%
1987	15.16	58.7	2.89	100.7	12.27	51.3
1988	27.21	79.5	4.79	65.7	22.42	82.7
1989	34.84	28	5.87	22.5	28.97	29.2
1990	40.43	16.08	7.65	30.41	32.78	13.18
1991	57.93	43.26	11.26	47.11	46.67	42.36
1992	74.1	23.9	11.2	–0.6	62.9	34.7
1993	143.95	94.26	14.62	30.54	129.33	105.6
1994	163.3	13.44	22.4	53.21	140.8	8.87
1995	178.8	9.49	31	38.39	147.8	4.97
1996	189.8	6.1	28	–9.6	161.8	9.5
1997	198.38	4.5	33.96	21.2	164.42	1.6
1998	204.99	3.3	38.69	13.9	166.29	1.1
1999	234.79	14.5	39.5	2.1	195.29	17.4
2000	305.33	31.1	50.4	27.6	254.9	30.6
2001	323.4	5.9	50	–0.8	273.4	7.2
2002	446.6	38.1	65.9	31.7	380.3	39.3
2003	583.7	30.7	90	36.7	493.7	29.7
2004	783.3	34.2	135.5	50.4	647.8	31.28
2005	912.3	16.5	165.5	22.2	746.8	15.3
2006	1078.4	18.2	207.4	25.3	871.1	16.6
累计	6036.9	—	1025	—	5012.4	—

资料来源：国务院台湾事务办公室网站，http://www.gwytb.gov.cn/lajm.asp，2007-08-20。

除此之外，自2001年加入WTO后，两岸进出口贸易在农产品、烟酒等领域亦有新的发展。在农业方面，台湾对大陆出口以畜产品为主，2002年上半年出口额为1958万美元，而大陆出口到台湾则以农产品为主，出口额约为9211万美元。其他如啤酒和香烟等贸易，两岸亦有重大突破。2002年，台湾开放大陆啤酒进口，当年4月份青岛啤酒首次

"入驻"台湾。至8月底，青岛啤酒在台湾的市场占有率已达7.5%。此外，北京的燕京啤酒、福建的惠泉啤酒，亦分别进入台湾市场，成为台湾啤酒和在台欧美啤酒的最大竞争者。至于烟草贸易，情形亦是如此——大陆的红塔山、红双喜、中华、中南海及大红鹰等知名品牌，已成为台湾超市的"座上宾"，而台资企业在大陆站稳脚跟后，亦回台开拓台湾市场，如此两岸经贸与投资互动，产生结构性的变化①。顶新集团的康师傅方便面，回销台湾市场，就是最佳的案例。总之，加入WTO将促进两岸经济要素的自由流动，对提升两岸经贸合作层次、促进双方对外经贸扩张具有积极的作用。

表1-14:历年赴台从事经贸活动统计表

单位：个

年份	赴台专案数	增长率%	赴台人数	增长率%
1995	17	—	381	—
1996	169	894.1	922	142.0
1997	295	74.6	1695	83.8
1998	564	91.2	2963	74.8
1999	767	36.0	4164	40.5
2000	828	8.0	4863	16.8
2001	1441	74.0	7974	64.0
2002	22477	55.9	13968	75.2
2003	2059	–8.4	13248	–5.2
2004	2706	31.4	12561	–5.2
2005	3468	28.2	13999	11.4
2006	4505	29.9	16906	20.8
累计	19066	—	93644	—

资料来源：国务院台湾事务办公室网站，http://www.gwytb.gov.cn/lajm.asp，2007-08-20。

① 由于对市场的需求，在经贸上两岸相互依赖的关系已是大势所趋。特别是在大陆经济持续高速增长，两岸产业分工日趋密切的状况下，两岸经贸关系将持续呈扩张之势，顶新集团在大陆发展成功并回销台湾，是两岸市场、管理及资本结合的最佳案例。

3. 两岸良性合作共创经济的再增长

两岸经贸合作是两岸产业发展的一种必然的结果，而入世后，两岸经济相互依赖进一步增强，这已是一种不可否认的事实。多年来，为推动两岸经贸发展，大陆为鼓励台商前来投资，从政策配合以及资源提供等诸多方面保护台商合法权益做了不懈的努力。具体法律与政策整理如下：

（1）1994年3月5日颁布《中华人民共和国台湾同胞投资保护法》[①]及1999年12月5日颁布的《中华人民共和国台湾同胞投资保护法实施细则》(以下简称《实施细则》)，营造鼓励和保护台商投资的良好法制环境。

（2）为台资企业提供金融优惠政策与有关支持。[②]具体政策包括：2006年7月10日公布的《国台办与华夏银行共同推动台资企业授信业务操作流程》以及2005年12月21日颁布的《台资企业国家开发银行贷款暂行办法》等。

（3）根据1994年全国对台经济工作会议的精神，政府鼓励支持设立“台商投资区”。以厦门为例，全国四个国家级的台商投资区，除了一个在福州外，其余的都在厦门。[③]此外，在沈阳、南京设立“海峡两岸科技工业园区”，在成都和武汉设立“海峡两岸科技产业园”，在福建、山东、海南、黑龙江、陕西等省设立“海峡两岸农业合作试验区”，增强两岸产业合作的互补功能。

（4）根据《中国公民往来台湾地区管理办法》以及公安部《关于台湾居民来祖国大陆定居受理审批工作的通知》，中国大陆近年来不断简化台胞入境手续，向前来大陆投资经商和从事其他方面交往活动的台胞

---

① 为了保护和鼓励台湾同胞投资，促进海峡两岸的经济发展，第八届人民代表大会常务委员会第六次会议于1994年3月5日通过了《台湾同胞投资保护法》。

② 根据“2006海峡两岸上市公司合作与发展高峰论坛”资料显示，截至2006年，大陆已批准设立2家台资银行、7个银行代表处、14家台资证券公司的24个代表处和11家台资保险公司的15个代表处。

③ 中国大陆四个国家级“台商投资区”：福州马尾，厦门海沧、杏林、集美。

提供了多项便利快捷服务。

（5）根据2003年3月20日民政部颁布的《台湾同胞投资企业协会管理暂行办法》，在台湾同胞投资企业集中的地区，成立台胞投资企业协会，加强协会与地方政府的联系和沟通，促进当地经济发展。

（6）根据《中华人民共和国台湾同胞投资保护法》及其《实施细则》和国务院台办颁布的《台商投诉协调工作办法》的有关规定，国台办和地方台办设立了台商投诉协调机构，维护台商合法权益。

两岸入世后，大陆经济快速增长的势头有利于台商进一步的投资。近年来，大陆经济保持着近9%的年增长率，进出口贸易总额已经突破1万亿美元，已成为世界第四大贸易国。这对于广大台商而言，是一种巨大的商业机会，将大陆的优势纳入企业的增长成本当中的机会。需要特别指出的是，大陆制定了相关优惠政策①以维护台商的正当权益，并且各地方政府部门也都着力解决台商在投资、经营和生活中遇到的实际问题。诸种有利条件，吸引了许多台商积极参与大陆的区域经济发展。

① 大陆极力鼓励台资或外资企业重视技术创新和技术投入，对于国家重点开发的区域（如西部开发和振兴东北等），大陆制定了一系列鼓励外商投资的政策。

第二章 经济相互依赖与两岸关系的发展

两岸问题根源于历史遗留问题，但时至今日，在历经半个多世纪国际政治经济形势以及两岸关系发展的变化后，两岸问题已成为一个国际化的"国内问题"，即已成为与台湾地区人民意识、两岸经济、亚太区域国家安全以及西方发达国家安全战略、经济与政治利益等息息相关的问题。因此，本章旨在探讨两岸政经互动现状，除分析加入WTO前后两岸政治、经济互动的转变外，对两岸政治发展现况、两岸经济交流现况、两岸政治对经济政策的影响及"三通"政策对经济环境的影响等相关课题，亦作进一步的分析与讨论。

第一节 国际政治经济形势与两岸关系发展

就新世纪国际政治经济发展而言，恐

怕2001年发生于美国的“9 · 11”事件应成为国际形势发展之分水岭。“9 · 11”事件[①]以来，安全议题已成为国际社会关注的焦点，特别是近年来国际恐怖主义活动有增无减，严重影响国际安全，凸显了非传统安全议题的重要性。恐怖主义是一股隐性而有组织的势力，又是一股无政府而具高度流动性的暴力组织，严重威胁和阻碍当前国际社会中大部分国家追求稳定与发展的主题，故国际社会无不积极打击并作有效预防国际恐怖主义势力的泛滥。近年来，国际恐怖暴力事件频繁发生，因此在联合国或各地区组织举行的国际会议中，反恐议题都成为各方关注的焦点所在；美国亦持续以反恐作为其外交安全战略主轴，协调各国强化反恐机制、协助东南亚成立反恐中心，全力防阻恐怖组织获取资金及严密监控其人员、物资，尤其是防范毁灭性武器扩散，以避免大规模恐怖攻击事件发生。此外，美国采取直接军事打击、冻结资产以及锁定恐怖分子招募训练对象等行动，力图建立一个严密防范恐怖主义活动的国际安全环境。

当前国际形势的特点，我们可归纳成如下：

1. 美国对外安全战略调整。美国于2003年出台攻击性反恐战略，奉行单边主义，同时逐步调整海外驻军，采用小规模、多据点，并以快速反应为导向的部署原则，这些均不同于冷战时期重点防卫部署的方式。2003年3月，在未获联合国决议“批准”下，联合英国对伊拉克实行先发制人的打击，推翻伊拉克萨达姆政权。但是，自美国占领伊拉克以来，美军伤亡不断，伊拉克国内安全局势未见好转，欧盟等国对美国的离心趋势进一步显现。美国的对外安全战略也因此处于逐步调整之中。总的来说，在今后几年或许更长的时间内，美国对外安全战略主要还是反恐、反核扩散、遏制伊斯兰极端主义势力，这是它全球安全策略的主要目标。同时，美国会努力改善同欧洲盟国的关系，并加强同日本

① “9 · 11”事件，即2001年9月11日，美国东部时间上午，两架被劫持的美国民航飞机撞击纽约世贸中心的南、北两楼。同日上午，美国五角大楼亦遭到另一架被劫持的飞机的撞击。10点20分，另一架美国联合航空公司的飞机，亦在宾夕法尼亚州西部坠毁。这是美国有史以来最惨重的一次恐怖分子袭击事件。

的同盟关系；在亚太地区和独联体地区，美国会加紧扩大自身的影响。战略手段的实施也在从依靠武力的单边主义转向依靠多边协商与合作。此外，基于反恐的需要，2003年来美国加强与印度、巴基斯坦的合作，对于降低印巴两国长久以来的紧张对立具有积极意义；而美国与中国大陆亦因在反恐及“朝核问题”①上具有共同利益，正逐步建构“合作、坦率、建设性”的关系。中美关系仍会比较平稳，但是美国将继续采取对中国的遏制和防范措施。

2．中国国际影响力在不断上升。随着中国实力的不断上升和积极参与国际事务，中国大陆全球性的角色日益凸显。中国大陆继2001年成功申办2008年奥运会、2002年顺利申办2010年世界博览会之后，2003年以来对国际事务的参与亦持续增强。在东亚，除积极介入调解朝核问题外，向东南亚各国承诺不以武力解决争端，持续强化各方在非传统安全议题上的合作，以及提议尽早成立“三方委员会”②，以推进中、日、韩三国合作关系，并推动东亚地区的东盟“10+3”合作，而且中国连续多次主办“博鳌亚洲论坛”③，以实际行动塑造亚洲意识；在中东，中国两度派遣特使访问中东国家，并于2003年12月中旬与联合国在北京共同举办“巴勒斯坦问题亚太区域会议”④，发展同中东地区国家的友

① “朝核问题”始于20世纪90年代，当时美国以其卫星照片为依据，怀疑朝鲜有用于研制核武器的设施，要对朝鲜的核设施实行检查。1994年10月朝美两国在日内瓦签订关于朝核问题的《框架协议》，朝鲜同意冻结现有核计划，美国将与其他国家一起向朝鲜提供重油作为能源补偿。2002年10月，美国总统特使凯利访朝，并宣布朝鲜已承认其推进浓缩铀开发计划，朝核问题再次成为国际关注的焦点。2002年10月，美国以朝鲜违反协议为由终止向其提供重油，朝鲜于12月2日宣部解除核冻结，重新启动用于电子生产的核设施。由此，朝核危机进一步升级。

② 2004年6月22日，中、日、韩三方在青岛举行三方首次会议并发表联合新闻声明，确认“三方委员会”会议每年至少举行一次，会议就三国未来合作的发展方向、行动战略、三国自由贸易区研究及三方能源合作进行讨论与协调，会议将在三个国家轮流举行。

③ “博鳌亚洲论坛”成立于2001年2月，旨在为政、商、学界提供一个工商经济问题的高层对话平台，加强亚洲各国之间的经贸关系，是中国大陆大力推动而建立的一个“非官方、非营利、定期、寻址”的国际论坛，是第一个总部设立在中国大陆的国际组织。

④ “巴勒斯坦问题亚太区域会议”于2003年12月在北京举行，会议主题围绕巴勒斯坦被占领土局势、加强对和平解决巴勒斯坦问题的国际支持、亚洲国家支持巴勒斯坦人民行使不可剥夺的权利等三个主题进行讨论，会议旨在动员国际社会支持巴勒斯坦问题的和平解决。

好合作关系。2006年底，48个非洲国家元首、政府首脑等及国际组织代表齐聚北京，参加中非论坛北京峰会，推动中非新型战略伙伴关系的进一步发展，促进中非在更大范围、更广领域、更高层次上的合作。

3．大国关系互动增强。一方面，由于国际恐怖主义分子暴力活动频繁，国际社会反恐合作不断强化。2003年以来全球各地恐怖袭击事件层出不穷，国际反恐合作成为近些年国际合作的主题之一。联合国安理会曾举行反恐外长会议，积极协调国际反恐斗争。安理会亦通过第1373号决议[①]，以防止国际恐怖主义活动的蔓延，制止大规模毁灭性武器及毒品走私等跨国性犯罪活动。另一方面，随着全球气候变暖、环境污染日益恶化等全球性问题的凸显，世界各国纷纷通过召开国际会议、签署协议等方式寻求进行国际合作。

4．全球经济开始复苏，经贸整合进程加速。2003年上半年，受美伊战争与SARS疫情的冲击，全球经济呈现低迷走势，国际货币基金组织（IMF）[②]因此将全球经济增长率由原先预估的3.7%下调至3.2%。2003年下半年起，由于战争与疫情的不利影响逐渐消失，美国经济在第三季创下8.2%的惊人增长，日本亦扭转十余年的不景气趋势而展现温和复苏，及至亚洲，因中国大陆已达8%的经济增长率，全球经济复苏曙光随之出现。在全球经济复苏以及国际安全议题的背景下，区域经贸整合加速发展。在欧洲，欧盟于2004年5月正式完成东扩。在亚洲，基于东盟[③]十国将于2020年前废除彼此关税形成单一市场，中、日、韩

① 联合国安理会第1373号决议于2001年10月通过，决议要求各国在金融、立法等领域，采取措施，防范并打击恐怖主义。为监督该决议的实施，安理会成立了由15个成员国组成的反恐委员会。

② 国际货币基金组织（International Monetary Fund, IMF）是联合国的一个附属组织，1945年底成立。目前有180多个成员。其成立宗旨主要是倡导国际金融合作，保证汇率稳定，促进经济增长。它向需要改善国际收支状况的成员提供资金，并为成员提供改善金融管理咨询服务。

③ 东南亚国家联盟（ASEAN，简称东盟）成立于1967年，其主旨在于促进结盟国的经济增长、社会进步、文化发展、区域的和平稳定。东盟原为一个经济与文化区域型的国际性组织，经过40多年的发展，已成为一个具有政治与军事安全考虑的多面性组织，在国际政经舞台上扮演着极为重要的角色。

等国，正致力于与东盟成员洽签双边FTA[①]，尤其是中国与东盟达成建立“10+1”共识后，又与港、澳签署“关于建立更紧密经贸关系的安排”协议（CEPA），推动区域经贸整合热潮的来临。而两岸四地亦在这种区域整合的趋势下创造出巨大的经贸商机，据统计，目前两岸四地合计贸易量已超过2200亿美元，成为全球第二大贸易体[②]。但是需要看到的是，虽然现在世界经济进一步保持增长，但是不平衡点仍十分突出。这主要体现在两个方面：国际资源、能源竞争加剧，能源外交十分活跃以及贸易保护主义加剧，世界贸易摩擦进入高发期。这使两岸无论是在经济或是在政治的互动上，都应加强与对方的联系与合作。

中国共产党第十六届中央委员会第四次全体会议[③]后，胡锦涛成为中国党、政、军最高领导人。由此，以胡锦涛为核心的第四代领导格局全面确立。如何加强执政能力建设，成为胡锦涛未来相当一段时间内的首要政治任务。

目前，对于中国大陆经济宏观调控的影响，学界的看法不一。大陆政治发展较为稳定，然而经济问题关乎百姓生计，因长期追求经济快速增长所造成的结构性发展失衡正是中国大陆的经济问题之所在。因此，在未来一段时间内，中国大陆经济发展面临的最大挑战将是如何扩大消费需求、改善人民生活特别是保障困难群众的基本生活、加强经济社会发展的薄弱环节，以及解决深层次的国家政策与体制转轨问题。

在对台政策方面，“十六届四中全会”的召开，以及胡锦涛接任中央军委主席，并未改变中国大陆对台决策机制的基本运作模式。大陆在政策上仍以“和平统一，一国两制”及“江八点”为主轴，谨守既定的

① 自由贸易协议（Free Trade Agreement, FTA）是指在国家之间取消关税、配额和其他贸易壁垒的协议。

② 数字来源于2006年12月12日在台北举办的《2006寰宇生产力产业经营交流论坛》。

③ 2004年9月16日至19日，中国共产党第十六届中央委员会第四次全体会议在北京举行，参加此次会议共有中央委员会委员194人，中央委员会候补委员152人。本次会议通过多项决议，包括：《中国共产党第十六届中央委员会第四次全体会议关于同意江泽民辞去中共中央军事委员会主席职务的决定》和《中国共产党第十六届中央委员会第四次全体会议关于调整充实中共中央军事委员会组成人员的决定》，会议并决定，任命胡锦涛为中共中央军事委员会主席。胡锦涛在本次会议后成为中国新一代的领导核心。

政策基调，但中国政府在对台湾问题的实际处理上，已表现出更大的包容力和亲和力。2005年4月，胡锦涛主席主动邀请台湾前国民党主席连战至中国大陆访问，不但打破国共近六十年来的隔阂，亦为海峡两岸未来的政治与经济交流，开辟另一可能合作的空间和渠道。特别需要指出的是，4月29日，胡锦涛在北京与连战正式会谈中提出“两岸关系四点主张”，这显示出在两岸问题上，中国政府在政治上“相互尊重，求同存异”，在经济上“互利互惠，共同发展”的善意和愿望。①

至于台湾方面，目前台湾的经济发展有待突破，民众对“国家”前途与发展方向的共识，也有待凝聚。过去几年以来，台湾受全球经济的影响，整体经济发展不太理想，因此台湾当局以提升台湾的经济为最优先政策，其中调整两岸经贸往来的结构自然是非常重要的一环。2000年“总统大选”中，民进党首次取得执政权力，台湾地区处于政治生态转变时期，尽管2008年国民党再次执政，但台湾“朝野”各界对两岸经济往来一些关键性的环节，尚存意见分歧。上述诸多因素所引发的争议，对台湾当局中国大陆政策的推动形成某种牵制的力量，而这种牵制的力量，不但使得台商在中国大陆的投资与发展受到台湾当局政策上不合理的限制②，对两岸的经济发展与政治协商，都造成较大的冲击与影响。

第二节　两岸经贸政策的发展演变

一、台湾的中国大陆经贸政策的溯源

台湾经济发展在经济结构上仍处在中级发展阶段。台湾产业结构已

① 2005年4月29日，台湾中国国民党主席连战随团访问北京，中共中央总书记胡锦涛在与连战的正式会谈中，提出发展两岸关系的4点主张，分别是：建立政治上的互信，相互尊重，求同存异；加强经济上的交流合作，互利互惠，共同发展；开展平等协商，加强沟通，扩大共识；鼓励两岸民众加强交往，增进了解，融合亲情。

② 如台湾集成电路制造厂商“联电”与苏州“和舰”一案，引发台湾当局朝野较大的争议。台湾当局对中国大陆投资政策的限制，导致台湾半导体业者对其在国际集成电路产业竞争力的优势受到影响，因此不得不透过间接的方式在中国大陆投资或寻找合作伙伴，部分业者认为，这是“官逼民反”的必然结果。

从劳力密集型过渡到资本与技术密集型，但由于台湾中小企业仍占多数，由此产业的升级速度仍受其制约。综合上述各种条件评估，中国大陆亦可称之为台湾强劲的竞争对手。而且，两岸高度互补与相互竞争的经贸关系，亦是台湾当局制定中国大陆经贸政策时，所面临的两难困境。两岸经济政策的转变和调整，是由双方产业与贸易的发展而定，特别是台湾当局对中国大陆的经贸政策，在不同时期与政党体制下，往往大相径庭。如果以中国大陆1979年以来的改革开放为线索，台湾的大陆经贸政策，大致上可划分为六个时期。

（1）1978 ~ 1986年：保守观望期

由于长期以来的政治对峙，大陆改革开放之前台海两岸的经贸往来一直处于禁闭状态，除部分中药材和一些农、工业原料，可以通过香港间接输入台湾外，两岸产业基本上没有直接的接触。20世纪80年代，大陆尚处改革开放初期，台湾当局也实行一贯较为保守的大陆政策，如1985年7月颁布《对港澳地区转口贸易三项基本原则》，禁止台湾企业与大陆直接通商，台商不得与中共机构或人员接触，因此，尽管该规定允许转口贸易，但台商对于与大陆的经贸往来多抱持着观望的态度。这一时期“不接触、不谈判、不妥协”的三不政策立场，一直是台湾当局决策高层所坚守的态度，直至本阶段末期，才逐渐放宽对大陆的民间交往及转口贸易。

（2）1987 ~ 1990年：摸索前进期

在本阶段，台湾当局对中国大陆经贸政策采取逐步开放的措施。1987年，台湾当局宣布解除“《戒严法》”，解除报禁、党禁并正式开放台湾人民赴大陆探亲，此外，1987年8月首次允许27项大陆农工业原料进口台湾，免受台“警备总司令部”输入检查，并于1989年6月颁布“《大陆地区物品管理办法》”，正式开放大陆地区物品间接输入台湾，从此两岸企业逐渐转变并脱离先前“排斥经贸往来”的政治环境。从两岸政治关系发展的历程来看，1990年可以说是一个转折点。1990年10月，台湾“行政院中国大陆委员会”（“陆委会”）[①]正式成立，紧接着“财团法人海峡交流基金会”（“海基会”）民间团体诞生，及“《国家统一纲领》”颁布，台湾当局研议多时的大陆政策最高指导纲领与大陆工作组织也终于面世。最高指导纲领与大陆工作组织的诞生，促使海峡两岸正式由隔绝走向交流，由对立变成缓和。这个阶段，台湾当局的举措在实质上为改善两岸关系提供较佳的契机与政策平台，同时也标示着两岸关系由纷乱、摸索迈向制度建立与理性发展的新阶段。

（3）1991～1995年：积极开展期

1992年7月16日，台湾“立法院”通过“《台湾地区与中国大陆地区人民关系条例》”[②]，并以此条例作为处理两岸人民事务的准则，台湾当局相关部委亦据此条例对台商赴大陆投资、贸易及金融活动，陆续制定配套法令。如台湾“经济部”1993年颁布“《在大陆地区从事投资或技术合作许可办法》”、“《大陆地区产业技术引进许可办法》”，以及1994年颁布“《在大陆地区从事商业行为许可办法》”等相关法规，这些政策进一步规范了台湾对中国大陆经贸发展，同时也起到了平衡岛内安全与经济利益的功效。

这一阶段，台湾当局的中国大陆投资与经贸政策的主要内容可归纳如下：

第一，正面表列67大类产品，其中3353项产品可间接赴中国大陆投资[③]。

第二，在相关赴大陆投资政策施行前，未经核准而已在中国大陆投资的厂商，须在条例施行之日起两个月内向“经济部”申请许可。

第三，货品输出须经由第三地区，买方应为经“政府”列为准许直接出口的中国大陆地区以外国家或地区的厂商。

---

① 1990年10月17日，台湾“行政院”院会通过“《行政院中国大陆委员会暂行组织规程》”，根据规程台湾当局成立“中国大陆委员会”（“陆委会”），负责对大陆工作的研究、规划、审议、协调及部分执行的工作。

② 1992年台湾当局在完成“《台湾地区与大陆地区人民关系条例》”的立法之后，各有关“部委”分别制定并公布相关配套法令，包括金融法规、经贸政策及技术交流等，由此台湾地区的中国大陆经贸活动进入新的发展阶段。

③ 台湾当局列为正面表列的产品，主要涉及传统工业、消费性电子业与农业机械、拆船等劳力密集、产业关联性低及在台湾较不具发展优势的产业。

第四，赴大陆投资金额低于100万美元，可事后报备；若高于100万美元，需向“经济部投资审议委员会”事先申请。

第五，将对违反间接投资和贸易规定者处以300万元以上，1500万元以下新台币的行政罚款。

1993年之后，两岸不断举行非官方会议。两岸虽然对一些经贸政策采取较为审慎的做法，但诸如台湾当局“《台湾地区与中国大陆地区人民关系条例》”及大陆《台湾同胞投资保护法》等两岸持续性的政策调整，再加上台商西进大陆投资的热忱与积极，两岸经贸的发展呈现急剧而快速的增长。然而，尽管这种经贸往来有助于减低台商制造成本及开发新市场，但台湾当局认为经贸的发展，将使台湾产业对大陆形成高度的倾斜与依赖，因此，台湾前“总统”李登辉于1994年提出“南向政策”，企图以政策引导台湾企业向东南亚投资，减少对大陆的经济依赖，相关政策已为下一阶段的“政治刹车”揭开序幕。

（4）1996 ~ 2000年：停滞转型期

1995年，李登辉在访问美国康奈尔大学[1]期间，发表所谓“民之所欲，常在我心”的演讲，该演说引发两岸紧张气氛，加之1996年台湾“总统”直选，中国大陆试射导弹，台海关系因此急剧逆转。在两岸经贸上，台湾当局在1996年提出“戒急用忍”的政策，再加上东南亚金融风暴的影响，两岸经济关系的发展受到一定的影响。此外，根据“《台湾地区与中国大陆地区人民关系条例》”第73条的规定，大陆地区人民、法人、团体、其他机构非经主管机关许可，不得在台湾地区从事投资行为，因此大陆企业到台湾从事商业行为一直受到限制，两岸投资一直呈现台湾对大陆单向投资的行为。综上，这个阶段的两岸经贸关系成长较为缓慢，甚至停滞不前。

（5）2000 ~ 2008年：经济与政治背离期

---

① 1995年6月7日至12日，李登辉偕夫人与相关人员赴美访问，展开台湾当局所谓的“世纪之旅”。虽是以私人名义赴美，但李登辉在美期间，接见了美国在台协会主席白乐琦、议员穆考斯基等美国官员，并于6月9日在康奈尔大学的“欧林讲座”发表了“民之所欲，常在我心”的演讲，其相关演讲内容，包括所谓的“台湾经验”、“进一步以经贸关系为主要纽带，与世界各国建立实质‘外交关系’”等言论，再度引发两岸关系陷入紧张的气氛。

随着两岸经贸的发展以及大陆经济与市场机制的更加开放，2000年以来，两岸在经济上的相互依赖快速的增长；而在同时期由于台湾地区政党轮替的影响，使两岸的政治互动却渐行渐远。“经济相互依赖，而政治相互排斥”是这时期两岸关系的最佳写照。陈水扁就任后，拒绝承认“九二共识”，认为一个中国是两岸关系的“议题”而不是“前提”和“原则”，这些言论加剧了两岸的紧张关系。但随着两岸双双入世之后，双方的直接经贸互动更为密切，特别是受全球化与产业竞争力的影响，台湾企业需要大陆的市场和较低的人力成本，而大陆亦需要台湾的资金、技术与管理经验——如此双方依循比较利益原则，共谋区域经济的稳定发展，彰显各自有利因素，创造贸易的最大利益。虽然民进党执政以后，对台湾企业至大陆投资多有限制，但受人才需求、生产成本、市场开发与产业群聚效益的驱使，包括台湾许多大型的高科技厂商，相继前往大陆作直接或间接投资。特别是集成电路产业上下游相关厂商，在本阶段前往大陆投资明显增多，如专门从事集成电路晶圆代工厂的台积电在松江的投资就是最具体的案例。此外，间接投资或由台湾资金或技术协助的例子则不胜枚举，如中芯、宏力和中纬集成电路[①]等。

两岸经贸互动是一种既高度互补又相互竞争的关系，如此，在沉重的政治与意识形态的包袱下，两岸经贸政策的制定常面临两难的困境。尽管2008年台湾“总统大选”国民党再次取得重返“执政”舞台，但大致而言，这个阶段台湾的大陆经贸政策，仍是较为审慎而保守，因而台商丧失在中国大陆的诸多商机，甚至对台湾产业造成许多负面的影响。事实上，自李登辉执政后，台湾地区经济逐步陷入窘境的状况，与台湾当局的思考模式与对中国大陆经济政策的倒退，有直接的关系。

（6）2008年下半年至今：加速交流投资期

2008年是台湾地区政治环境变化较大的一年。做了8年“在野党”

---

① 位于宁波的中纬集成电路（宁波）股份有限公司（简称中纬），为中纬积体电路（开曼）股份有限公司的100%控股子公司，其主要的资金都来自台湾；其设备及制程是由中纬开曼控股公司向台积电（TSMC）购买原台积电一厂的旧设备；中纬成立后原台积电一厂40多位工程师离开台湾加入宁波中纬。公司经营初期，原以台湾资金与技术为主要资源，后由于资金问题宁波中纬的经营权已经转让。

的国民党，再次在“总统大选”中取得“执政”的地位。作为台湾地区的领导人，马英九一改过去民进党“执政”时期政治上相互排斥的两岸政策，不但加速两岸民间的交流，对于“三通问题”与台湾地区企业极为关心的台湾企业赴大陆投资上限的政策方案，亦有更为务实的指导与执行方针。尽管马英九上台至今仅有一年的时间，对其两岸政策的评估言之过早，但其务实的两岸政策，已加强了两岸政治与经济的良性交流，对于两岸关系未来的发展建立了互信的基础。

回顾两岸关系的发展，由于两岸经济发展的进程不同，经济增长的需求以及政治立场的不同，近年来台湾当局的中国大陆经贸政策已从“戒急用忍”向“积极开放、有效管理”转变。台湾先后制定《在大陆地区从事投资或技术合作审查原则》、《在大陆地区投资晶圆厂审查及监督作业要点》规范及限制台商之大陆投资——尽管投资的规定较之前稍微放宽，但重点仍在于“有效管理”，而非“积极开放”，具体内容可归纳如下：

（1）简化中国大陆投资产业分类[①]

关于赴大陆投资产业分类，台湾当局将过去的“禁止类”、“许可类”及“项目审查类”简化为“禁止类”及“一般类”。所谓的“禁止类”，为基于国际公约、“国防”、“国家安全需要”、重大基础建设及产业发展考虑，禁止前往大陆投资的产品或经营项目（如集成电路核心技术、IC设计业、房地产开发、电信业、邮政业等）；非属禁止类，即凡不属于禁止类之产品或经营项目者，只要通过个案审查，皆可赴中国大陆投资。

（2）开放正确的产业投资机制

成立由产、官、学组成之专案小组，对赴中国大陆投资产业及产品项目，进行不定期之专案检查及每年一次定期检查，并以“经济发展咨询委员会”（“经发会”）[②]所订原则作为检查的基准：

第一，凡有助于提高台湾产业竞争力、提升企业全球运筹管理能力

① 根据《在大陆地区从事投资或技术合作审查原则》第二条，台“经济部”2004年3月1日经审字第09304602280号令修正发布。

② “经济发展咨询委员会”，为台湾当局的政策咨询机构。失业率攀升问题、投资环境恶化问题、两岸经贸关系改善问题、产业竞争力下降问题、财金情况日趋严重问题，均为“经发会”主要研讨议题。

者，应积极开放。

第二，在台湾已无发展空间，须赴中国大陆投资方能维系生存发展者，不予限制。

第三，赴中国大陆投资可能导致少数核心技术移转或流失者，应审慎评估。

此外，专案小组召开审查会时，可依不同产业、产品之特性，请各领域之专家（包括智财权专家、银行界代表等）、业者及劳工代表（由劳委会遴选）提供咨询意见。

（3）建立兼顾效率及标准明确的项目审查机制

为使项目审查机制能有效率地运行，并减低企业申请所需时间与运作成本，台湾当局在审核办法中，设立如下机制：

第一，调整中国大陆投资累计金额及比例上限（表2-1）。

为“根留”台湾企业，台湾当局限制个人及企业赴大陆投资累计金额或比例上限。具体为，除将计算基准原定不得逾其资本额或净值（二者取其高）之一定比例，调整为仅以净值计算外，个人及中小企业赴大陆投资累计金额的上限亦作适度放宽，由过去新台币6000万元调整为8000万元。至于大型企业，公司净值在50亿元新台币以下的，累计金额之比例上限为40%，而净值在50亿元至100亿元及100亿元新台币以上的企业，比例上限则分别为30%和20%。但上述规定也有些许弊端，因为许多台商在大陆投资企业迅速增长的同时无法取得足够的周转资金，同时也对集团公司在中国投资以加强其全球布局与产业竞争力的发展计划也有影响。为此，台湾亲民党“立法委员”刘亿如曾向台湾“立法原议事处”提出修改“两岸人民关系条例”第35条，放宽有关企业赴大陆投资上限的现有规定，当时，台湾当局仅计划将40%投资上限改为依产业分别控管的方案①。此外，为鼓励资金回流，台湾当局规定在大陆投资事业之股本及

① 关于降低台商对大陆投资累计金额40%比例上限问题，台湾地区领导人陈水扁2006年12月14日在台北接见“海外华人第15届创业楷模奖”得奖人时持明确反对的立场，他表示：“很多人为此争论，我始终认为这议题是本末倒置，应从相反面探讨，是要加码投资台湾，不是增加投资中国。”

盈余，若汇回台湾可以扣减累计金额。马英九上台后，相关政策取得突破性的发展，2008年7月17日，台湾“金管会”公布“《放宽国内企业募资赴大陆投资方案》”，文中规定在台湾已设立营运总部，或跨国企业在台湾的子公司，无论在台湾或海外市场募集的资金，其用途不受限制。此外，尚未取得营运总部证明之上市及上柜公司[①]，其赴大陆投资金额未违反台湾“经济部”规定（净值的60%）的情形下，放宽在台湾募资金额60%额度内投资中国大陆，至于海外的募资则不受限制。

表2–1：台商对大陆投资累计金额或比例上限

<table>
<tr><th colspan="2">公司类别</th><th>公司净值</th><th>对大陆投资累计金额或比例上限</th></tr>
<tr><td rowspan="5">2008年8月1日之前</td><td rowspan="3">实收资本额超过新台币8000万元的企业</td><td>新台币50亿元以下</td><td>新台币8000万元或净值之40%（较高者）</td></tr>
<tr><td>新台币50亿～100亿元</td><td>新台币50亿元部分适用40%，超过50亿元部分适用30%</td></tr>
<tr><td>新台币100亿元以上</td><td>新台币50亿元部分适用40%，50亿～100亿元部分适用30%，超过100亿元的部分适用20%</td></tr>
<tr><td>个人</td><td colspan="2">新台币8000万元</td></tr>
<tr><td>中小企业</td><td colspan="2">净值或合并净值的40%或新台币8000万元</td></tr>
<tr><td rowspan="5">2008年8月1日之后</td><td rowspan="3">实收资本额超过新台币8000万元的企业</td><td>新台币50亿元以下</td><td rowspan="3">一律放宽为60%</td></tr>
<tr><td>新台币50亿～100亿元</td></tr>
<tr><td>新台币100亿元以上</td></tr>
<tr><td>个人</td><td colspan="2">每人每年500万美元（约新台币1.5亿元）</td></tr>
<tr><td>中小企业</td><td colspan="2">净值或合并净值的60%或新台币8000万元</td></tr>
</table>

资料来源：作者整理。

① 根据台湾当局统计，截至2008年第一季台湾企业赴大陆投资之上市或上柜公司共计900家，其中上市公司为518家，上柜公司为382家，相关公司中已取得营运总部证明者为444家，包括上市公司349家，上柜公司95家，占整体上市上柜公司总市值的60.87%。

第二，增订《在大陆地区重大投资案件政策面审查协调作业要点》。

2006年12月14日，台湾“经济部”公布在大陆重大投资案件政策面的审查机制，规定台商赴大陆投资、增资或投资计划金额在1亿美元以上，或个案累计金额在2亿美元及属“核心产业科技”的相关项目的审查标准（表2-2）。近期台湾地区高科技产业如力晶、茂德、日月光及硅品等国际知名企业，制定投资8寸晶圆制造厂及低阶封装测试厂制定审查标准，预计未来一段时期，这一标准将能广泛用于台湾地区包括晶圆制造、光电生产等核心产业西进投资等领域。

表2-2:《在大陆地区重大投资案件政策面审查协调作业要点》主要内容

审查标准	1.大陆投资、增资或投资计划金额在1亿美元以上 2.在大陆投资个案累计金额在2亿美元以上，且单次增资金额在6000万美元以上 3.前往大陆投资晶圆制造、封装测试和显示面板等“核心产业科技有关产业”列为审查对象
核心产业科技有关产业	1.8寸以下（硅）晶圆铸造（以在大陆地区投资晶圆厂审查及监督作业要点规定为限） 2.封装测试（限焊线形式） 3.4寸以下薄膜晶体管（TFT）液晶显示器面板模块中段制程（切割、裂片及灌液晶制程）
审查程序	1.主管机关依项目审查项目以书面会商相关机关意见 2.相关机关首长组成跨部会审查及监督小组（小组召集人由台湾“经济部部长”担任），就该投资案对总体经济及相关产业之影响及其他重要政策事项进行审查
申请承诺	1.投资人就财务规划、技术移转、输出设备、国内相对投资及对母公司回馈、全球布局、雇用员工等事项，作出承诺，以确保投资案对国内经济之利益 2.同意台湾当局必要时对母公司及大陆子公司进行实地查核

资料来源：台湾“经济部投审会”，以及作者整理。

第三，建立简易审查制度。

为提升行政效率及便利企业投资，台湾当局建立简易审查制度。具体内容为：凡个案累计投资金额在2000万美元以下者（含2000万美元），将采用简易审查方式，即审查投资人赴中国大陆投资的基本条件，如财务情况、技术移转带来的影响、劳工法律义务履行情况等。主管机关以书面方式汇总并协商各相关机关意见后，决议并公布审查结果；如遇有将投资化整为零或其他规避项目审查等特殊情况，可以将案件提送台湾“经济部投审会”审议。此外，为提升审查效率及确保投资人权益，台湾当局规定主管机关在投资人备齐完整文件后一个月内未作成决议或提送审议的决定，则该申请案自动许可生效，主管机关应发给证明。

第四，建立明确的项目审查标准。

凡个案累计投资金额逾2000万美元者，由投审会进行项目审查。为使审查能有统一标准可循，台湾当局明确规定六项审查项目，包括事业经营考虑因素、资金取得及运用情形、财务状况、技术移转情况、劳工事项、安全及策略事项等。对于少数影响重大的案件，经参与审查机关认定须作跨部决定者，则上报“行政院”召开跨部会首长会议进行审议。

（4）建立动态调节机制

第一，为兼顾企业发展需要及整体经济的安全，依据经济安全网的理念，台湾当局建立中国大陆投资动态调节机制，由台湾主管机关每年定期或视需要邀集相关机关审酌各项因素，决定是否调整个别企业累计投资金额或比例上限以及简易审查之个案累计投资金额标准，及是否须采取其他必要措施降低中国大陆投资所带来的风险。

第二，动态调节机制的审查，主要侧重于与投资相关的总体经济指标，包括赴中国大陆投资占国内投资之比重、赴中国大陆投资占整体台湾地区对外投资之比重、赴中国大陆投资占GDP之比重、国内超额储蓄率、外汇存底变动情形、赴中国大陆投资厂商资金回流情形、台湾地区就业情形、两岸关系状况，以及其他影响台湾总体经济等因素。

（5）加强对企业赴大陆投资后管理

针对累计中国大陆投资金额达2000万美元以上的企业或投资个案，台湾当局将加强对其中国大陆投资后的管理，确保财务透明化，具体管理方式包括：

第一，投资人应定期呈报其经会计师签证的财务报表及投资计划执行情形。

第二，加强追踪资金流动，由台湾证期会要求公开发行公司定期呈报其在海外投资信息，并加以汇整并公告；此外，台湾当局要求投资人应依照规定申请审查投资情形，并由相关单位将所掌握个别企业在海外投资有关资料进行互相核查。

（6）相关配套政策的实施

为确保新审查机制有效运作，台湾当局同时采取下列配套做法，包括：

第一，放宽上市、上柜公司资金运用限制。

具体措施包括：将目前在台湾地区上市、上柜公开发行及募集有价证券不得逾越赴中国大陆投资累计投资金额20%之上限的规定，放宽至“经济部投审会”之中国大陆投资限额标准；以及自海外资本市场筹募资金用以转投资中国大陆的发行限额由现行20%提高为40%，2008年8月1日之后，更进一步将投资限额升高至60%。

第二，准许未经核准赴中国大陆投资厂商补办登记。

为配合中国大陆投资产业及产品项目的扩大开放，促使台商投资全面透明化，台湾当局准许未经核准赴中国大陆投资厂商补办登记。据台湾“经济部”投资审议委员会统计，过去台湾当局曾经三度受理“违规西进”的台商补办许可登记：第一次是在1993年，共有8067件补办登记案，补办投资金额共计20.28亿美元；第二次补办许可登记是在1997年，总计8640件补办登记案，补办投资金额为32.35亿美元；第三次补办许可登记是在2002年，总计有12218起补办登记案件，总金额高达59.68亿美元。[①]同时，为消除公司股东以个人名义赴中国大陆投资所产生的公司财务不透明问题，台湾当局也正积极研议未经核准（或以股东名义）赴中国大陆之投资，回归公司并补办登记之可行性。

第三，开放直接投资。

在新投资审查机制下，台湾当局准许企业直接至中国大陆投资，不

---

① 由上述补办许可登记按件来看，相关补办申请案件有逐次增多及投资金额逐次高的趋势；此外，为取得对补办案件台商免予受罚的法源，台湾当局必须修正《两岸人民关系条例》第35条，否则相关“违规西进”的台商都必须依照《两岸人民关系条例》的第86条规定惩处。

需要在第三地成立子公司，相关规定有助于西进投资的台湾企业财务状况透明化。

第四，强化中国大陆台商辅导体系。

为营造良好的中国大陆投资政策环境与配套服务体系，台湾当局加强对中国大陆台商进行辅导，具体措施包括：规划建立大陆台商产业辅导体系，整合大陆台商与政府联系渠道，以及协助相关技术及管理服务机构赴中国大陆对台商进行服务。

同时，为落实中国大陆投资“积极开放、有效管理”原则，台湾当局决定在有效管理的前提下，让厂商能够根据企业经营的需要，进行两岸产业分工，并在金融相关领域，进一步调整以下诸项政策与措施：

（1）在两岸金融服务业方面：台湾当局扩大两岸金融往来，开放台湾金融服务业赴大陆设立办事处及分支机构。①台湾“财政部”并修正颁布《台湾地区与中国大陆地区金融业务往来许可办法》，准许国际金融业务分行（OBU②）与中国大陆地区金融机构进行金融业务往来。

（2）在投资与技术合作方面：台湾“经济部”先后于2004年3月及2006年12月修正颁布《在大陆地区从事投资或技术合作审查原则》③，建立台商在大陆投资新的审查机制。此外，在2008年台湾政党轮替后，台湾当局不但进一步修改台商对大陆投资累计金额及投资比例上限，对于台商在中国大陆从事投资或技术合作之产品或经营项目也作了一定的调整。其分类原则为：

第一，凡有助于提高台湾地区产业竞争力或提升企业全球运筹管理能力者，应积极开放。

---

① 台湾当局在开放金融服务业赴中国大陆设置分支机构方面，具体措施包括：2001年11月，准许银行业赴大陆设立代表人办事处；2002年8月，准许保险业赴中国大陆设立代表人办事处及子公司；2004年4月，开放保险业赴大陆参股投资；2005年2月，准许证券商赴中国大陆设立代表人办事处及子公司；2005年3月，准许金融控股公司及其海外分支机构赴大陆设立代表人办事处。

② OBU为银行海外业务分行。

③ 台湾当局制定的“《在大陆地区从事投资或技术合作审查原则》”中规定：实收资本额超过新台币8000万元的企业对大陆投资的金额不得超过净值的40%；实收资本额超过50亿元新台币则适用30%的比例上限；超过100亿元新台币则适用20%的比例上限。

第二，台湾地区已无发展空间，需赴大陆投资方能维系生存发展者，不予限制。

第三，赴中国大陆投资可能导致少数核心技术移转或流失者，应审慎评估。

（3）在资金往来方面：台湾当局开放两岸直接通汇，累计自2002年至2007年11月底，台湾地区金融机构对大陆汇出款达4944.6亿美元，自中国大陆汇入款为2577.7亿美元；台湾“中央银行”并颁布“建立两岸资金回流机制”之具体措施，以方便在中国大陆台商资金汇回台湾后循环利用，而不受现行每年结汇额度之限制。

二、中国大陆的台湾经贸政策及内容

在不同的历史阶段，中国大陆对台政策随着国际局势的变化以及国家建设与发展的战略需要进行调整变化。20世纪50年代初期，大陆对台政策强调以“武力解放”台湾；直到1978年12月中国共产党第十一届三中全会召开，决定以“经济建设”作为未来国家发展的重心，确定“对外开放，对内改革”的国家政策，实现以农业、工业、科技与国防为方向的四个现代化建设①目标，由此，台海两岸经贸发展迅速。大陆的台湾经贸政策的演进与沿革可划分为以下四个阶段。

（1）1949～1977年：禁止交易时期

在实施改革开放以前，中国大陆对台政策强调以武力“解放台湾”，如1949年3月15日新华社发表一篇题为《中国大陆人民一定要解放台湾》的社论，指出：“中国大陆人民包括台湾人民绝对不能容忍国民党反动派把台湾作为最后挣扎的根据地。中国大陆人民解放军的任务就是

① “四个现代化”即工业现代化、农业现代化、国防现代化、科学技术现代化。1964年12月第三届全国人民代表大会第一次会议上，周恩来根据毛泽东建议，在政府工作报告中首次提出，在20世纪内，把中国建设成为一个具有现代农业、现代工业、现代国防和现代科学技术的社会主义强国，并宣布了实现四个现代化目标的“两步走”设想。第一步，用15年时间，建立一个独立的、比较完整的工业体系和国民经济体系，使中国工业大体接近世界先进水平；第二步，力争在20世纪末，使中国工业走在世界前列，全面实现农业、工业、国防和科学技术的现代化。1979年12月6日，邓小平在与日本首相大平正芳会谈时，把四个现代化量化为，到20世纪末，争取国民生产总值达到人均1000美元，实现小康水平。这个目标早已经达到。

解放全中国大陆，直到解放台湾、海南岛和属于中国的最后一寸土地为止。”这篇社论也是中国大陆首次提出“解放台湾”的口号。在这一时期，两岸仅有微额的非法交易，双方全面禁止政治上或经贸上的往来，大陆对台湾只有“解放台湾”的策略与目标，而无对台的经贸政策可言。

（2）1978 ~ 1987年：鼓励贸易时期

1978年中共十一届三中全会召开，决定以经济建设作为国家发展的中心，对外经济活动实施特殊的优惠政策，作为加强吸收外资以及加速学习国外先进技术和经营管理方法的手段。这一时期，大陆先后通过《中外合资企业经营法》（1979年）、《中外合资企业经营法实施条例》（1983年）、《外资企业法》（1986年）和《关于鼓励外商的投资规定》（1986年）等政策法规。由于大陆的发展重心转向全力发展经济，急切需求国外资金、生产管理与先进技术，两岸经贸往来因此开始有了突破性发展，这也进一步鼓励两岸进行直接贸易。于是，在两岸经贸关系发展当中，中国一方面吸引台湾地区资金投资，协助台商在大陆发展经贸活动，另一方面也借由经贸往来与台湾保持密切关系，使两岸关系不致渐行渐远。

（3）1988 ~ 1993年：快速增长时期

由于台湾当局于1987年宣布解除“《戒严法》”，逐步取消对大陆经贸交流上的“法律限制”，再加上中国积极引进外资的经济举措，两岸贸易自20世纪80年代中期开始快速增长。为顺应两岸经贸发展局势的需要，1988年6月国务院以第七号令发布《国务院关于鼓励台湾同胞投资的规定》（简称《国务院二十二条》），明确规定台商“享受相应的外商投资企业待遇”（第五条），对台商之资产不实行国有化，以及可适用涉外经济法规等。除此之外，《国务院二十二条》进一步具体提供台商法律保障，包括办理征收时依法给予相应的补偿，投资争议可提交仲裁等。1989年3月，国务院再次公布给予台商优惠的新措施，例如承认台资在沿海地区的土地开发经营权，以及公司股票、债券、不动产之购买权。20世纪90年代，中国“不断出炉”各种对台经贸政策，如1991

年7月提出对台经贸五原则[①]，1992年元月邓小平南巡后，再度肯定“深化改革、扩大开放”的改革路线。更值得一提的是，1993年4月，“海协会”及“海基会”在新加坡举办的“汪辜会议”，为两岸经济及相关事务的交流，开创了新的里程碑。此外，1993年7月国家主席江泽民提出对两岸经贸两点工作要求，再次强调吸引台资到中国大陆，使台湾地区的经济和中国大陆密不可分，积极展开“以经促统”的两岸政策。

（4）1994~2003年：加强投资保障时期

1994年3月5日，中国第八届全国人民代表大会常务委员会第六次会议发布实施《中华人民共和国台湾同胞投资保护法》（以下简称《台保法》），除对台商在中国大陆的投资，提供具体的法律保障外，进一步表示中国对台海两岸经贸往来的重视与肯定。同年4月，中共中央和国务院召开“全国对台经济工作会议”，提出对台商在中国大陆投资的领域、项目和方式实行“同等优先，适当放宽”[②]的原则，并强调加强两岸的经济交流与合作，促进对台经济工作的健康发展，认真落实《台保法》的执行，切实保护台商在中国大陆的合法权益。上述相关原则的提出，对于两岸经贸关系的发展，具有重要的意义。

1995年1月，中共中央总书记、国家主席江泽民提出对台八项主张，其中第五项指出：“要大力发展两岸经济交流与合作，以利于两岸经济共同繁荣，造福整个中华民族。我们主张不以政治分歧去影响、干扰两岸经济合作。不论在什么情况下，我们都将切实维护台商的一切正当权益。要继续加强两岸同胞的相互往来和交流，增进了解和互信。应当采取实际步骤加速实现直接‘三通’，促进两岸事务性商谈。”[③]“八项主张”在两岸政治处于僵局的背景下把政治和经济分开，大力促进两岸

① 1991年7月2日，中国对外经济贸易部发言人在接受新华社记者采访时，提出进一步加强与促进海峡两岸经贸交往的五项原则，相关原则包括：直接双向、互利互惠、形式多样、长期稳定和重义守约。

② 中共中央党校、中共中央台湾工作办公室编著：《台湾问题读本》，北京：九州出版社，2001年版，第144页。“同等优先，适当放宽”主要的内涵是对于台商及外商投资的考虑以台商为优先，而对于台商受现行行业限制的投资，可在一定程度上作适度放宽。

③ 参见《人民日报》，1995年1月31日。

经贸交流，极大地推动了两岸经贸关系的发展。

（5）2004年至今：深化互利双赢时期

进入21世纪以来，中国大陆继续强调不以政治分歧影响经贸交流与合作，在具体实践中，中共与中国国民党在“九二共识”和反对“台独”的基础上建立了国共交流平台和机制，极大地促进了两岸关系的发展。2008年台湾大选之后国民党再次上台执政，为充分发挥国共交流平台作用、恢复大陆海协会与台湾海基会两会协商机制创造了更加有利的条件，两岸经贸关系的发展进入了互利双赢的正常化时期。

从政策主张上看，2005年3月4日，中共中央总书记、国家主席胡锦涛就新形势下发展两岸关系提出4点意见，指出：台湾同胞是我们的骨肉兄弟，是发展两岸关系的重要力量，也是遏制“台独”分裂活动的重要力量，“无论在什么情况下，我们都尊重他们、信赖他们、依靠他们，并且设身处地地为他们着想，千方百计照顾和维护他们的正当权益”[①]。2007年10月，胡锦涛在中共十七大的报告中再次指出：“将继续实施和充实惠及广大台湾同胞的政策措施，依法保护台湾同胞的正当权益，支持海峡两岸和其他台商投资相对集中地区经济发展。”[②]而2008年3月4日，胡锦涛再次发表对台重要讲话，他在讲话中强调：“实现两岸关系和平发展，基础是坚持一个中国原则，目的是为两岸同胞谋福祉，途径是深化互利双赢的交流合作。”[③]中国大陆的这些主张为继续深化两岸经贸交流提供了重要保障。

从实践上看，在一系列经贸政策出台之后，两岸经贸关系出现了很多积极变化：2008年4月博鳌论坛上“胡萧会”达成系列共识预示着两岸经贸关系的全面解冻、2008年4月“胡连会”提出“建立互信、搁置争议、求同存异、共创双赢”的16字方针为两岸关系的新发展定下基调、海协会和海基会实现“北京复谈”、两岸于2008年12月实现直接“通邮、通航、通商”的“大三通”以及台湾开放大陆居民赴台旅游等。

① 《人民日报》，2005年3月5日。
② 《人民日报》，2007年10月25日。
③ 《人民日报》，2008年3月5日。

可以看出，两岸的经贸交流已经进入互利双赢的阶段，在两岸以和平发展为主题、以经贸交流合作为前沿的发展模式下，这种互利双赢的趋势仍将进一步深化。

二十多年来，中国积极实施“改革开放”政策。正如1985年邓小平在接见香港核电投资有限公司代表团时所言：“中国的‘对外开放、吸引外资’的政策，是一项长期持久的政策，本世纪内不能变，下个世纪的前五十年也不能变。”①这种落实经济改革、吸引外商投资的政策，加速了台海两岸经贸的发展，吸引众多台商前往中国大陆投资。

改革开放后中国大陆的对台经贸政策，相关内容可以归纳如下：

（1）设立经济特区及开放港口城市

经济特区的设立在中国大陆已实行二十余年。所谓经济特区就是国家特定区域或地方政府在一定程度上拥有因地制宜的改革许可权，如深圳特区、上海浦东新区、天津滨海新区、重庆城乡统筹发展综合改革试验区等，均属国家设立的经济特区。从1980年2月设立深圳、珠海、汕头、厦门四个经济特区开始，为加速经济发展，国务院积极设立沿海特区及开放港口城市。首先，于1984年4月再度开放沿海十四个城市②及决定加速海南岛建设。其次，于1985年2月进一步将长江、珠江三角洲及闽南漳州、厦门、泉州等地，开辟为沿海经济特区，并于同年3月开放辽东半岛及胶东半岛。综观中国对外开放的格局，形成一条由点到线，再由线到面，并由沿海到内地，从外而内的对外开放格局。

（2）加强外贸体制的改革

经济改革是中国大陆改革开放的主轴之一，而经济改革的成效，则与海外资金和先进技术的引进有密不可分的关系。因此，加强外贸体制的改革，促使中国经济体制与国际接轨，便成为中国实施改革开放的必

① 中共中央党史研究室编：《中国大陆共产党新时期历史大事记》，北京：中共党史出版社，2002年，第180页。

② 1984年3月26日至4月6日，中共中央书记处和国务院根据邓小平的建议，决议通过由北向南开放中国大陆14个沿海的港口城市，包括：大连、秦皇岛、天津、烟台、青岛、连云港、南通、上海、宁波、温州、福州、广州、湛江及北海14个城市。这一决议是中国实行改革开放一个重要的步骤和表征。

要手段与方法。在加强外贸体制改革方面，中国政府积极落实以下政策：

第一，实施自负盈亏的外贸财务体制，打破以往由中央统筹统支的经贸体系；

第二，采取政企分离制，使企业的经营回归经济面，扩大地方自主权；

第三，改革外贸管理体制，实行“权、责、利”分明的管理政策与体系；

第四，实行外汇留成制度。

（3）提供各种优惠政策以吸引外资及台资

为积极吸引海外投资，中国在许多重点地区提供优惠投资条件，例如：在税收方面，可享受“两免三减半”等各种优惠减免政策，先进技术型企业，更可以延长三年减半缴纳企业所得税；在经营管理上，企业可自行招聘职工，自订劳动管理、工资标准等规章；在土地使用方面，免征5~10年土地使用费；采用更方便的外汇管理优惠措施等。

改革开放以来，中国大陆颁布了许多涉外和涉台的经济法令和投资政策，虽然上述政策对于促进两岸经济往来和产业发展有非常积极的作用和效果，但在实行上，总体而言仍存在几项需改进的问题。首先，缺乏持续性和稳定性的投资政策。因为大陆经常迅速改变法规与政策，结果往往造成投资人的损失、疑虑与不安，引起两岸经贸关系的起伏与波动；其次，细节并不明确的规定，令投资者无所适从，往往在出问题的时候无法第一时间得到明确的说明与协助；最后，由于部分法规相互矛盾与混乱，地方的政策与中央的法规有所冲突，造成投资人不必要的困扰与损失。虽然2001年以来，中国大陆和台湾地区都成为世界贸易组织的成员，但可以预见，两岸经贸合作仍有待于进一步的协调和沟通。

三、经贸互动问题：两岸经济往来的困境

两岸经济上的相互依赖，使海峡两岸投资、经贸、银行、金融服务等方面的交流大势变得不可阻挡。虽然台湾当局亦了解上述这一不可逆转的事实，并随着各阶段经贸发展的不同需求，制定了相关的两岸经贸政策，但自从民进党执政以后，两岸政治与经济的互动却陷入一种严重

的背离状态。正如同中国社会科学院台湾研究所研究员修春萍所言，两岸关系是“经济关系不断发展，政治关系不进反退”。[①]这种经济趋合而政治趋离的矛盾现象产生的主要原因，首先，在于台湾当局的“泛政治化”考虑，即由于担心政治被边缘化，以及和中国大陆经济过度紧密从而影响相关政治诉求，进而对个人政治前途不利，“台独”基本教义派和李登辉等台湾当局对台湾企业到中国大陆投资持非常保守甚至敌视的态度，至今，这股“台独”势力仍对台湾企业的“西进”政策有很大的负面影响。

其次，两岸经济交流受阻的另一个原因，在于双方对“一个中国”问题的基本认同。中国大陆认为，“一个中国”是两岸谈判的基础与原则，希望能回到“九二共识”中“一个中国”的基本原则。在民进党执政时期，台湾当局则认为，“一个中国”是议题而不是前提，认为双方应该在对等的原则下进行谈判，而不是在“一个中国”的架构下进行谈判。由于对“一个中国”认知上的差异，两岸只能用“行业对行业、公司对公司、民间对民间”的方式磋商解决“三通”等问题，不能全面而有效地解决两岸经贸相关事宜。

最后，在2004年陈水扁连任台湾“总统”之后，台湾当局出于政治考虑，不断挑拨岛内族群的对立，不断以如“台湾名义加入联合国”和外交议题来创造两岸人民对立的情绪，再加上台湾当局所谓“积极管理、有效开放”的两岸经贸政策，对台商赴大陆投资设下诸多限制，并拒绝加速两岸“三通”议题的谈判，凡此种种均造成民进党执政时期两岸经济交流的困境。

对于目前两岸的经贸问题，台湾当局一度声称应在WTO的架构下讨论两岸经贸事务，大陆则明确表示坚决反对——台海两岸的经贸问题，并不是成员间的贸易纠纷，而是中国内政问题，中国大陆决不会同意在世贸组织框架下讨论两岸经贸问题，因此台湾当局的主张，实际上是要把一国内部事务和政治分歧拿到国际组织中去讨论，企图将两岸问

① 卫民著:《台湾·中国 大崩坏?》，台北，海鸽文化出版图书有限公司，2002年，第21页。

题渲染成是“国家与国家”之间问题的假象。事实上，大陆所提出“行业对行业、公司对公司、民间对民间”①的谈判，其实就是解决两岸经贸问题一个变通办法，但台湾当局并不接受相关提议。近年来，也有学者提出“两岸四地自由贸易区”、“中华经济体”等主张，这些主张的实效均有待两岸产、官、学界相关专家进一步的探讨和验证。

两岸加入WTO后，随着大陆经济辐射力的增强，台湾对中国大陆投资速度大为增长，再加上部分外商对台湾的投资，基于营运成本与新市场开拓的考虑，亦逐步将投资重心移往中国大陆，在上述发展趋势的背景下，台湾经济有面临“边缘化”的危险。同时，根据WTO的规定，大陆农工产品也将有机会大量进入台湾市场，这将有助于缩小台湾对中国大陆的贸易顺差，甚至由此逆转为台湾对中国大陆贸易的逆差，并可能影响台湾的汇率稳定，增加台湾的失业率。因此，台湾当局不应该自我陶醉于“台湾独立”的政治幻想当中。近年来，台塑、长荣、奇美、鸿海、威胜、联电及台积电等台湾大型企业集团，积极加大对中国大陆的投资或合作，事实上，我们不难理解，台湾企业目前所需要的不是“意识形态”选择，而是“发展经济”的需求。

第三节 “三通”政策与两岸政治经济互动

一、“三通”政策的历史溯源

“三通”一词首次出现于1979年元旦全国人大委员会发表的《告台湾同胞书》中。“三通”原意是指推动海峡两岸人民互通讯息、探亲访友、旅游参观、发展经济及文化等的“通邮、通商、通航”。而根据台湾“行政院”对“三通”的诠释，狭义而言，“三通”是指单纯的直接

① 2002年7月5日，国务院副总理钱其琛在人民大会堂接见台湾企业代表团时曾提出在目前僵持的状况下，两岸实现“三通”的两个办法：首先，两岸业界可以参照港台通航的办法，不经谈判实现直接通航。其次，中国当前只是把两岸“三通”看做是一个国家内部的事务，即可以由民间对民间、行业对行业、公司对公司进行协商。

贸易、直接邮政及通讯、直接海空运输；而广义来说，它是指WTO所规范之贸易行为（含商品、农产品及服务市场的开放），以及相关人员资金、信息、航运等双向直接往来。①

继1979年元旦全国人大委员会发表的《告台湾同胞书》中提出"和平统一、一国两制"的对台方针政策及"三通"的概念后，1981年9月叶剑英副主席对新华社记者发表谈话，进一步阐述了台湾回归祖国、实现和平统一的九条方针②，提出海峡两岸"通邮、通商、通航、探亲、旅游及开展学术、文化、体育、交流"的主张③。而后，1981年10月中国邮电部、交通部与外资部联合颁布了《关于随时准备与台湾通邮、通电的决定》、《关于随时准备与台湾通航的决定》，进一步落实了中国为实现"三通"的准备。1981年10月16日，国务院办公厅公布了《关于台湾同胞来祖国中国大陆探亲、旅游、接待办法的通知》。上述系列决定的颁布，为中国对台湾地区实行"三通"的政策，提供了具体实行的法律依据，在两岸同胞中产生了热烈反响。

由于《告台湾同胞书》发表之后台湾当局一直本着"不接触、不谈判、不妥协"④的立场，因此，两岸在"三通"问题上的进展极为缓慢。1986年5月3日，在各方积极努力下，震惊两岸的"华航事件"⑤得到圆满解决，此后台湾当局的中国大陆"三不政策"有所松动。此次事件后，台湾当局的中国大陆政策开始进入一个有限开放的阶段。自1949年分隔以来，中国大陆与台湾在长达37年的隔绝状态因"华航事件"的圆

① 台湾"行政院"：《两岸"直航"之影响评估重要结果摘要》，2003年8月15日。

② 1981年9月30日，叶剑英发表台湾回归祖国、实现和平统一的九条方针，这是中国共产党在改革开放后，对两岸和平统一政策进一步的深化与发展。这九条方针政策后被称为"叶九条"。

③ 中共中央党校、中共中央台湾工作办公室编著：《台湾问题读本》，北京：九州出版社，2001年，第51页。

④ 1979年4月4日，蒋经国提出与中共"不接触、不谈判、不妥协"的"三不政策"立场，作为当时处理两岸关系的基本政策。

⑤ 1986年5月3日，台湾中华航空公司货机驾驶员王锡爵驾机由曼谷经香港回台湾途中，直飞广州降落广州白云机场，要求与在中国大陆的家人团聚。此举在海峡两岸引起轩然大波，两岸双方打破了37年的隔绝，第一次进行了非官方性的接触并妥善办理了货机的交接事宜，此事得到圆满解决。

满解决而有所突破，其解决后所达成的书面协议，亦即“华航模式”[①]为中国大陆与台湾在解决事务性纠纷上，创造了一个良好的开端。

1988年6月25日，国务院第十次党务会议通过《关于鼓励台湾同胞投资的决定》[②]（以下简称《决定》）。《决定》具体提出：“为促进大陆和台湾地区的经济技术交流，以利于祖国海峡两岸的共同繁荣，鼓励台湾的公司、企业和个人在大陆投资。”《决定》明确表示，“台湾投资者可以在大陆各省、自治区、直辖市、经济特区投资。并鼓励台湾投资者到海南省以及福建、广东、浙江等省沿海地带划定的岛屿和地区从事土地开发经营。”《决定》同时规定台商可以以独资、合资以及合作经营的方式进行投资，开展补偿贸易、来料加工装配以及合作生产等行业。这一系列政策法规的颁布得到广大台湾同胞的拥护，因此之后几年，大陆各地台资企业和投资额迅速增加。大陆各项政策的实施，带来了广大台胞探亲、旅游、投资、通商的热潮。

2002年7月5日，国务院副总理钱其琛在人民大会堂河北厅、台湾厅先后会见台湾统一企业集团总裁高清愿率领的几十家台湾知名企业家参加的考察团和台湾知名人士所组织的促进两岸“三通”访问团时，进一步肯定“三通”政策：“两岸直接通航、通邮、通商是两岸经济发展和各方面交流往来的客观需要，与两岸民众切身利益息息相关，本来是一个经济问题，不应受到政治因素的影响和干扰，只要把两岸‘三通’看做是一个国家的内部事务[③]，尽早可以实施。”钱其琛副总理同时表示：“两岸‘三通’是大势所趋，人心所向。我们多年来为两岸‘三通’做好了各方面的准备，可以说是万事俱备，只欠东风。”在当时两岸僵持不下的情况下，为了尽快实现两岸“三通”，钱其琛副总理曾提出两个

---

① 根据王永钦主编的《中国结——两岸关系重大事件内幕》记载，国务院副总理田纪云在接见由台驾机降落广州白云机场的驾驶员王锡爵及家人时指出：“按照‘一国两制’的构想，首先实现通航、通邮、通商、进一步实现祖国的和平统一，是符合中华民族的根本利益的。我愿意用双方都能接受的方式积极促进海峡两岸多方面的往来与合作，为和平统一祖国进行坚持不懈的努力。”

② 王永钦主编：《中国结——两岸关系重大事件内幕》，北京：新华出版社，2003年，第129页。

③ 陈宏编：《解读台湾问题》，北京：新世界出版社，2004年，第370页。

办法：一是两岸业界可以参照港台通航的办法，不经谈判实现直接通航；二是当前只是把两岸“三通”看做是一个国家内部的事务，即可以由“民间对民间、行业对行业、公司对公司”进行协商，加速解决“三通”问题的进程。[①]

此外，为积极推动两岸春节包机，以利台商顺利返家过年，2002年2月26日，国务院台办发言人张铭清在北京举行例行记者会上表示，台商春节包机毕竟是单向“曲航”[②]，只有双向直航才能从根本解决日益增长的两岸民众往来和经贸交流的需求。而后，国务院新闻发言人李唯一表示，福州、厦门与高雄间试点直航已有五年，从未发生安全问题和商务纠纷，事实证明，两岸直航不会给台湾带来所谓的安全问题。

2003年12月17日，国台办进一步发表了《以民为本，为民谋利，积极推进“三通”的政策说明书》，(以下简称《说明书》)，其相关内容包括两岸“三通”现状及面临的问题；实现“三通”符合两岸同胞切身利益，是两岸实现互利双赢的根本途径；大陆方面关于两岸“三通”的基本立场和政策主张；两岸“三通”中若干问题的说明。《说明书》认为，海峡两岸直接、双向与全面的“三通”是两岸人员往来和经贸交流的客观需要，“三通”不但有利于两岸经济共同的发展，更有利于两岸同胞在面对经济全球化和区域化发展的趋势下，加强合作，抓住机遇及面对挑战。对于有关中国大陆在“三通”方面的基本立场和政策主张，《说明书》中明确表示：

第一，解决“三通”问题的立足点和出发地是以民为本，为民谋利。在推进“三通”的过程中，中国大陆愿意务实推进、积极促成任何只要真正对两岸同胞有利，对两岸人员往来有利，对两岸经贸关系发展有利，尤其对台湾同胞有利，对台湾工商界有利，对台湾经济发展有利的各项举措。

第二，明确表明“三通”的性质和定位，即“三通”是海峡两岸内

---

① 摘自中国大陆新闻网——两岸直接专栏，2002年7月6日。

② 由于受台湾方面“不通关、不入境”的限制，中国大陆的货物不能直接通关进入台湾，要绕经第三地换取单证方可入境。

部的事务。

第三，搁置政治争论，不因政治分歧影响和干扰两岸“三通”，两岸“三通”属于经济范畴，两岸之间的政治分歧不应成为阻挠“三通”的借口和障碍。

第四，直接双向，互惠互利，平等协商。

第五，由两岸民间行业组织协商“三通”问题。协商方式可以尽量灵活，解决办法应当简单易行，以“技术问题单纯化、解决方式便捷化”，尽早达成共识实现“三通”。

第六，台湾当局应当尽早取消各种针对中国大陆的歧视性限制和不合理障碍。

虽然当时台湾方面一直坚持“三不”政策导致两岸“三通”不能具体展开，但台湾当局亦曾对两岸“直航”问题做过相关的评估。1992年8月15日，台湾当局发表《两岸“直航”之影响评估重要结果摘要》，(以下简称《评估摘要》)，对两岸“三通”中首要的“直航”问题，从经济、安全、技术三个方面进行评估报告。

在经济方面，就运输成本及航运地理的影响方面而言，台湾当局认为海运直航每年可以节省运输成本约8.2亿元新台币（以当时汇率4:1计算，约合2.05亿元人民币），减少一半的运输时间；空运直航方面，每年可节省旅客旅行成本约132亿元新台币，每年约节省货物运输成本约8.1亿元新台币。至于直航的潜在效益，《评估摘要》认为，因为运输成本及时间节省而提升物流配送的效率，可增加港口及机场的运量并扩大邻近地区各种附加价值的活动并有助于确保台湾当局海运的地位，有利于掌握台商资源及旅行商机、发展航空货运及旅客转运中心，巩固台湾地区国际空运地位。此外，在产业方面，《评估摘要》认为，短期来说，“直航”有利于原料或零组件产业，如纺织、石化及信息电子业，以及海空运输，旅游相关服务业等，但对畜渔产业、农产品、家电产品、机械、建材、汽车及零组件等产业则有负面的影响。而长期来说，对产业发展会有结构性的改变和影响。

至于对总体经济的影响，《评估摘要》认为，“直航”有利于降低货物及人员运输成本，提高企业经营效益，塑造两岸关系改善的正面印象，进而对台湾地区金融市场起到激励作用。中长期来说，可提升台湾地区资源运用效率，促进两岸产业分工，扩大双边贸易。

同时该报告亦认为，两岸“直航”对台湾地区也会造成负面的影响。例如，增加中国大陆物品进口，可能对台湾地区的产业造成冲击，并产生贸易顺差缩小及出现通货紧缩问题。台湾人民扩大赴中国大陆观光旅游，从事商务活动、消费及购买房地产，可能造成台湾地区内需减少及房地产价格的下跌。台商扩大在中国大陆投资的规模，可能造成产业技术及高科技人才流向中国大陆，资金向中国大陆进一步倾斜，从而影响对台投资。

从安全方面评估，《评估摘要》认为，“假若‘直航’未能产生缓和两岸紧张关系，降低军事冲突的作用，则安全防卫措施所需兵力及各种军事部署之调整，以及各种有形及无形的负担，相当可观”。影响所及，“国防”成本可能大幅增加，“国家主权”可能受到影响，社会安全成本可能剧增，经济安全问题日趋严峻。该报告亦认为，两岸“直航”对安全的影响首先在于对“国防安全”之冲击，其次在于对社会安全的冲击。因此，《评估摘要》建议台海中线及海峡现状是维持台海情势稳定的关键所在，不能因为“直航”而遭破坏；两岸“直航”宜采先南、后北，再中，循序渐进之方式实施；空运“直航”之飞机宜循原有之“国际航路”飞行，以利管制及争取较长之应变时间；各“直航”机场及港口应部署应变兵力，以备即时处置突发状况；建议与大陆官方协商制定相关法规，于达成共识后颁布海峡两岸执行，并划分管辖权及责任区；如遇突发状况或有影响“国家安全”顾虑时，应立即要求局部或全面停航。①

在技术评估方面，《评估摘要》认为，海运“直航”必须考虑的最重要因素为航运定位、港口选择、经营船舶、船舶悬旗、航政监理及“直航”方式选择。此外，针对两岸航线的名称及定位、“直航”港口的选择、经营船舶的管理和诸如船舶悬旗问题、航政监理、避免重复课税

① 台湾“行政院”：《两岸“直航”之影响评估重要结果摘要》，2003年8月15日，第8～11页。

及设置航运及相关行业公司，可以“国际惯例”或协商处理提出相关建议。至于空运“直航”方面，《评估摘要》认为，航权安排、航路规划、航点选择、飞航管制、安全问题的处理，航政监理及意外事故调查等，则为最重要的考虑因素，其他如航权协商、航点选择、航路规划、“直航”的方式、机组人员、航空器证照查核及机务检查等亦是必须关注的主要问题。此外，《评估摘要》建议航权安排及安全事务，皆须经由两岸协商处理，因此，推动空运“直航”的关键在于进行两岸协商并签署协议。[①]

至于推动“直航”的方向及准备工作，《评估摘要》认为台湾当局应确定“直航”为推动方向，并依据台湾地区发展目标循序推动“直航”；应加强配套措施建设；贯彻落实“深耕台湾、布局全球”的经济战略；强化经济安全发展策略及相关机制；建立台湾主流价值，巩固民众对台湾的认同；依据台湾安全的目标，在既有机制的基础上，进一步完善“直航”的推动条件及协商原则。

二、两岸共促“三通”的合作与互动

1. 两岸“两会”的成立与“九二共识”

一般而言，“三不”政策是20世纪80年代初台湾当局处理两岸关系的主要政策，但在以邓小平为核心的中国共产党第二代领导集体提出“和平统一，一国两制”的对台方针，以及中国大陆在台老兵回乡探亲的呼声下，台湾当局不得不顺应历史潮流调整台湾的大陆政策。1986年5月3日的“华航事件”，及1990年7月21日台湾军警人员处理遣返中国大陆私渡人员返回大陆的闽平渔船事件后，[②]台湾当局考虑成立专职机

---

① 台湾“行政院”:《两岸“直航”之影响评估重要结果摘要》，2003年8月15日，第14～19页。

② 1990年7月21日，台湾当局将抓扣的76名大陆私渡人员，以福建闽平渔5540号渔船实施遣返大陆作业，其中有63名遣返者被关人以铁钉密封的船舱。7月22日清晨，船驶进平潭县沃前镇光裕村附近海域，当船上其他人员撬开船舱时，发现舱内有25名遣返者因缺氧窒息而死。相关事件引起海峡两岸同胞的严厉谴责。由于该事件的发生，海峡两岸红十字组织代表于9月11日开始进行两天的谈判，最后双方就执行两岸私渡犯人、刑事犯、刑事嫌疑犯的海上遣返问题，签订《金门协议》。

构，处理两岸联系、协商的相关事务。特别是进入90年代后，两岸民间往来不断增多，在两岸事务性接触及有关协商不可避免的情况下，台湾当局于1990年11月21日，成立“财团法人海峡交流基金会”（“海基会”），作为处理两岸交流中事务性问题的机构。“海基会”作为一个具有官方背景的民间机构，是台湾当局授权与中国大陆联系、协商及“处理涉及公权的两岸事务的唯一机构”[①]，也是台湾当局推行中国大陆政策的重要工具。“海基会”《组织章程》规定：“以协调处理台湾地区与中国大陆地区人民往来有关事务，并以保障两地人民权益为宗旨，不以赢利为目的。”它与同年成立的“国家统一委员会”[②]、“行政院中国大陆委员会”[③]组成一套完整的对中国大陆工作的行政体系。

与此同时，为便于与台湾“海基会”联系，1991年12月16日，大陆在北京成立“海峡两岸关系协会”[④]（简称海协会），作为“海基会”的对应窗口[⑤]。海协会成立后，要求“海基会”以一个中国的原则，作为两会事务性协商的基础，但“海基会”一再以没有被授权协商一个中国问题，拒绝相关要求，因此，如何就一个中国问题达成协议，就成为两会谈判之初斗争的焦点。而后，为使两会交流顺利进行，海协会提出，在事务性商谈中，台湾当局只要表明坚持一个中国原则的态度，可以不涉及一个中国的政治含义，至于表述方式则可以进行充分的讨论。有鉴于此，台湾“国统会”于1992年8月1日作出“海峡两岸均坚持一个中

---

① 中共中央党校、中共中央台湾工作办公室编著：《台湾问题读本》，北京：九州出版社，2001年，第176页。

② 1990年10月7日，台湾当局以任务编组的方式成立“国家统一委员会”（“国统会”），负责“国家统一”政治方针的研究与咨询，李登辉任“国统会”主任委员，李元簇、郝柏村、高玉树任副主任委员。

③ 1990年10月17日，台湾“行政院”通过“《行政院中国大陆委员会暂行组织规程》”，根据规程台湾当局成立“中国大陆委员会”（“陆委会”），负责大陆工作的研究、规划、审议、协调及部分执行的工作。

④《海峡两岸关系协会章程》规定，协会将为实现其宗旨致力于：加强同赞成本会宗旨的社会团体和各界人士的联系与合作；协助有关方面促进海峡两岸各项交往和交流；协助有关方面处理海峡两岸同胞交往中的问题，维护两岸同胞的正当权益。

⑤ 1991年12月16日，北京成立“海峡两岸关系协会”（简称海协会），这是一个社会团体法人性质的民间团体，以促进海峡两岸交往、发展两岸关系、实现和平统一为宗旨，该会被授权可以和台湾当局有关部门和其授权的团体、人士接触谈判，并签订协议性文件。

国之原则，但双方所赋予的含义有所不同”的响应，并于同年10月底利用两会在香港进行工作性商谈之机表示:“在海峡两岸谋求国家统一的过程中，双方虽均坚持一个中国之原则，但对一个中国的含义，认知各有不同”，因此建议“以口头声明方式各自表述”。为使后续商谈能继续进行，双方随后通过各以口头方式表述“海峡两岸均坚持一个中国的原则”的共识，这就是后来所谓的“九二共识”。

2.“汪辜会谈”

1993年4月27日，海协会会长汪道涵与“海基会”董事长辜振甫在新加坡举行举世瞩目的“汪辜会谈”[①]，这是两岸关系自1949以来非常重要的一次会议，也是两岸以民间名义进行的最高层次的一次会谈，它开创两岸在一个中国原则下平等协商的机制，也为海峡两岸各项交流具体提出了相关的执行机制，因此两岸合作关系取得了历史性的进展。[②]在会谈中，海协会积极主张进行两岸经济合作，认为两岸关系在现阶段的合作应该以经济交流作为首要的发展方向，政治上的分歧不应该影响两岸经济合作的正常发展，并提出应将两岸直接“三通”列入议事日程等。经过三日的会谈，两会就经济交流与合作、科技交流、文化交流与事务性商谈等均取得重要的进展——双方于4月29日共同签署了《汪辜会谈共同协议》、《两会联系与会谈制度协议》、《两岸公证书使用查证协议》、《两岸挂号函件查询补偿事宜协议》四份协议。虽然这次“汪辜会谈”被定义为民间性、事务性、经济性与功能性的会谈，但本次会谈对后续两岸关系的发展影响甚巨。它不但建立了在一个中国原则下两岸事务性协商的平等机制，更开创了一个两岸人民都可以接受的协商观念，并具体推动了未来两岸经贸往来、民间交流和“三通”事务协商的进行与发展。

① 海峡两岸关系协会汪道涵会长与财团法人海峡交流基金会辜振甫董事长代表两会于1993年4月27日至29日在新加坡进行会谈。这是自1949年以来，影响两岸关系发展非常重要的一次会谈，不但在实质上完成了有建设性的事务协商，也为两岸未来进行经济性、文化性的相关交流事项和两岸的协商方式建立了具体的执行机制。

② 李炳才著:《在“九二共识”基础上恢复对话与谈判》，国务院台湾事务办公室新闻局编:《两岸关系与和平统一》，北京：九州出版社，2004年，第122 ~ 131页。

表2-3："汪辜会谈"项协议的相关成果

交流领域	相关协议成果
经济交流	达成"双方均认为应加强经济交流，互补互利的共识" 确定继续洽谈如何保护台商在中国大陆投资权益问题 两岸工商界人士互访 加强能源、资源的开发与交流
科技交流	商定促进科技人员互访 交换科技研究出版物、探讨科技名词统一与产品规格标准化 共同促进计算机及其他产业科技交流
文化交流	通过有关青少年、新闻界交流具体项目的商定
事务性交流	建立联系与会谈制度 双方给予两会会务人员出入境往来与通关便利

资料来源：中共中央党校、中共中央台湾工作办公室编著：《台湾问题读本》，北京：九州出版社，2001年。

"汪辜会谈"不仅引起海峡两岸人士高度的重视，而且获得了世界舆论的广泛关注，其影响超过会谈本身的结果。对此，江泽民曾经指出："它标志着海峡两岸关系迈出了历史性重要一步。"[①]台湾当局对这次会谈也给予充分的肯定，认为这是"跨出了两岸接触的第一步"，是"两岸民间交流迈向制度化的里程碑"，[②]为"两岸关系迈向中程阶段目标打下了基础"。

"汪辜会谈"首次实现"两会"最高负责人直接见面会商，这表明台湾方面开始调整"三不政策"，两岸接触对话的大门正式开启。20世纪80年代以来，台湾当局虽逐步开放了两岸之间的各项交流，但这种交流局限在民间、间接和非政治范围内。"汪辜会谈"虽为"民间、事务、功能"性质，且由两岸民间机构出面，但由于双方都经过政府授权，具有半官方色彩，加之汪道涵、辜振甫都是准政治人物，因此，此次会谈

① 王永钦主编：《中国结——两岸关系重大事件内幕》，北京：新华出版社，2003年，第176页。

② 王永钦主编：《中国结——两岸关系重大事件内幕》，北京：新华出版社，2003年，第179页。

表明台湾当局已超越“三不政策”的框架，这也是台湾当局较大调整中国大陆政策的具体体现。辜振甫在评价此次会谈时也指出：“这是一次不算成功，也不算失败的会谈，它毕竟开启了两岸交流的一扇大门。”

“汪辜会谈”对于两岸关系的发展有重要意义。它开创两岸在一个中国原则下平等协商的机制，从此打破了过去台湾的“不接触、不谈判、不妥协”立场。会议也为海峡两岸各项交流，具体提出了相关进行机制，也加速推动了两岸经贸与民间的交流往来。此外，“九二共识”表明海峡两岸都确定并认同“一个中国大陆原则”和“努力谋求国家统一的立场”。与之前临时性的协商机制相比，两岸“汪辜会谈”交流模式具有转折性的意义，在两岸关系发展史上占有重要的历史地位。

3. “汪辜会谈”以来两岸的经贸往来与合作

1979年元旦，全国人大常委会发表《告台湾同胞书》、1986年“华航事件”圆满解决、1987年台湾地区《戒严法》解除、中国国务院颁布一系列促进两岸合作与交流政策、两会的成立、“九二共识”与“汪辜会谈”的达成以及2003年12月17日国台办发表《以民为本，为民谋利，积极推进两岸“三通”》等，在上述政策环境下，两岸的经济往来朝着良性发展势头前进。二十多年来，中国大陆为推进两岸“三通”积极努力——“汪辜会谈”就是为两岸经济往来与互动提供一个增长的契机。1995年6月李登辉以私人名义访美，制造“两个中国”的分裂活动，“汪辜会谈”精神被迫全面中止，再加上1999年李登辉接受“德国之声”访问时提出“两国论”，致使两岸经贸往来受到一定程度的影响，但从整体发展趋势来看，两岸的经济往来还是呈快速增长的趋势。

关于两岸经济增长的相互依赖与互补性，我们可以从1993年“汪辜会谈”以来两岸经贸往来与合作快速增长的事实得到验证。

（1）通邮通电方面

早在1979年，中国大陆就已陆续开放对台湾地区的电报、长途电话、普通函件及挂号函件等业务。2002年，两岸互寄信函已上升到983

万吨，比1989年增长约3.2倍[①]，此外，据台湾《两岸经济统计月报》的统计，2002~2005年的四年间，台湾至大陆的邮件数量已高于大陆去函台湾的数量。尽管由于电子邮件的普及，两岸邮件的往来已相对锐减，但2008年1～11月，由台湾寄来大陆的信件仍达4067712件[②]。

在电话通话方面，自1989年两岸互通电话业务以来，每年两岸电话业务量都在高速增长。2002年台湾对中国大陆的电话业务量已占台湾至岛外业务量的30%左右，位居第一位。历年来台湾对大陆来电持续通话的时间要多于大陆对台湾通话的时间。据台湾《两岸经济统计月报》的统计，2007年1～4月台湾对大陆通话的次数为114,543,600次，通话的时间总计为507,432,200分钟，较上年同期增加2.1%，而同一时间，大陆对台湾的通话次数为94,038,700次，通话时间共计为247,665,500分钟，较2006年同期减少14.5%，而2008年1月~11月，台湾对大陆的通话次数更达到339,997,836次，合计通话时间为1,417,881,715分钟，我们仅从两岸电话通话量的统计，就可以得出两岸经贸往来快速增长的事实。

（2）贸易方面

改革开放以来，大陆首先对台湾单向开放市场。二十多年来，在两岸同胞的共同努力下，两岸贸易额已有飞速的增长。根据台湾《两岸经济统计月报》的统计，1992年台海两岸贸易总额为112.9亿美元；“汪辜会谈”以来两岸的经贸往来增长迅速，至2006年底，两岸的贸易总额已达881.16亿美元，13年间贸易增长达8倍，2008年1~11月，两岸贸易总额更高达1,003.17亿美元。这充分显示随着大陆改革开放的深入发展，两岸基于成本、技术与市场需求与互补的相互依赖状况下，发挥各自的资源和优势，进一步实现两岸经济双赢的具体事实。

（3）投资方面

从1988年7月国务院颁布《关于鼓励台湾同胞投资的规定》，到两

① 孟波著:《积极务实推进两岸“三通”》,《统一论坛》,2004年第1期，网址：http://www.zhongguotongcuhui.org.cn。

② 据台湾《两岸经济统计月报》的统计，该统计数字相较于上年同期减少12.25%。

岸新加坡“汪辜会谈”，在两岸政府相关政策的推动下，台商对大陆的投资金额从1989年的1.5亿美元增加到2002年的历史高点39.7亿美元[①]，在此期间，两岸的投资状态，呈快速而稳定的增长。后因台湾当局的大陆经济政策调整，尽管台湾投资的协议金额不断增加，但实际到位的金额则相对减少。据中国商业部统计，2005年台商到大陆投资的协议金额为103.5亿美元，实际到位资金只有21.5亿美元，二者相差甚远。此外，两岸的投资往来向来就是台湾对大陆的单向投资。根据台湾当局《台湾地区与大陆地区人关系条例》第73条规定：“大陆地区人民、法人、团体、其他机构或其余第三地区投资之公司，非经主管机关许可，不得在台湾地区从事投资行为。”因此，大陆企业前往台湾合法投资，至今仍受到一定的限制。尽管只是台湾对大陆单向的投资，两岸累计的投资金额亦非常可观。改革开放至今，据中国商务部统计，至2005年底台商对中国大陆投资的实际金额已达417.75亿美元,占改革开放以来中国大陆引进外资总额的6.71%。

（4）金融方面

大陆商业的快速发展，促使台湾地区银行的海外业务分行和外汇指定银行先后开通了通汇及信用证相关业务。2002年7月4日，台湾第一银行、彰化银行及世华银行等多家银行，与中国工商银行、中国建设银行、中国农业银行及上海浦东发展银行、深圳发展银行建立金融往来关系，并从即日起，双方正式开通直汇与信用证业务，提供低成本、高速度的两岸金融业务。2002年中国大陆已批准台湾地区7家台资银行在大陆设立代表处[②]，9家保险公司和1家保险经纪人公司的12个代表处以及

① 吴铭著:《台商在祖国大陆投资现状及特点》，载《统一论坛》，2004年第2期，网址：http://www.zhongguotongcuhui.org.cn。

② 中国大陆批准的7家台资银行代表处包括：彰化银行、世华银行、土地银行、第一商业银行、中国信托商业银行、合作金库银行和华南银行。

12家证券公司的17个代表处[①]。此外，为满足台商的融资需求，国台办与国家开发银行于2005年9月在北京签署《关于支持台湾同胞投资企业发展开发行金融合作协定》，宣布将于五年内提拨300亿元人民币用于台商在大陆投资与经营的金融贷款，是年12月并公布了《台资企业国家开发银行贷款暂行办法》，具体解决一直以来台商在大陆投资的融资问题。2006年7月，国台办再次与华夏银行在北京签署《支持台资企业发展合作协定》，计划在未来五年内，由华夏银行提供大陆台商200亿元人民币的无担保品融资贷款，主要用于台资企业在大陆大型建设项目的配套流动资金、中小型企业生产所需短期资金、扩大再生产项目的中长期贷款以及农业贷款项目等，同时根据国台办颁布的《国台办与华夏银行共同推动台资企业授信业务操作流程》的规定，华夏银行承诺将在实际融资审核与操作流程上，优先处理台商在申请案件上的审批。

而台湾当局在两岸金融政策方面，亦开放金融业赴大陆设置分支机构，并开放两岸直接通汇。据台湾当局的统计资料显示，累计2002年至2007年11月底为止，台湾金融机构办理对中国大陆汇出的总金额达4944.6亿美元[②]。至于设立分支机构，2005年2月14日，台湾当局准许证券商赴中国大陆设立办事处及子公司，并于同年3月3日，允许台湾金融控股公司及其外海分支机构赴中国大陆设立办事处。2007年11月19日，更放宽基金及全权委托投资资产可比照在台湾募集销售之境外基金

---

① 中国大陆批准的12家台湾地区证券公司经第三地在大陆设立的17个代表处包括：贝利国际证券上海、深圳、北京代表处，元大京华证券北京、上海代表处，金鼎证券上海、北京代表处，元富证券上海、深圳代表处，宝来证券上海代表处，群益证券上海代表处，建华证券上海代表处，日盛证券上海代表处，京华山一北京代表处，大华证券上海代表处，统一证券上海代表处和太丰行证券上海代表处。

② 资料来源：台湾"行政院大陆委员会"编制之《2000~2007政府两岸重要政策实施情形》。网址：http://www.mac.gov.tw。

投资中国大陆有价证券、港澳H股与红筹股[①]。相关政策的放松对于两岸金融的交流有较为正面的意义和影响。

（5）人员往来及各领域的项目交流方面

根据中国国务院台湾事务办公室的统计，1992年台湾地区至中国大陆参访的居民为1,317,770人次，中国大陆居民赴台参访人数为10,904人次，而赴台交流项目则仅为155个项目。然而，“汪辜会谈”后两岸人员及项目交流的数目急剧增加，1995年台湾地区至中国大陆参访的人数已达1,532,309人次，而中国大陆居民赴台参访人数也达到42,180人次，赴台交流项目也增加至787个。而后，两岸人员与项目交流更快速跃升。台湾当局并于2002年1月1日起，试办开放旅居国外的大陆人民（第3类）来台观光以及赴国外旅游或商务考察的大陆人民（第2类）转来台湾观光，2005年2月23日，并进一步放宽第3类大陆地区人民来台观光需“团进团出”的限制。据统计，2006年台湾地区至中国大陆参访的居民已达4,413,238人次，中国大陆居民赴台参访人数为亦增加至207,650人次，中国大陆赴台交流项目更高达7,243个；而根据国务院台湾事务办公室最新的统计数字显示，2008年台湾地区赴大陆参访居民人数为4,367,594人次，大陆居民赴台参访人数为278,712人次，赴台交流项目更达8393个，累计前来大陆的台湾同胞已高达51,403,153人次，而中国大陆居民赴台参访累计人数亦将近200万，达到1,916,438人次，累计交流项目亦高达53,250个。[②]上述相关数据表明，“汪辜会谈”开启了两岸人民与项目交流的平台和机制。尽管两岸存在政治分歧，由此可能暂时影响两岸经贸往来，但两岸人员往来及各领域的项目交流，

① 2008年随着台湾地区政党轮替的影响，不但海协会与海基会恢复两岸事务的协商，其他交流平台与会议的互动，也使两岸证券领域的合作更加的紧密。例如，2009年4月19日，在博鳌论坛主题为“国际金融危机与两岸金融合作”的圆桌论坛上，台湾证券交易所董事长薛琦表示，台湾证交所和上海证交所有关合编证券指数的备忘录（MOU）草稿都已准备好，一旦签署，台湾证交所就可以和上交所旗下的中证指数公司合编两岸三地ETF（指数股票型基金）指数，在相互挂牌后，在两岸三地形成一个交易平台，真正做到两岸三地在证券领域的融合。

② 资料来源：中华人民共和国国务院台湾事务办公室，网站：http://www.gwytb.gov.cn。

基本上是呈快速的增长趋势①。

表2–4：两岸人员往来及项目交流统计一览表

年份	台湾同胞至中国大陆（人次）	增长率（%）	中国大陆居民赴台（人次）	增长率（%）	赴台交流项目（个数）	增长率（%）	赴台交流人数（人次）	增长率（%）
1992	1,317,770	39.21	10,904	21.09	155	761.11	920	3307.41
1993	1,526,969	15.88	14,615	34.03	507	227.1	3,309	259.67
1994	1,390,215	–8.96	17,583	20.31	563	11.05	3,396	2.63
1995	1,532,309	10.22	42,180	139.89	787	39.79	5,210	53.42
1996	1,733,897	13.16	65,205	54.59	971	23.38	5,592	7.33
1997	2,117,576	22.13	56,570	–13.24	1,257	29.45	8,707	55.70
1998	2,174,602	2.69	78,423	38.63	1,746	38.90	11,462	31.64
1999	2,584,648	18.86	103,977	32.58	1,816	4.01	13,554	18.25
2000	3,108,643	20.27	102,933	–1	1,787	–1.6	13,623	0.51
2001	3,440,306	10.67	122,198	18.72	2,915	63.12	24,719	81.45
2002	3,660,565	6.4	138,981	13.73	4,384	50.39	38,259	54.78
2003	2,730,891	–25.4	124,616	–10.34	2,847	–35.06	24,480	–36.02
2004	3,685,250	34.95	144,526	15.98	4,475	57.18	30,728	25.52
2005	4,109,188	11.5	159,938	10.66	5,902	31.89	33,421	8.76
2006	4,413,238	7.4	207,650	29.84	7,243	29.97	40,981	22.62
2007	4,627,881	4.86	229,877	10.7	7,471	3.15	41,766	1.92
2008	4,367,594	–5.60	278,712	21.20	8393	12.34	46,832	12.13
累计	51,403,153	—	1,916,438	—	53,250	—	346,999	—

资料来源：中华人民共和国国务院台湾事务办公室网站，http://www.gwytb.gov.cn。

（6）海上航运方面

海上直接通航是两岸“三通”的重要环节之一。绕经第三地换单、“试点直航”以及金马“小三通”是两岸海上货运的主要形式。“汪辜会

① 台湾海基会和大陆海协会在2008年6月12日达成有关开放大陆地区人民来台观光的协议，2008年7月4日，大陆民众赴台观光的“首发团”将先行来台并于2008年7月18日起，正式开放大陆地区人民来台观光。根据《两岸关于大陆居民赴台旅游协议》草约的内容，大陆赴台观光团以“团进团出”为原则，旅游团的人数以十人以上，四十人以下为限，每次停留十天，初期以每天平均三千人为原则。

谈”后，两岸于1997年7月开通福州、厦门与高雄之间的“试点直航”，截至2003年10月底，两岸10个船运公司参加了“试点直航”，期间两岸船运公司共运输2,601,657个标准集装箱。在“小三通”方面，2001年初，在一个中国原则的基础上，福建沿海与金门、马祖及澎湖通过采用悬挂公司旗帜的方式进行通航，金马民众可以乘船直接到福建沿海及其他地区从事商业行为或探亲访友等活动，同时，福建沿海地区的民众也可以乘船直接到金马从事经贸活动。自实行“小三通”以来，截至2007年12月31日，两岸船舶往来次数共达19,274航次，人员往来达2,681,352人次，进出口报关件数总计7,821件，总金额超过新台币30亿元。此外，泉州至金门客运航线也于2006年6月8日正式开放，每天往返泉州和金门隔两个航次，为两岸民众往来提供了更便捷的航线。据统计，台湾船舶公司已在中国大陆设立了近10家经营性机构和约40个航运代表处。[①]但这种“船通货不通、货通船不通”的状况增加了航运成本与运输时间，因此两岸经贸往来仍受到较大的阻碍，例如2004年台湾从大陆进口煤炭与焦炭共计2000万吨，由于无法直航，须停靠南航的木浦港（Mokpo），而单航次的绕行，成本每次则增加2.5万美元左右之多。

随着两岸互动的日益频繁，两岸在市场开发、生产成本或是技术研发等方面，基本上已逐渐形成“相互依赖”的合作趋势。上述数据表明，自“汪辜会谈”以来，随着中国大陆改革开放的深入发展以及产业发展的需求，两岸已逐步形成一种经济共同体。虽然“汪辜会谈”及其所签署的相关协议，并不是两岸相互交流迅速展开的唯一因素，但不可否认，它提供了一个两岸交流的前例和法律依据。

近十年来，两岸的经贸往来与合作日益频繁，两岸经贸互动的影响力已远远超越政治因素对经济的束缚。特别是近年来，由于台湾当局几近“锁国”的经济政策与岛内政治的纷乱，台湾经济退居“亚洲四小龙”之末。台湾企业要突破发展困境，势必加强对大陆的经济布局。2006年11月，美国私募基金凯雷集团（Carlyle）拟以每股新台币39元，总

① 孟波著:《积极务实推进两岸“三通”》，载《统一论坛》，2004年第1期，网址：http://www.zhongguotongcuhui.org.cn。

收购金额高达1800亿元新台币的价格[①]，现金收购台湾最大的集成电路封测公司日月光。如果收购成功，日月光将可借本次被凯雷集团收购的机会，规避台湾当局对岛内企业“西进”投资的限制。虽然本次收购案最后并没有成功，但该事件作为台湾企业规避台湾当局前进大陆投资的限制的先例，已成为一个广泛研究的案例。

2008年下半年，由于台湾地区政治气候的改变，两岸“三通”得到突破性的进展。首先，根据海协会和海基会2008年6月在北京签署的《海峡两岸包机会谈纪要》，两岸周末包机于2008年7月4日起正式实施；2008年11月4日，两会进一步在台北签署《海峡两岸空运协议》、《海峡两岸海运协议》、《海峡两岸邮政协议》以及《海峡两岸食品安全协议》。协议的内容涉及“三通”议题的部分包括：两岸开通空中双向直达航线、开通货运包机、客运包机常态化、相互开放主要港口进行海运直航以及实现直接通邮等。根据协议的签署，两岸并于2008年12月15日正式启动两岸海运直航、空运直航、直接通邮，两岸“三通”基本实现。

由于两岸经济相互依赖不可避免地加速大陆与台湾产业的整合，这促使两岸领导人政治决策时，必须把经济因素作为政策制定的重要依据。这种经济影响政治的趋势，正逐渐形成且日益加强。

第四节 两岸经济相互依赖分析

一、中国大陆经济现状

1. 入世之后中国大陆的经济发展现状

2001年中国大陆加入WTO后，经济改革与发展的速度迈入了一个新的台阶。据联合国贸发会议和亚洲银行统计，加入WTO后，中国的

① 2006年12月14日，凯雷财务顾问高盛集团在完成对日月光的财物核查后，高盛亚洲区副董事长宋学仁亲赴台北和日月光董事长张虔生为最后收购细节作进一步协商，虽然最后此并购案并没有成功，但已成为台湾地区半导体产业以资本运作方式西进并开拓全球市场，提供了一个很好的并购案例。

GDP每年可增加2.94个百分点，而每增加一个百分点就可以增加400万个就业机会，总共相当于约1200万个就业机会。然而，与此同时，中国承诺将实施所有WTO成员享受非歧视待遇，不会为保护国内产业而进行价格控制，而且为进一步贯彻公平开放的对等原则，大陆将取消内、外销产品的差别待遇，禁止农产品出口补贴，并且同意在加入WTO三年内，除特殊状况之外，多数企业将有权在关税领域内，从事产品的进出口业务。除此之外，大陆将大幅度降低现行关税的税率，2010年农业产品由入世前的19.28%减为15%，工业产品则由入会前的12.69%降低到2008年的9.23%[①]，并且开放观光、金融、运输、电讯等服务产业。据华盛顿国际经济研究所评估，中国加入WTO后，随着关税的降低和农工产品进口的放开，将导致1100万人陷入失业困境，不过在平稳过渡后，劳动和资本市场将再度充满活力。对中国而言，入世意味着有机会进身国际化的市场与金融机制，但亦将遭受来自经济全球化竞争的威胁。经过多年来的调整与努力，再加上经济快速的发展，目前中国已在世界经济舞台上占有一定的地位。以国内生产总值为例，中国在2001年加入世贸组织时，国内生产总额仅为9.5万亿美元，GDP的增长率为7.3%，外汇存底为2122亿美元。而到2005年12月底，国内生产总额已高达18.2万亿美元，GDP的增长率上升至9.9%，人均所得更从2001年低于1000美元，攀升至2005年的1703美元，外汇存底更跃升为8189亿美元。至2006年，中国实际GDP增长率更高达10.7%。事实上，中国已成为仅次于美国的世界第二大经济体[②]，同时也是世界第三大贸易体，中国入世五年以来的经济增长已成为世界瞩目的焦点（表2–5）。

---

① 詹满容、江启臣、刘大和等编著：《WTO架构下两岸互动之研究》，台北："行政院研究发展考核委员会"编印，2003年8月，第83页。

② 据《环球时报》2007年4月20日的报道，联合国亚太经社理事会经济专家表示："如果以购买力平价计算的话，中国的经济增长占据世界经济增长的1/3。中国今天已经是仅次于美国的世界第二大经济体，也是世界第三大贸易体。"

表2–5：中国入世五年以来经济增长概况

年次	生产总额	GDP增长率	人均GDP	对外贸易额	外汇存底
2001	9.5万亿美元	7.3%	<1000美元	5097.78亿美元	2122亿美元
2005	18.2万亿美元	9.9%	1703美元	1.4万亿美元	8189亿美元

图表来源：作者整理。

表2–6：中国入世后三年主要产业的产值

行业		2002年		2003年		2004年	
		产值（收入）	同比增长	产值（收入）	同比增长	产值（收入）	同比增长
农业	产值	14931.5亿元	4.9%	14870.1亿元	3.90%	18138.4亿元	7.5%
	贸易额	305.9亿美元 顺差57亿美元	9.6%	403.6亿美元 顺差25亿美元	31.9%	418.3亿美元 逆差54.9亿美元	30.8%
纺织品出口		617亿美元	15.9%	804.84亿美元	27.72%	884.4亿美元②	22.0%
汽车	产	325.10万辆	38.94%	444.39万辆	36.69%	509.11万辆	14.56%
	销	324.81万辆	36.65%	439.08万辆	34.21%	458.33万辆	16.8%
钢铁	钢	18236.61万吨	20.3%	22233.6万吨	21.92%	28291.09	27.24%
	成品钢	19251.59万吨	18.9%	24108.01万吨	25.23%	31975.7万吨	32.64%
电信		5201.12亿元	26.89%	6478.75亿元	24.56%	9147.99亿元	41.20%
对外贸易	进出口总额	6207.7亿美元	21.8%	8509.9亿美元	37.09%	11545.5亿美元	35.67%
	顺差	304.30亿美元	34.94%	254.70亿美元	–16.3%	320.9亿美元	25.99%

图表来源：作者整理。

① 本金额为2004年1 ~ 11月纺织品出口的产值。

随着入世的冲击与调适，中国大陆的经济在政府有关部门与企业的共同努力下迅速发展，各产业的产值均有明确的增长。我们可以回顾入世后的几年（表2-6）中国大陆经济发展的状况。

在农业方面，近年来大陆农业综合生产能力不断加强。在政府实施《优势农产品区域布局规划》，推进农业生产向优势产区集中的策略后，这种结构调整带动了农业经济的发展。特别是2002年以来农业总产值稳中有升，2007年粮食产量已达5亿吨，农产品进出口贸易总额亦达到781亿美元。但是中国大陆农业方面亦面临一定的问题，首先，农村就业的压力日渐增大。农村人口多而人均耕地面积过少、农村劳动力剩余严重。其次，农村的收入增长缓慢。城乡收入差距过大且大宗农产品的生产和销售面临国外强大的竞争。再加上面临国际农产品市场的竞争压力以及各国对农产品贸易保护程度加深，入世后中国大陆农产品对外贸易遭遇的贸易壁垒也会随之增加。在这种内部面临调整、外部遭遇竞争的情况下，如何加强农业技术的研究和推广、实施企业化的经管理营和开拓国际市场，就成为现阶段农业发展最重要的目标。

中国大陆的汽车产业以产销两旺的强劲走势，带动经济稳步增长。入世以来，中国大陆汽车进口增长快速。2004年中国汽车生产量为509.11万辆，2005年增加到507.48万辆，目前大陆每年汽车配件市场超过3000亿元人民币，并以每年30%的速度增长。特别是2006年元月份开始，为履行入世的承诺，中国汽车进口关税下调至25%[①]，汽车零部件已调降至平均月10%的税率，大陆汽车产业在激烈的国际竞争中快速增长，预计到2010年，中国大陆很可能成为全球第二大汽车生产国。此外，为提升汽车产业的竞争力，中国在“十一五规划”中，除特别编列40亿元人民币的预算，作为投入汽车维修、设立进修机构及汽车电子相关教学设备的更新外，更拟订了汽车出口战略、扶持本土汽车

① 2005年1月1日开始，中国取消汽车的配额及许可证的管理，除10座以下的小客车以外，其他各类大、中型客车和货车的进口关税均降至25%或以下；2006年7月1日起，整体汽车及部件零部件的关税则分别降至25%和10%。

及建立汽车产业基地的计划与目标，使汽车产业在大陆有一个稳定的制造环境，从而有利于增强在国际舞台上的竞争力。

中国大陆的电信服务业增长迅速，电话用户总数位居世界第一位。根据2004年底的统计，中国移动电话总数达到3.3亿部，固定电话用户达到3.13亿部，电话用户合计已超过6.4亿部。手机市场的增长速度更令全世界瞩目，从1987年开办手机业务开始，2001年中国已成为全球手机用户总数最多的国家，2005年中国手机用户已达3.93亿人，市场的销售额更超过1300亿元人民币。此外，由于经济的快速增长使许多生活条件较为富裕者有能力选择较为高档的手机，而广大的学生市场和农村使用人口，亦造就了低档手机市场的需求，中国大陆手机市场呈高、中、低三档全面发展的趋势。在广阔而全面的发展潜力诱惑之前，全球各大手机厂商汇集中国，争取商机。2006年中国手机的使用人数已超过4.4亿人，未来中国通讯产业的快速发展与增长应在预期之中。

在金融业方面，截至2005年底，共有21个国家和地区的72家外资银行在中国设立了254家营业性机构；另外还有40个多个国家和地区的177家银行在大陆设立240家代表处；而且截至2006年5月底，外国银行已准许在大陆25个城市开办人民币业务。近年来，由于大陆金融市场的发展，外资银行已大举向大陆投资。据统计，外资银行在大陆的资产总额已从1994年的118.4亿美元，快速增长至2005年底的871.8亿美元，11年的增长已达过7倍有余。此外，在证券业方面，截至2006年6月，在大陆已有23家合资证券基金管理公司，7家合资证券公司，并有42家外资金融机构合格获得开办QFII托管业务。

在与外资银行的激烈竞争中，中国大陆国有银行的呆账问题亟待解决。由于长期经营不当，部分国有银行呆账比率过高。2002年上半年，中国银行、中国建设银行、中国工商银行和中国农业银行四大国有商业银行的不良贷款占总贷款额的25%，而北美最大的100家商业银行的不良贷款占总贷款的比例才0.96%，欧洲最大100家商业银行和日本73家商业银行的这一比率分别为2.73%和5.99%。截至2004年底，在华外资银行贷款总额已达2674.16亿元人民币，不良贷款率仅为1.3%。不过据中国银行业监督管理委员会（银监会）公告显示，2004年中国主要商业银行[①]不良贷款余额为17176亿元人民币，比年初减少3946亿元；不良贷款率为13.2%，比年初亦下降4.6%。这是不良贷款连续第三年呈“双双下降”，而不良贷款的重灾区——四大国有商业银行在处置不良资产上也取得了很大的进展，不良资产比率已从2000年的29.18%下降到2005年的10.12%。上述相关数据显示，入世后中国的金融管理已有极大的改善。

在保险业方面，截至2005年底，已有41家外资保险公司约400家分支机构获准在大陆进行保险相关业务，其中包括寿险、产险、再保险、保险中介公司等，这些公司多数是大陆入世以来新近批准的。这些外资保险公司具有丰富的产业经验与国际资金。随着中国经济的快速发展，特别是2004年12月11日之后，中国对外资保险公司取消了地域限制和经营业务范围的限制。外资保险公司营业额的增长速度早已超越本土的保险企业。以人寿保险为例，2005年1～10月，外资寿险公司保费收入比2004年同比增加356.1%。如此，中资保险公司须抛开过去产业“独霸”的优势，加强人才吸引并提高专业的服务质量。

总体来看，在中国大陆近年来经济运行平稳的同时，入世作为一大契机，更为大陆经济发展提供了良好的外部发展环境和竞争机制。根据韩国贸易协会2007年10月所发行的《从208个经济、贸易、社会指标来看大韩民国2007》手册统计，从2005年在国际市场上占有率第一位的商品数量上看，中国已跃居世界第一位，共958个，已超越之前德国的815个。而据世界贸易组织2007年10月在日内瓦公布的数据显示，2007年8月份，中国大陆出口金额已达1114亿美元，首次超过世界第一大出口国德国的同期出口额1058亿美元。此外，随着经济与外贸的快速增长，2008年11月底中国大陆的外汇存底已达18847.17亿美元，

① 中国主要商业银行是指4家国有商业银行和12家股份制商业银行。

排名居全球第一位，累计批准外商投资项目已达65.72万件。[①]中国大陆在经济、贸易、金融与吸引外资的指标上不断的增长以及国际竞争力不断的提升，我们可以预期中国未来经济的发展将对世界经济的发展产生举足轻重的作用。

2.“十一五”规划的特点与发展方针

1992年邓小平南巡讲话掀起了中国由计划经济快速向社会主义市场经济转型的热潮。在这一逐步转型的过程中，“十一五”规划可以说是中国建立市场经济体制以来的第一个五年规划，因此对未来中国的经济发展具有重要的历史意义。“十一五”发展规划突出了中国未来五年经济发展的重点，即推进经济增长方式的转变，调整优化产业结构，解决“三农”问题[②]，推进城市化健康发展，促进区域协调发展和切实加强和谐社会建设。与过去相比，这一规划具有许多新特点：首先，将过去的五年“计划”改为“规划”。这一调整，表明将过去资源由政府统一主导与配置的计划经济，转向由市场机制调节经济的发展规划，同时以企业为主体，避免政府主导或过度干预市场发展。政府的角色是完善法治与规则，充分发挥市场机制的效用。其次，优化产业结构与升级，建设资源节约及环境友好型社会，提高资源利用率的产业特点。在“十一五”规划中，提出建设社会主义新农村，解决“三农”问题，提升制造业的质量和加快服务业的发展[③]，由此更有效的利用资源带动未来经济的增长。最后，促进区域协调发展。“十一五”规划提出建设天津滨海新区、海峡西岸和成渝地区三大重点发展区域，意味着开始注重大陆区域经济的平衡发展。规划首次将“海峡西岸”写入中央文件，并明确指出“支持海峡西岸和其他台商投资相对集中地区的经济发展，促进两岸经济技术交流和合作”。这意味着地处“海峡西岸”的福建，在两岸经济关系中的地位上升，这也表明大陆将进一步落实以经济推

① 台湾经济研究院编撰:《两岸经济统计月报》第192期，台北:“行政院大陆委员会”印行，2009年3月，第11页。

② “三农”问题是指农民、农业和农村的问题。

③ 在加快服务业的发展发面，“十一五”规划提出要积极发展金融服务业、信息服务业和现代物流业，在规范发展服务业的同时，降低商业交易成本并进一步提高经济的整体效率。

进两岸关系的发展和中国统一。此外，“十一五”规划明确制定了全面建设小康社会的关键时期、全面贯彻落实科学发展观、建设社会主义新农村、推进产业结构优化升级、促进区域协调发展、深化体制改革和提高对外开放水平、深入实施科教兴国战略和人才强国战略，以及推进社会主义和谐社会建设等指导方针。笔者相信，在未来“十一五”期间，中国大陆无论在产业升级、经济发展和体制改革上，都将取得重大的进步。

二、台湾产业的西进运动

近年来，台商赴中国大陆投资的主要动机，已由过去追求低廉土地及劳动成本，或政府部门的优惠政策，逐渐转变为针对内需市场的发展布局。特别是中国大陆入世以来，随着大陆履行入世承诺的时间表逐渐到期，主要产业过渡期的保护陆续或即将消失，大陆未来市场前景具有很大的诱惑力。中国大陆广大的内需消费市场，已成为全球大型企业及资金觊觎的焦点。再加上台湾地区在民进党执政期间，政治动荡不安，经济每况愈下，厂商不得不另寻市场出路。根据世界贸易组织（WTO）公布的2006年全球贸易总额排名显示，台湾地区全年贸易总额为4270亿美元，占全球比重的1.7%，不但位居“亚洲四小龙”之末，其名列第17位的排名[①]，更是创下台湾历史最低纪录。有鉴于台湾地区经济环境的衰退，台商西进谋求企业未来的发展，已为大势所趋。

民进党上台以来，两岸政治紧张关系未曾舒缓，但台商赴中国大陆投资的热潮始终未见明显衰退。根据台湾“经济部”投审会的统计，台湾当局2005年核准台商赴中国大陆投资达1297件，投资金额约为60亿美元，而2008年1~11月的核准投资金额已高达95.63亿美元。从1991年至2008年11月，台湾赴中国大陆投资累计核准件数为37144件，累计总投资金额共达744.32亿美元，平均每件投资金额将

① 在世界贸易组织2006年全球贸易总额排名的统计中，中国大陆仅次于美国和德国，成为WTO全球贸易总额的第三位。

近为200万美元。以台湾1200余家[①]的上市或上柜公司来看，2006年9月底，已有829家上市或上柜公司赴大陆投资，累计流向大陆金额高达5965亿元台币，创当时历史新高；而根据台湾“行政院”金融监督管理委员会近期公布的数字显示，截至2008年第一季台湾地区赴大陆投资之上市或上柜公司更已高达900家，其中上市公司有518家，上柜公司有382家。堪称台湾高科技摇篮的新竹科学园区，区内三百余家高科技厂商，已约有超过三分之一到中国投资或设分公司。尽管台湾当局对台商西进投资有诸多限制，但基于市场与成本考虑，再加上岛内政治乱象横生，台商赴大陆投资的规模，正以前所未有的速度加速增长。

以投资的行业类别来说，台湾对中国大陆投资所占比例最高的是电子与电器制造业。据台湾《工商时报》的报道，2006年台湾企业申请“西进”投资的案件增多，投资金额之高，已创下历史新高[②]。根据台湾《两岸经济统计月报》2009年最新的统计数字显示，从投资项目的行业类别分析，电子零组件制造业，电脑、电子产品及光学制品制造业，金属制品制造业，塑胶制品制造业以及食品制造业是主要的投资行业。此外，大部分已在大陆投资的厂商，采用以盈余转增资的变相投资方式，其中以电子及电机产业占居首位，再加上迈入2007年之际，台湾当局因应厂商与时局的需要与压力，宣布开放半导体0.18制程技术西进大陆，这将加速半导体厂商西进投资与两岸厂商更深一层的技术交流与相互依赖。

---

① 根据台湾当局的统计，截至2009年4月底，台湾上市或上柜公司共计1271家，其中上市公司有724家，上柜公司有547家。

② 资料来源：《工商时报》，2006年12月26日，A19版。

表2-7：台商对中国大陆投资统计（行业别）

单位：百万美元,%

期间 行业	1991 ~ 2007年			2008年1 ~ 11月			累计		
	件数	金额	比例	件数	金额	比例	件数	金额	比例
电子零组件制造业	2,046	10,360.67	15.97	152	1,830.58	19.14	2,198	12,191.25	16.38
电脑、电子产业及光学制品制造业	2,605	10,086.26	15.55	23	1,494.68	15.63	2,628	11,580.94	15.56
金属制品制造业	2,482	4,341.95	6.69	25	276.16	2.89	2,507	4,618.11	6.2
塑胶制品制造业	2,230	3,353.43	5.17	26	374.7	3.92	2,256	3,728.13	5.01
非金属矿物制品制造业	1,504	2,942.39	4.54	12	138.93	1.45	1,516	3,081.32	4.14
机械设备制造业	1,871	2,717.96	4.19	18	432.80	4.53	1,889	3,150.76	4.23
纺织业	1,069	1,778.25	2.74	7	99.74	1.04	1,076	1,877.99	2.52
食品制造业	2,206	1,760.44	2.71	24	182.33	1.91	2,230	1,942.77	2.61
化学制品制造业	1,189	1,002.44	1.55	8	31.04	0.32	1,197	1,033.48	1.39
运输及仓储业	195	480.67	0.74	7	50.86	0.53	202	531.53	0.71
其他服务业	244	388.78	0.6	13	266.66	2.79	257	655.44	0.88
农林渔牧业	544	242.34	0.37	4	15.56	0.16	548	257.9	0.35
其他产业	18,353	25,413.49	39.18	287	4,369.85	45.69	18,640	29,783.35	40.02
合　　计	36,538	64,869.07	100.00	606	9,563.89	100.00	37,144	74,432.96	100.00

注:1.依据台湾当局“《两岸人民关系条例》”第35条规定，给予赴大陆投资台商补办许可登记者已列入此一统计。
2.本表数据采四舍五入方法统计。
3.自2006年5月1日起采用台湾当局第八次修订的行业标准分类。

资料来源：台湾“经济部”投资审议委员会。

此外，近年来中国大陆高科技产业发展快速，对高科技与管理人才的需求不断增加，而台湾科技与管理人才赴中国大陆发展的意愿不断增长。从长远来看，这可能导致台湾高科技人才外流。因此，台湾当局近年来也积极推动延揽海外科技人才到台服务与就业的各项重大计划，预计未来两岸科技人才之争将可能影响两岸高科技产业发展前景。

从投资地区来看，根据台湾当局的统计资料显示，2008年1~11月台商对中国大陆总投资金额为95.63亿美元，其中以投资江苏省38.16亿美元为最高，占总投资金额比重的39.9%；其次为投资上海市的15.98亿美元和投资广东省的12.6亿美元，分别占投资大陆总金额比重的16.72%和13.18%（参照表2-8）[①]。目前，长江三角洲与珠江三角洲地区虽为台商投资重心，但台商的投资地区随着国内产业的区域发展趋势，以及大陆区域开发优惠政策的实施分布得越来越广，台湾对环渤海地区、华中、华北、东北、西部地区等内陆省份的投资，近年来亦持续增加。

尽管台商西进投资的意愿与速度近年来急速加快，但产业西进现象每年的情况不同，遭受的考验和挑战也不同，诸如自然因素、投资环境或是政策的考量等都是影响产业西进投资的变量。自然因素方面，如2003年前所未见的SARS风暴[②]对经济活动的震撼影响之大令人无法预测和想象；而投资环境方面，由于大陆电力供给赶不上经济发展的电力需求，电力短缺现象也制约台湾大型厂商的西进规划。但西进投资最主要的挑战和阻力，则是来自台湾当局为防止厂商外移并避免对大陆经济的过度依赖所制定的政策限制问题。民进党“执政”期间，台湾当局对企业西进现象着重于所谓的“有效管理”。以上市或上柜公司为例，台湾当局规定净值在50亿元新台币的企业，赴大陆投资上限是净值的40%，50亿元至100亿元和100亿元新台币以上的企业其投资上限分别是30%及20%。1997年台湾当局制定上述投资限额标准，次年正式实施，但当时仅有183家台湾上市或上柜公司赴大陆投资。如前所述，近

① 台湾经济研究院编：《两岸经济统计月报》192期，台北：“行政院”大陆委员会印行，2008年11月，第29页。

② SARS（非典型肺炎）于2003年肆虐全球30多个国家与地区。据美国2004年4月《时代周刊》杂志报道，全球经济因SARS损失将近300亿美元。报道中估计，中国观光、零售业和生产力受到SARS流行病疫的影响，将各损失20亿美元。由于SARS的影响是全面性的，因此2003年台商对中国的投资，亦受到较大的影响。

年来，相关公司至大陆投资已增加至900家左右，但在2008年8月政策调整前，这些公司的投资资金却受投资条例的限制，因此西进台商面临资金不继的压力。当时英华达、明基等约50家著名台商企业的大陆投资金额曾一度超过台湾“投审会”规定的上限，而统一、亚光、永丰余等76家企业也濒临额度的上限，为此它们将被迫采用其他的方法来挽救投资快速增长所面临资金缺乏的困境。

表2-8：台商对中国大陆投资统计（地区别）

单位：百万美元,%

期间 地区	1991~2007年			2008年1~11月			累计		
	件数	金额	比重	件数	金额	比重	件数	金额	比重
江苏省	5,618	20,904.74	32.23	149	3,816.36	39.90	5,7676	24,721.10	33.21
广东省	11,873	16,636.32	25.65	144	1,260.75	13.18	12,017	17,897.07	24.04
上海市	5,035	9,524.44	14.68	106	1,598.9	16.72	5,141	11,123.34	14.94
福建省	5,212	4,791.21	7.39	63	784.33	8.20	5,275	5,575.54	7.49
浙江省	1,904	4,507.33	6.95	25	547.76	5.73	1,929	5,055.09	6.79
天津市	868	1,230.66	1.90	6	130.0	1.36	874	1360.66	1.83
北京市	1,098	1,155.07	1.78	23	156.45	1.64	1,121	1,311.52	1.76
山东省	898	1,221.84	1.88	19	138.79	1.45	917	1,360.63	1.83
重庆市	183	599.43	0.92	0	64.99	0.68	183	664.42	0.89
湖北省	509	662.78	1.02	8	73.39	0.77	517	736.17	0.99
其他地区	3,340	3,635.25	5.60	63	992.18	10.37	3,403	4,627.42	6.23
合计	36,538	64,869.07	100.00	606	9,563.89	100.00	37,144	74,432.96	100.00

注:1.依据台湾当局“《两岸人民关系条例》”第35条规定，给予赴大陆投资厂商补办许可登记者已列入此统计。
2.本表采用四舍五入方法计算。

资料来源：台湾经济研究院编:《两岸经济统计月报》，192期。

日月光是台湾最著名的集成电路封装测试上市公司，它不但是全世界最大的封装测试厂商，也是台湾第一家到美国发行ADR，挂牌的IC封装测试厂。2006年11月日月光宣布，国际私募基金凯雷以每股新台币39元收购日月光，并预期收购后将在台湾下市而到香港上市，以此规避台湾当局关于企业大陆投资累进金额不得超过40%上限的规定，转进大陆市场。虽然日月光方面表示“先下市再上市”是日月光为全球布局考虑的决定，中国市场只是全球布局战略中的一环，但这也是“此地无银三百两”。日月光董事长张虔生实施被购并计划的确为西进中国大陆、扩大日月光在中国的商业版图，解除了来自台湾当局的政策干扰。因此，购并消息一经公布，台湾“总统府”及“行政院”两大领导人直奔日月光安抚张虔生。尽管凯雷集团收购日月光一案最后没有成功，但它为台商规避台湾当局对企业西进的政策限制，提供了一个采取迂回变通办法的案例。事实上，其他诸多台湾知名企业，如光宝科技、华映及瑞智等目前均有筹划到香港、新加坡等地上市，以解决或规避台湾对企业西进大陆投资及发展的阻扰与政策限制。

台商赴中国大陆投资的动力，已逐渐从追求低廉成本的要素，转变为建构完善的产业链，不但投资的产业领域扩大，产业链的完整度也相对提高，而投资地区从长江三角洲地区与珠江三角洲地区为主，逐渐扩展至环渤海地区甚至“东北老工业基地”[①]与西南地区。近年以来，由于中国大陆消费能力逐渐提升，台商进一步深化在中国大陆市场的本土化经营，着眼于中国大陆内需市场，并展开全球战略布局。在产业高度全球化的竞争状态下，台湾当局对西进政策的限制不但阻碍台商在大陆的发展，也影响台资企业未来的产业竞争力。

三、台商在中国大陆的投资历史与产业分析

如前所述，自大陆改革开放以来，台商投资中国大陆历经六个不同时期。当中，从20世纪90年代末开始，大型企业和资本密集型产业逐渐替代了以岛内的中小企业为主体、“三来一补”外销模式为架构的投资结构。中国大陆的台商投资愈加呈现出大型化、集团化的趋势。进入21世纪后，随着中国大陆改革开放不断深化，大陆经济持续快速的

① 2004年5月11日，中国国务院总理温家宝在出席由中国贸促会与英中贸协联合举办的“振兴中国东北老工业基地”研讨会上提出，振兴东北等老工业基地，是中国政府的一项重大决策。它事关中国现代化建设的全局，对促进区域协调发展具有特殊的重要作用。为了顺利实施这一战略，中国政府成立了专门的领导机构，制定了振兴东北等老工业基地的方针、原则和行动计划。

发展为台商创造了无限商机。两岸加入WTO后，以IT、电子、半导体为代表的高新技术产业纷纷前来中国大陆投资。据台湾“新竹科学园区同业公会”2004年的统计数字显示，园区的317家厂商中，已有104家会员厂商在中国大陆设立生产、销售据点或办事处。由此可见，高科技及资本密集型产业的台商已成为在中国大陆投资的主流之一。此外，台商涉足的重点领域也包括房地产、物流、文化、软件、金融、保险、证券、电信、医疗、服务业等众多领域。

1. 台商在中国大陆发展近况

从20个世纪80年代初期第一家台资企业进入中国大陆开始，至今台资企业已遍布大陆众多的省、市、自治区。据统计，截至2008年12月底，中国大陆累计批准台商投资项目为77,506个，累计吸收台商直接投资金额达为476.6亿美元，占大陆累计吸收境外投资资金的5.6%，排名第五位①。以目前发展的状况预测，台商在大陆的投资还会不断升温，主要原因为：其一，两岸加入WTO后，双方的合作机制更加健全，合作方式将更加便利，合作领域更加广阔，台商投资将获得前所未有的商机。其二，快速发展的中国大陆经济及广大的市场，为台商投资提供了可持续发展的空间；特别是2008年下半年以来，两岸在“三通”方面已取得重大进展，相关情势的发展必定会带动更大规模的投资热潮。其三，台湾当局至今仍设有许多对台商来中国大陆投资进行的限制，一旦两岸关系趋暖，基于对大陆广大内需市场的考量，台商至中国大陆投资必然有所增加。此外，根据台湾当局调查显示，台湾企业在岛内营业额占岛内外营收的比重仍高达70%以上，这一比率在近年来并未有明显下降的趋势，尤其企业规模愈大，在岛内营业额所占比率就愈高。由此表明，多数企业尤其是大企业在资本输出方面具有巨大的潜力。在经济全球化②、区域经济一体化的大潮带动下，在占有天时、地利、人和优势

① 台湾经济研究院编撰：《两岸经济统计月报》，192期，台北：“行政院”大陆委员会印行，2009年3月，第67页。

② 全球化是指全球市场与商务不断加强联系与相互依赖的过程，这个过程在过去20年间显著的加速与增长。

的条件下，中国大陆自然是岛内台商资本与市场扩张的最佳选择途径。其四，在建设统一开放、竞争有序的社会主义市场经济体制进程中，中国大陆将拥有更加完善的经济制度，更加到位的服务和更趋良好投资环境。“到祖国中国大陆投资是必走的路”，台湾工业总会理事长林坤钟认为：“中国大陆将来的发展不得了！台湾的企业一定得走这条路，到中国大陆发展。”可以预计，未来台商投资大陆的领域将进一步扩大。

据笔者观察，目前台商在大陆投资有下列几种发展趋势：

第一，“北扩”现象。台资企业的“北扩”现象，是台资企业布局调整的新趋势。目前，“北扩”现象仍在进行当中，甚至在同一省区内（如广东、江苏等地）也存在“北扩”现象。台资企业“北扩”现象的主要原因为：其一，台资企业抢占内销市场的需要。两岸加入WTO后，台资企业只有向内地纵深地区发展，才能抢占未来的大陆市场。而台资企业抢占大陆内需市场并借以辐射广大内陆地区的战略要冲则是长江三角洲地区、环渤海地区。就未来市场辐射而言，长江三角洲远远超过珠江三角洲，因而只要占领了长江三角洲地区①，就可以沿长江西进，进入有4亿人口的市场。其二，“北扩”现象是中国大陆区域经济发展的产物，是市场经济规律作用的结果。例如有的企业因为其“上游”或“下游”企业在长江三角洲落户，不得不随着“北移”。而随着中西部市场的拓展，一些生产商用空调的企业开始向“中移”或“西移”。此外，许多早期在南部投资经营获利的台商又增资北上寻找新的投资产业。其三，投资环境的考量。相较于台商早期投资的珠江三角洲区域，长江三角洲及环渤海湾等中部与北部地区在法制建设、制度化建设和政府职能设施、社会治安等方面更具优势；此外，中、北部地区在企业运营生产成本、劳动力的素质、台资企业市场占有率等条件上较南部也有一定优

① 根据“台湾区电机电子工业同业公会”所编著的《2001年大陆地区投资环境与风险调查》，在大陆长江三角洲、环渤海湾、东南沿海、中部五省、东北地区、西南地区、西北地区七大地区总体竞争力排名中，长江三角洲地区的高等学校、就业率、人均GDP、工业产值、产品销售、消费零售、固定资产投资与工商税收都是七大区域中最高的。报告还显示，长江三角洲是目前大陆工商业发展最快速的地区之一，加上大量的公共建设支出，该地区已成为最有吸引力的投资地区。

势。其四，文化及其他因素。台湾新竹科学园区鼎贺副董事长曾宪章指出："台资企业'北扩'现象"的一个关键因素，就在于北方有浓厚的文化氛围。一座城市，只有文化发达，才能吸引一流的企业及人才来此落户，而一座没有传统文化氛围的城市，经济再发达，它的优势也是暂时的。"所以，中国大陆南部地区只有发扬与时俱进的创新意识和文化底蕴，不断改善投资环境，方能减缓台资企业逐步"北扩"或外移的现象。

此外，东部沿海省市不仅是台商最早的落脚点之一，也是台商至今投资最为密集的区域。台商的中国大陆投资主要集中于珠江三角洲地区、长江三角洲地区以及京津环渤海地区,主要包括江苏、广东、浙江、福建及河北各省。

第二，"以点带线、以线带面"的群聚效应。近年来，随着中国大陆区域经济的发展以及中国大陆经济战略布局的转移，台商在中国大陆的投资区域布局也作出了相应的调整。目前，一种以各大经济区域的主要城市为核心，在巩固现有投资区域的基础上，呈现出辐射内陆地区并向中国大陆各地广泛分布的趋势正在逐渐取代以往"以点带线、以线带面"①的投资布局。具体来说，在珠江三角洲地区投资持续增加的同时，长江三角洲地区的投资大幅增长，其发展形势已经超过了珠江三角洲地区。与此同时，环渤海地区、中西部地区尤其环渤海地区的投资也出现明显的快速增长。仔细观察，我们可以发现，台商投资集中的三大区域，也正是中国大陆经济的"主产区"和经济增长最快的地区。而随着西部大开发战略的推进，在不久的将来，台商一定会把三大区域以外的广大中西部地区视为投资的热土。

第三，由劳力密集向资本及技术密集方向转移。在台商投资的最初阶段，投资产业结构单一且技术含量低，一般集中于出口加工业，如食品、纺织品、玩具、鞋类、塑料制品以及餐饮休闲业和传统制造业，大

① 2000年，国务院发布《国务院关于实施西部大开发的若干政策措施》和"十五"西部开发总体规划，明确提出实行重点区域开发。即以交通干线为"线"，以中心城市为"点"，选择现有经济基础条件较好、区位优势明显、人口较为密集的一些地区作为西部开发的重点地区优先加快发展，继而带动周围地区和农村等"面"上的发展。

都属于劳动密集型产业，科技含量不高。[①]20世纪90年代中期以来，台商投资形式发生明显变化，行业分布日益广泛，产业结构逐渐合理。至90年代末期，基本上完成了由劳动密集型向资本密集、技术密集型的转移——电子、通讯等高科技产业、IT制造业已经成为台商投资的主流，金融、物流、服务业等领域也将是未来投资的热点。此外，鉴于投资及合作方向转向资本、技术及人才密集产业，海峡两岸互动的主题，也逐步从“三通”转向金流、情报流及人才流所谓“三流”的议题。[②]

虽然入世后，台资企业为抢占中国大陆内陆市场，已经悄然进行投资区域布局调整、产业结构优化等工作，但总体来说，目前台资企业仍然以外向型投资为主，由台资企业直接销往第三地的比例约为45%。目前，在中国大陆的台资企业尤其是IT产业仍秉持“台湾接单，中国大陆生产出口，香港押汇”的生产模式，有部分出口为在中国大陆的其他外销企业提供原料或零部件，即所谓的“间接外销”。由此可见，台资企业外向型的经济结构基本上未发生重大改变。

第四，本地化的企业经营策略。中国大陆经济高速增长，产业快速升级，市场也日渐繁荣与完善，台资企业因而获得了越来越多的机会在当地获取人力及物力资源。因此，为了降低成本，更好地与当地市场相融合，越来越多的台资企业都逐渐采用本地化的发展策略。台资企业在中国大陆采购原材料、半成品及机械设备的比重逐年增大，台资企业与中国大陆相关科研部门共同合作研发的技术项目亦逐年增多，除了少量的关键职位仍由台籍管理者执掌外，绝大多数台资企业的中层管理人员已实现本地化。由此可见，台资企业本地化的趋势越来越明显，尤其是在原材料、设备的采购、技术上的合作和管理层的任用方面。台资企业与中国大陆市场、技术、人才的关系也更加密切。可以预见，随着未来两岸交流合作更加紧密与开放，领域也逐渐拓宽，台资企业本地化的程度将更高，与中国大陆市场的关系也将更为密切，台湾地区对中国大陆

① 李宏硕主编：《海峡两岸经贸关系研究》，北京：中国致公出版社，1994年，第40 ~ 54页。

② 大前研一著：《中华联邦》，赵佳谊、刘锦秀、黄碧君译，台北：商周出版社，2003年，第122 ~ 131页。

的经济依存度也将进一步提高。不仅仅是“你中有我，我中有你”，而且是“谁也离不开谁”，这将是未来两岸经济“相互依赖”关系的基本态势。

2. 台商在大陆投资产业的分析

多年来两岸经贸往来不断向前发展的主要动力在于，由于两岸经济处于不同的发展阶段、自然条件的差异及资源状况的互补等因素，双方经济合作不仅互补互利，而且有巨大的发展空间。同时，经济全球化与区域化加速发展的世界经济潮流也促使两岸经贸合作不断加强，从而提高产业与企业的竞争力。这就决定了经贸往来的结果，必定有利于两岸经济的共同发展。然而，2001年以来受国际经济大环境不佳及台湾对外贸易大幅衰退的影响，再加上陈水扁当选台湾领导人后两岸关系的紧张，两岸贸易出现低增长或负增长，且下半年衰退较上半年更为严重，但相对而言，两岸经贸衰退幅度较台湾整体外贸衰退幅度要小，台湾地区对中国大陆的贸易与投资仍保持较大的依存度。

据台湾“经济部”投资审议委员会的资料显示，1991年到2008年11月台湾当局累计核准台商对大陆的投资共计37,144件，总金额达744.33亿美元，占同期台湾对外投资总金额的56.93%，远远超过台商对美国或越南的投资总额。此外，2008年1~11月台湾当局核准对外投资的项目共计963件，总金额为136.56美元，其中核准赴中国大陆投资的金额高达95.64美元，占台湾当局核准对外投资总额的70.03%，已高居第一位，台湾地区对大陆的投资与贸易依存度，急剧升高。随着大量台商赴中国大陆投资，由于投资拉动贸易，台湾对中国大陆出口金额迅速增长，据台湾当局的统计资料显示，2008年1~11月，两岸贸易总额为1003.17亿美元，较2007年同期成长8.3%,其中台湾对大陆输出金额为707.02亿美元，较2007年同期成长5.1%,[①] 中国大陆早已成为台湾最大的出口市场。

在贸易产品结构方面，近年来电机设备、光学及照相仪器及零附件、塑料、有机化学产品、人造纤维丝与工业用丝织物，分别为台湾对中国大陆出口的主要产品；而自中国大陆进口居前几位的产品分别为电

① 台湾经济研究院编撰:《两岸经济统计月报》,192期，台北:“行政院”大陆委员会印行，2009年3月，第23页。

机设备、机械用具、矿物燃料、矿油及其蒸馏品、钢铁及玩具运动用品等。其中前几类进出口产品相同，但集中程度不一。台湾对中国大陆出口高度集中于少数产品，约占上述产品的80%；自中国大陆进口较分散，约占上述产品的60%。另外，中国大陆轻工产品及玩具运动用品已进入台湾从中国大陆进口的前五位。

我们可以从下列产业投资进展与特点分析当中，进一步了解台商在中国大陆的投资与经营现况：

第一，两岸金融保险业往来与合作取得较大进展。2000年底，台湾当局开放台湾保险业与证券业赴中国大陆设立办事处。至2006年为止，一共有7家台资保险公司和7家台资银行在大陆申请设立营业点。2001年初，中国大陆首次正式批准台湾国泰人寿、新光人寿与富邦产险在中国大陆设立办事处，此后两岸保险产业的交流快速增长，合资经营与业务开发的合作亦进一步扩大。具体如1月17日核准国泰人寿成立江苏分公司、5月17日核准台湾产物上海办事处、5月24日核准西南东京海上产物的上海办事处、6月5日核准国泰人寿行杭州分公司及12月8日核准浙江分公司[①]。与此同时，台湾保险业人才也积极前往大陆发展。2001年10月，130多位台湾地区保险业精英前往北京中央财经大学保险系学习中国大陆相关法规，并参加“中国大陆保险经纪资格证书”考试。许多台湾保险业的高级主管，分期分批到清华大学台湾研究所接受有关中国大陆保险市场制度与法规的培训。以台湾国泰人寿为例，2006年底，该公司在大陆的员工合计将近300人，其中约有70余人是从台湾派驻大陆的人员。

除保险公司外，台湾银行业亦积极争取开拓中国大陆台商融资市场。中国大陆金融市场的开发，一直是台湾银行界努力的方向。1993年台湾“经济部”公布《在中国大陆地区从事投资或技术合作许可办法》，明确将金融业列为禁止在中国大陆投资的项目。虽然台湾当局多次重申这个禁令，但无法完全“浇灭”台商开发大陆金融市场的意愿，

① 浙江分公司的成立，加上原有上海与南京的分公司，台湾国泰人寿保险公司已完成该集团在长江三角洲业务据点的布局，该产业布局将使大上海地区成为台商保险业者登陆大陆的首选之区。

如1994年台资在浙江宁波设立的协和银行，1997年台湾宝成集团通过收购美商银行与上海浦东发展银行在上海设立华一银行，及同年台“财政部”核准华信商业银行收购美国远东国际银行，进而华信银行在北京拥有办事处等都是最好的案例。此后，台资银行到中国大陆设立办事处的规定被台湾当局逐步放宽。[①]据估计，目前已有世华银行、土地银行、第一银行、华南银行等7家银行被批准赴中国大陆设立办事处。而台湾当局亦通过《台湾地区与中国大陆地区金融业务往来许可办法》修正案，开放台湾地区银行海外分支机构、国际金融业务分行（OBU）与中国大陆地区金融机构及其海外分支机构、中国大陆法人、团体或其他机构等进行直接金融业务往来。2006年12月11日，随着大陆入世五年过渡期正式结束，台资银行不但可以开办收受存款、办理汇兑、签发信用证及代理支付款项等业务，以可以提供人民币存贷款、担保及结算等业务，以便利台商资金调度。

此外，台湾投资信托业亦积极进入中国大陆市场。目前，台湾投资信托机构已突破台湾当局的政策限制，通过海外分支机构进入中国大陆市场开拓业务，如建弘投信与中国大陆投信公司合作创立南方稳健增长基金，景顺投信与中国大陆企业合作成立华夏增长基金，怡富投资信托与中国大陆华安投信共同合作投资成立华安创新基金等。

第二，两岸航运业合作已取得新进展。随着经贸往来日益频繁，两岸航空业市场开发潜力巨大。以澳门航空为例，成立于1994年的澳门航空公司，十余年来50%的旅客均来自台湾地区，2005年载客量约为210万人次，载货量超过15万吨，货运增长率高达58%，两岸航线已成为澳门航空重要的赢利来源。有鉴于两岸航运需求的高速增长，近年来台湾航勤、中华航空、长荣航空与远东航空组成的台湾航勤（澳门）有限公司与厦门国际航空港集团有限公司共同投资2.2亿元人民币成立厦门国际航空港空运货站有限公司，其中台勤（澳门）公司投资1.1亿元，持股49%，成为两岸航空业第一个重要合作案例。而曾经耽误一年多的

① 张邦钜著:《台湾的经济和金融及两岸经贸关系》，北京：九州出版社，2004年，第273页。

台湾华航入股中国大陆货运航空公司的合作协议案亦已签署，华航持股25%，成为两岸航空业又一个重要合作案例。

此外，自1997年实现“试点直航”（台湾当局称为“境外航运中心”）[①]后，两岸海上转口航运稳步增长，但当时台湾当局关于“试点直航”“不通关，不入境”的规定不利于企业提高经营效益。在现实需要的压力下，台湾当局不得不核准所谓的“境外航运中心”可办理海空联运业务，即经高雄“境外航运中心”转口到欧美等地的中国大陆货物，在进入“境外航运中心”后，由保税车运至中正机场或高雄小港机场，再空运至世界各地。这一政策制定后，台湾航运界反应积极，纷纷争取这一相关业务。

第三，两岸医疗合作出现新热点。目前，大陆允许外商投资、合资投资医疗机构，在中国大陆巨大的潜在医疗市场商机面前，台湾医疗机构纷纷展开中国大陆医疗机构的投资。台湾台一国际通过新加坡转投资2000万美元，与上海华山医院合资设立的浦东华山医院获批后成为台湾第一家在中国大陆设立的台商合资医院。台塑长庚、秀传与佳医集团亦先后至中国大陆投资医疗机构。长庚医院已在北京、厦门、福州等地投资设院。2001年7月，福州台商协会会长许俊达获准投资500万元人民币在福州设立小型综合医院。宁波余姚远东工业城董事长、前宁波台商协会会长蔡裕成，也规划在中国大陆设立医院，其他如东莞台商也在积极规划设立台商医院。

综上所述，两岸经贸往来有利于两岸经济共同发展，是互利双赢的合作。从1979年到2005年，两岸经济贸易的相互依赖程度呈上升趋势，由此彰显了两岸经济互动相互依赖的形成及深入发展（表2–9）。不仅如此，目前日益密切的两岸经贸关系已成为稳定两岸关系的重要力量。如果两岸经贸关系进一步实现正常化，产生质的飞跃，则其对两岸政治关系的缓和与稳定，必将扮演更重要的角色，发挥更大的作用。

---

① 所谓“试点直航”，即尚未实现真正意义上的“直航”。台湾当局将两岸航线视为特殊航线，既非国内航线又非国外航线，货物经由“境外航运中心”，以不通关，人员不入境的方式，只装第三国或第三地的货柜，货物卸船以后直接装上靠泊“境外航运中心”的国际航线母船。此种航线具有明显的弊端，不符合运输经济原则，是在无奈的情况下的一种权宜之计。

表2–9：1979~2005两岸贸易依存度统计分析表

单位：%

年份	台湾外贸对两岸贸易依存度	大陆外贸对两岸贸易依存度	台湾对大陆出口贸易依存度	大陆自台湾进口贸易依存度	台湾自大陆进口贸易依存度	大陆对台湾出口贸易依存度
1979	0.25	0.27	0.13	0.14	0.38	0.41
1980	0.79	0.82	1.19	1.17	0.39	0.42
1981	1.05	1.04	1.70	1.74	0.35	0.34
1982	0.68	0.67	0.88	1.01	0.44	0.38
1983	0.55	0.57	0.63	0.74	0.44	0.40
1984	1.06	1.03	1.40	1.55	0.58	0.49
1985	2.17	1.58	3.21	2.34	0.58	0.42
1986	1.49	1.29	2.04	1.89	0.60	0.46
1987	1.38	1.83	2.29	2.84	0.83	0.73
1988	2.47	2.65	3.7	4.06	0.96	1.01
1989	2.94	3.12	4.38	4.90	1.22	1.12
1990	3.32	3.50	4.38	6.14	1.40	1.23
1991	4.16	4.27	6.12	7.32	1.79	1.57
1992	4.83	4.48	7.72	7.80	1.56	1.32
1993	8.88	7.36	15.20	12.44	1.90	1.59
1994	9.15	8.34	15.13	12.18	2.62	1.85
1995	8.31	6.37	13.24	11.19	2.99	2.08
1996	8.69	6.55	13.96	11.65	2.74	1.85
1997	8.39	6.10	13.47	11.55	2.97	1.86
1998	9.49	6.31	15.03	11.85	3.69	2.11
1999	10.96	6.51	17.15	11.79	4.07	2.03
2000	13.82	6.44	17.21	11.32	4.42	2.02
2001	10.24	6.35	19.05	11.23	5.47	1.88
2002	15.05	7.2	21.78	12.90	7.02	2.00
2003	16.62	6.86	23.48	11.96	8.56	2.05
2004	18.72	6.78	26.83	11.54	9.95	2.28
2005	20.04	6.42	28.36	11.31	11.00	2.17

资料来源：中国商务部台港澳司网站。

四、台湾的大陆投资资金分析

台商的大陆投资基本上采取“间接投资”的方式，有关台湾企业在大陆的投资金额情况，两岸政府统计数据尚有差距。为了“回避”政府法规，台湾企业对中国大陆的投资案多数采用“不直接”向政府申请，而是经由“第三国”迂回投资的方式。据台湾“经济部”统计，2005年核准至中国大陆投资的金额是60亿美元[①]，但中国大陆对外公布的金额却高达103.5亿美元，两岸统计的数字出现极大的差异[②]。台商对大陆的投资主要以电机、电子等IT产业最为主。不仅台积电、鸿海等国际级高科技集团，甚至个人经营的公司都相继把生产据点转移至大陆，因此两岸投资在受台湾当局种种政策的限制下仍有密切而频繁的交流，金额也逐年扩大。据台湾当局统计，台湾地区至中国大陆的汇款金额逐年增加，如2007年1至10月台湾地区至中国大陆的汇款总额为1317亿美元，相较2006年同期的增加28.9%。而台商从大陆汇回台湾地区的金额甚至高于汇入的金额，如2007年1至10月台商从大陆汇回台湾地区的金额为703.57亿美元，在金额上较上年同期增加22.96%。

据中国《中国对外经济贸易计年鉴》统计，2005年中国从台湾地区实际引进的投资金额为21.5亿美元，次于香港的179.5亿美元、英属维尔京群岛的90.2亿美元、日本的65.3亿美元、韩国的51.7亿美元、美国的30.6亿美元及新加坡的22亿美元。由于许多来自英属维尔京群岛的资金是台商为规避台湾当局的限制而辗转投入的资金，若加上这些隐性的台湾资金，台商对大陆的投资事实上要远远高于21.5亿美元。尽管台湾地区的资金已不再是中国大陆引进外资的最主要来源，但根据上述引进台商西进投资金额与两岸汇款往来不断增加的趋势，我们认为两岸资金往来与产业相互依赖程度将不断加深。

---

① 台商对中国大陆投资金额近年来快速增长，根据台湾《两岸经济统计月报》192期相关统计资料显示，2006年台湾“经济部”核准台商对中国大陆投资的总金额为76.4亿美元，比2005年的投资金额增加超过27%；2007年核准的金额更高达99.7亿美元，比2006年同期投资的金额增加超过30%。

② 台湾经济研究院编撰：《两岸经济统计月报》，台湾“行政院大陆委员会”印发，162期，2006年5月，第30页。

表2–10：台商对中国大陆投资金额统计

单位：百万美元，%

期间	经济部核准资料			中国大陆对外公布资料				
	件数	金额	平均每件金额	项目	协议金额	平均每件金额	实际金额	资金到位率（%）
1991	237	174.16	0.73	3,815	3,310.30（含1991年以前）	0.87	861.64	26.03
1992	264	246.99	0.94	6,430	5,543.35	0.86	1,050.50	18.95
1993*	9,329	3,168.41	0.34	10,948	9,964.87	0.91	3,138.59	31.50
1994	934	962.21	1.03	6,247	5,394.88	0.86	3,391.04	62.86
1995	490	1,092.71	2.23	4,847	5,849.07	1.21	3,161.55	54.05
1996	383	1,229.24	3.21	3,184	5,141.00	1.61	3,474.84	67.59
1997*	8,725	4,334.31	0.50	3,014	2,814.49	0.93	3,289.39	116.87
1998*	1,284	2,034.62	1.58	2,970	2,981.68	1.00	2,915.21	97.77
1999	488	1,252.78	2.57	2,499	3,374.44	1.35	2,598.70	77.01
2000	840	2,607.14	3.10	3,108	4,041.89	1.30	2,296.28	56.81
2001	1,186	2,784.15	2.35	4,214	6,914.19	1.64	2,979.94	43.10
2002	3,116	6,723.06	2.16	4,853	6,740.84	1.39	3,970.64	58.90
2003	3,875	7,698.78	1.99	4,495	8,557.87	1.90	3,377.24	39.46
2004	2,004	6,940.66	3.46	4,002	9,305.94	2.33	3,117.49	33.50
2005	1,297	6,006.95	4.63	3,907	10,358.25	2.65	2,151.71	20.77
累计至2005年	34,452*	47,256.19*	1.37	68,533	90,293.06	1.32	41,774.76	46.27
2006年1～7月	601	3,943.24	6.56	2,033	—	—	1,149.37	—
较上年同期增减比例（%）	−19.54	31.38	—	6.01	—	—	13.67	—

（续表）

期间	经济部核准资料			中国大陆对外公布资料				
	件数	金额	平均每件金额	项目	协议金额	平均每件金额	实际金额	资金到位率（%）
累计至2006年7月	35,053*	51,199.42*	1.46	70,566	—	—	42,924.13	—

注：1.* 为包含依据台湾当局《两岸人民关系条例》第35条规定，给予赴大陆投资台商补办许可登记者已列入本统计。
2.本表数据采四舍五入方法统计。

资料来源：中华人民共和国商务部；台湾“经济部”投资审议委员会。

第三章 两岸政治经济互动个案分析：产业研究

1947年，美国贝尔实验室（Bell Lab.）的三位科学家约翰·巴汀（John Bardeen）、威廉·歇克里（William Shockley）和华特·布雷登（Walter Brattain）发明了晶体管[①]（Transistor），开启了世界信息产业的新纪元。半导体[②]技术及其相关应用产品，深刻影响着全人类的生活——从个人计算机的兴起、互联网的革命、移动通讯到数字电视的迅速发展，都与此息息相关。对台湾地区来说亦是如此，20世纪80年代以来半导体产业的发展增强了台湾的经济实力。大陆半导体产业虽然技术革新方面并未执掌牛耳，但自实施“八五”计划以来，中国政府积极引进国外技术和管理，辅之以国内市场与人

① 晶体管是半导体最重要的组件，它的发明取代了传统的真空管组件。

② 半导体（Semiconductor）是导电能力介于导体和绝缘体之间的材料，在受到光、热的影响或掺杂某些杂质后，就可以增加半导体导电的能力。

力资源的优势，如今半导体产业成为中国最重要的产业之一。

大陆与台湾地区在国家主权等根本政治问题上纷争不断，特别是过去民进党“执政”期间，“台独”意识日渐嚣张，两岸关系处于“政治去中国化，经济大中国化”的矛盾状态。尽管如此，两岸产业互补特点较为明显，在经济上已形成资源互补且相互依赖的局面，我们从双方半导体产业的发展现状——目前台湾半导体产业西进和在大陆沿海地区形成产业链的趋势，就可以得到明确的印证。

虽然两岸产业和经贸往来未必能解决政治上的分歧，但双方产业良性的合作，却一定能创造两岸经济发展的双赢之路。在全球半导体竞争激烈与大陆市场迅速发展的趋势下，两岸优势与资源的互补，必能增加双方半导体在全球相关产业的共同利益。

纵观两岸半导体产业的发展历史，我们可以发现，因不同发展阶段的产业政策，双方各自走过一段漫长而艰辛的探索历程，但也正是因为各自所经历的社会及政治环境不同，才创造出今天两岸可能的互补与合作机会。我们可以从两岸半导体产业的发展历史来分析未来双方产业发展的关联性及互补性，并进一步验证两岸半导体产业的合作如何在相互依赖的状况下，创造经济的共同效益。

第一节　两岸半导体产业的发展历程及其互动

一、台湾地区半导体产业发展沿革与现况

台湾地区半导体产业的发展可以说是近代科技发展史上的一个“奇迹”。20世纪70年代，台湾当局认为，集成电路（Integrate Circus）是电子工业中至为关键的产业，有机会在1980年后成为台湾地区电子工业附加价值最大并对提升台湾经济产生巨大影响的产业。因此，在一批有政治抱负的“政府官员”、一群有爱乡情操的海外科技专家、一些有产业责任感的企业家和财团法人工业技术研究院（以下简称“工研院”）的全力推动下，制定“以IC计划提升台湾的电子工业”，全力发展台湾

半导体产业的经济政策[①]。20世纪80年代以来，经过台湾当局政策的鼓励与支持，民间企业力量的相继投入，半导体产业已成为促进台湾地区经济快速发展的关键产业。进入21世纪后，受政治环境的影响，台湾经济并不是非常景气，但半导体及相关产业仍然保持持续的增长，并在经济衰退的困境里，成为台湾地区经济最重要的产业支柱。

可以说，半导体产业在台湾地区的蓬勃发展，是70年代信息电子工业革命的产物。当时，台湾地区正从劳动密集型经济向技术密集和资本密集型经济发展。为开发台湾地区创新技术与确定工业发展方向，时任台湾“行政院院长”蒋经国先生及“经济部部长”孙运璿先生，决定以发展半导体为主轴，并邀请当时在美国无线电公司（以下简称RCA）负责研发工作的著名华人潘文渊博士赴台参与相关工作。1974年7月，潘文渊向台湾当局提出《集成电路计划草案》，作为台湾未来工业及经济发展的指导纲领，该草案是台湾发展半导体产业重要的里程碑。

在台湾当局发展半导体产业的过程中，“工业技术研究院”发挥了非常重要的作用，对于台湾地区半导体产业的发展产生极大的影响力。当时，台湾“经济部”下属有联合工业、联合矿业和金属工业三个研究所，作为台湾当局提升工业技术的科研机构，由于资源过度分散效率十分有限，为进一步带动台湾产业的发展，孙运璿于1973年将三个研究所的土地、设备与人才合并，成立财团法人工业技术研究院（简称“工研院”，ITRI），重新赋予任务及目标推动台湾工业的发展，引导台湾经济的起飞，而后工研院也成为台湾地区半导体产业初期发展的主要摇篮。在发展半导体产业的决策中，经征得各方同意，台湾当局决定由工研院负责计划的执行，政府筹资1200万美元作为初期经费，并在美国成立“美洲技术顾问团”[②]（以下简

① 张如心、潘文渊文教基金会著:《矽说台湾——台湾半导体产业传奇》，台北：天下远见出版社，2006年6月26日，第82～94页。

② “美洲技术顾问团”成立于1974年，对于台湾地区半导体产业的发展有着极大的贡献。在台湾当局决定发展半导体产业的初期，多数的IC计划的发展方向、制程决策、技术引进与对外合作等，都有美洲技术顾问团的参与和建议，特别是当时每半年举行一次的大型技术研讨，是指引台湾发展半导体产业的重要会议。美洲技术顾问团由潘文渊召集发起，初期顾问团成员共有七人，分别是潘文渊、历鼎毅、赵曾珏、凌宏璋、李天培、罗无念和葛文勋。

称TAC）协助发展半导体产业。1976年3月，工研院与美国RCA公司签署合作合约，并确定派遣杨丁元、曹兴诚、王国肇、蔡明介、曾繁城、邱罗火及史钦泰等在内的三十余名首批工程师赴RCA接受技术培训。

在美洲技术顾问团的建议下，在当时NMOS、PMOS、Bipolar①等IC主流技术中，台湾当局选择了1968年发展出来的CMOS制程作为主要的转移技术。尽管当时在决策过程中颇有争议，但事实证明，随着半导体制程技术的成长，适用于消费性产品的特质，使CMOS制程成为后续IC产业发展的主流技术，并进一步促使台湾半导体产业的发展更加的迅速。上述赴美学习半导体技术和系统管理的年轻工程师，在台湾当局的安排下，分不同组别，先后赴美学习，这些团队包括由杨丁元带领学习IC设计的团队；由章青驹带领学习封装测试的团队；由史钦泰带领专攻CMOS制程的团队以及由许健则所带领的团队负责NMOS制程的学习。不同梯次的技术转移团队分别赴美国RCA学习与训练，这些种子部队成为日后台湾半导体产业发展的主要骨干力量。

随着赴美培训人员的陆续回国，在美洲技术顾问团对台湾地区IC发展计划、技术开发策略的建议下，经台湾“工研院”努力的推动，台湾当局成立集成电路示范工厂，并在1979年顺利成功研制3寸晶圆。1980年5月，为使半导体技术顺利转移民间以提升台湾电子工业的增长，当时“工研院”院长方贤齐先生出面邀集华新丽华、华泰电子、东元投资等民间企业与交通银行、光华投资、中华开发公司合资成立联华电子②，免费将“政府”投资研发的半导体技术转移给民间企业。此后，为培育台湾地区半导体产业的进一步发展，台湾当局以“政府孵化、民

---

① NMOS为N型通道金属氧化物半导体制程，由美国AT&T、IBM以及德州仪器公司掌握主要的技术，是当时半导体制程的主流技术。Bipolar即双载子技术，在当时由日本业者掌握主流市场和技术，台湾当局难有发展的空间。

② 张如心、潘文渊文教基金会著:《矽说台湾——台湾半导体产业传奇》，台北：天下远见出版社，2006年6月26日，第153~158页。

间接收”①的方式，于1983年，由工研院电子所与华智（Vitelic）公司合作，开发64KCMOS DRAM；1986年完成超大型集体电路（VLSI）计划，成功生产6寸晶圆，次年台湾集成电路公司顺利完成技术转移。1994年完成的“次微米计划”，成功生产出8寸晶圆并将世界先进公司作为技术转移的对象。迄今为止，台湾地区已有联电、台积电、力晶、华亚及茂德等多家晶圆厂商拥有12寸晶圆厂。

图3-1：台湾早期半导体产业成功的重要因素

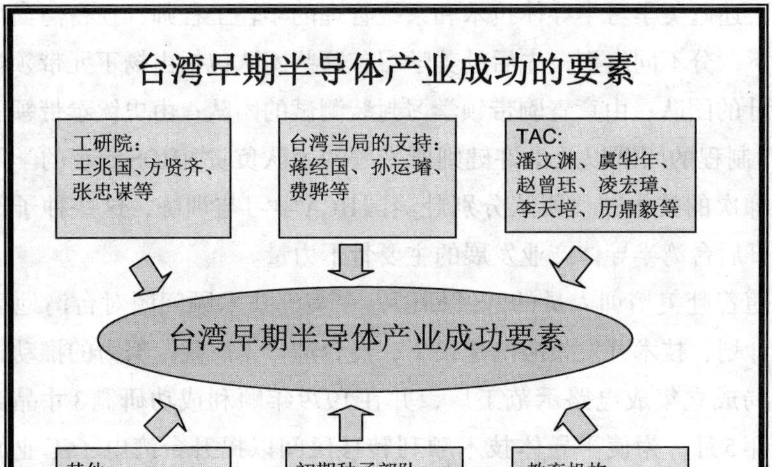

图表来源：作者编撰。

综观台湾地区半导体产业的整体发展历程，大约可以区分为下列四个阶段：

① 有“政府”背景的工研院除落实台湾当局“政府孵化、民间接受”的策略外，对于台湾IC产业人才和技术的培育与发展也扮演着非常重要的角色。如1984年，工研院电子所与台湾“国科会”合作MPC计划，在大学院校内成立培育IC设计人才的计划；1985年，工研院电子所成立“共同设计中心”，为厂商提供IC设计与技术服务。

表3-1：台湾地区半导体产业发展的四个阶段

阶段	时间	相关成果
产业萌芽阶段	1964～1975	台湾交通大学建立第一座半导体实验室 美商通用仪器（GI）、RCA、德州仪器、飞利浦建元电子在台湾设立公司，奠定台湾IC封装技术的基础 1973年财团法人工业技术研究院（ITRI）成立 1974年"电子工业研究中心"①成立 1974年成立"美洲技术顾问团"（TAC）
技术引进阶段	1976～1994	1976年工研院与RCA签订《集成电路技术移转授权合约》 1976年工研院集体电路示范工厂兴建完成 引进美国RCA公司7.0微米CMOS制程技术，1980年工研院电子所正式技转并衍生成立联华电子公司，成为台湾第一家IC制造业厂商 1980年台湾新竹科学园区正式启用 工研院完成超大型集成电路计划，生产6寸晶圆，1987年衍生成立台积电 与IMR②合作引进光罩复制技术，衍生成立台湾光罩 1994年完成次微米计划，衍生世界先进公司
快速增长阶段	1995～2000	1995年台湾成为全球第三大资讯工业国 1995年台湾集成电路制造进入8寸晶圆时代 1996年台湾半导体产业协会（TSIA）成立 台积电12寸晶圆厂正式量产 台湾半导体产业快速增长，至1999年已有集成电路设计业者127家、光罩5家、晶圆制造21家、封装42家
产业成熟阶段	2001～现在	2000年台湾为因应全球SoC③风潮，成立SoC联盟 2001年联电第一座12寸晶圆厂投产 2002年台积电、力晶、茂德12寸晶圆厂陆续投产 2003年台积电成为全球前十大集成电路晶圆生产厂 2004年台湾地区晶圆代工产值为120.2亿美元，占全球产值的68%，居世界排名第一 2004年台湾地区IC封装产值为39.5亿美元，占全球产值的48.9%，居世界排名第一 2004年台湾地区Mask ROM产值为2.65亿美元，占全球产值的90.9%,居世界第一位

图表来源：作者编撰。

① "电子工业研究中心"是台湾"工研院电子工业研究所"的前身。

② IMR为美国International Material Research公司的缩写。

③ SoC（System-on-a-Chip）系统单芯片。所谓系统单芯片即是把一个完整的系统所需要的各种芯片，全部设计到单一的芯片里。一般而言，一个系统单芯片里均包含微处理器（CPU）、内存（Memory）、逻辑电路（Random Logic）与输入/输出单元（I/O）。

垂直分工的产业结构是台湾半导体产业的独有特色。特别是在IC产业环境快速变迁与设备投资金额扩大的背景下，台湾独特的专业分工非常符合产业发展的趋势。20世纪80年代兴起的晶圆代工厂与IC设计公司的专业分工模式，不仅促使新兴设计公司如雨后春笋般设立，也为全球设计业的产值迅速起飞立下汗马功劳。“IC设计业”指专业从事IC设计的公司，国外多称为“Fabless”[①]。FSA[②](Fabless Semiconductor Association）协会将“Fabless”定义为本身无晶圆厂（Fab），专注在设计、研发和营销产品的公司，并和晶圆制造商（Silicon Wafer Manufacturers）或专业晶圆代工厂（Foundry）形成联盟关系。台湾地区IC设计业者可以说是“快速的技术追赶者”，凭借技术移转或联盟合作方式缩短和先进国家技术的差距，进而跳出产品同构型高且缺乏差异化的产业困境。据台湾“工研院”统计，2004年台湾地区IC设计产值为78亿美元，占全球产值的28.2%，位居世界第二位。其次，封装业亦是台湾集成电路产业非常重要的一环，其产值约占全球的一半，目前位居世界第一位。在未来的IC制程上，封装业的技术障碍增多，因此封装技术较为落后的IDM厂商，如同过去的晶圆制造，不得不将封装制程外包出去。可以预见，封装外包业务将增长迅速。随着半导体组件的需求增加以及集成电路应用产品朝轻、薄、短、小特性的发展，传统封装形式如DIP、QFP[③]等的增长将渐趋缓，未来封装业发展的重心将会集中在芯片尺寸封装（CSP[④]）或三维封装等新时代封装的技术上。

相对于设计、制造（含晶圆代工和DRAM）与封装等IC产业，台湾的IC测试业属于发展较慢的产业。1990年初，台湾只有福雷电子及立卫科技两家专业IC测试公司。随着台湾晶圆代工产业在全球半导体产

① Febless(无晶圆厂的设计业者) 是全球半导体产业称呼IC设计业者最常用的名称。一般而言，他们以设计、开发IC产品为主要的业务，相当一部分业者也以自有品牌进行销售。

② 美国FSA（Fabless Semiconductor Association）协会是一非营利的产业协会，它是由全球Fabless及与半导体相关的公司所组成。

③ DIP(Dual In-line Packaging) 是以双边引脚插件的方式，结合IC与印刷电路板；QFP(Quad Flat Pack）则是将4边引脚用表面黏着的方式连接IC与印刷电路板。

④ 芯片尺寸封装(Chip Scale Package, CSP) 是一种单一IC封装技术，其封装面积以不超过IC的1.2倍为限，由于操作及测试方式较为简单，是最符合成本考虑的封装测试方案。

业专业分工格局中逐渐具有优势地位，1995年以后台湾IC测试业得到蓬勃发展，产值大幅提升。1999年占全球设计业产值的19.6%，至2003年已占全球设计产值的28%。

台湾IC制造业的发展速度更是惊人，2004年台湾晶圆代工产值为120.2亿美元，占全球产值的68%，居世界排名第一。目前，8寸晶圆厂是台湾IC制造业生产的主力，约占总产量的四分之三。台湾晶圆代工的制程技术水准已经足以与世界一流大厂相媲美，其市场策略亦由原来的低成本策略转变至以技术服务为主的差异化策略。台湾代工业者在1999年年底联电五合一、2000年年中台积电购并世大及德碁后产量大幅提升，2000年增长率达111%。基于技术与产业升级的考虑，台湾在晶圆制造技术上逐步着重发展12寸及90纳米制程。以台积电为例，2005年第四季90纳米制程比重已达17%，总计来自0.13微米以下制程的收入已占公司的49%。

而在12寸晶圆厂的发展方面，截至2009年初的统计，台湾地区共有15座12寸晶圆厂已开始量产，另有5座已在建置中，其中南亚科技的Fab3和茂德的Fab4已有产出，此外，还有19座12寸晶圆厂正在规划中。目前台湾地区较具规模的12寸晶圆厂包括：台积电、联电、力晶、茂德、华亚科技及华邦电子等，其中台积电及联电以晶圆代工为主，其他以DRAM生产为主。在这些厂商中，华亚科技是台湾第一家投入纳米生产的DRAM厂商，而力晶近年来加速12寸晶圆厂的建造，2006年12月宣布与Elpida合作，在台湾建立4座12寸晶圆厂，目前已取得厂址并于2008年7月开始兴建。

近年来，由于韩国东部电子、马来西亚的1st Silicon及大陆的中芯半导体（SMIC）相继加入“战局”，再加上IBM、NEC及Hynix等IDM厂商的积极介入，晶圆代工厂商间的竞争更为激烈。就目前全球晶圆代工的市场占有率而言，因新竞争者的加入以及偏重通讯应用业务的影响，台湾晶圆代工的市场占有率逐渐缩小。但以目前市场而言，台湾的晶圆代工业仍居世界第一位。

表3-2：2008年台湾12寸晶圆厂商名单

制造厂商	生产线	投产时间（年）	实际产能（片）
台积电	Fab 12（1期）	2002	25,000
	Fab 12（2,3期）	2005	30,000
	Fab 14（1期）	2004	35,000
	Fab 14（2期）	2006	35,000
联电	Fab 12A	2004	29,000
	Fab 12UMCi	2004	17,000
力晶	Fab 12A	2002	45,000
	Fab 12B	2005	40,000
	Fab 12M	2007	40,000
茂德	Fab 2	2004	21,000
	Fab 3	2005	37,000
华亚科技	Fab 1	2004	51,000
	Fab 2	2007	62,000（计划产能）
瑞晶电子	Fab R1	2007	30,000
华邦电子	Fab 6	2006	24,000
共7家	15座		

资料来源：拓墣产业研究所。

二、大陆半导体产业发展沿革与现况

由于全球电子信息产品制造业持续向中国转移，再加上中国电子、信息以及半导体产业不断升级，近二十年来，半导体产业已成为中国国家重点发展的主要产业之一。在国家IC产业政策的支持下，再加上各地区政府的全力配合，中国的半导体产业发展迅速。2000年，国务院颁布《鼓励软件和集成电路产业发展的若干政策》，即《十八号文件》；2001年，国务院颁布相关补充文件《五十一号文件》；此外，各地方政府也全力出台鼓励发展集成电路的相关政策，如：为全面贯彻十八号文件，上海市政府也颁布了《关于本市鼓励软件产业和集成电路产业发展的若干政策规定》，对投资8寸晶圆厂给予较大的税收优惠和政策扶持。上述政策促进了大陆8寸晶圆厂投资热潮的出现，对中国大陆集成电路的发展起到关键性的作用。2004年以来，中国政府更制定《关于进一步鼓励软体产业与IC产业发展的若干政策》和《软体与IC产业发展条例》的产业扶持政策，其中《软体与IC产业发展条例》更被写入中国国务院二类立法计划，是中国电子资讯产业第一部以立法形式出现的产业法规①。在中国政府政策的大力支持与鼓励下，今日中国大陆已形成以珠江三角洲、长江三角洲、环渤海湾及西部地区为主的半导体产业链。

图3-2：2005~2011年中国IC市场规模预测

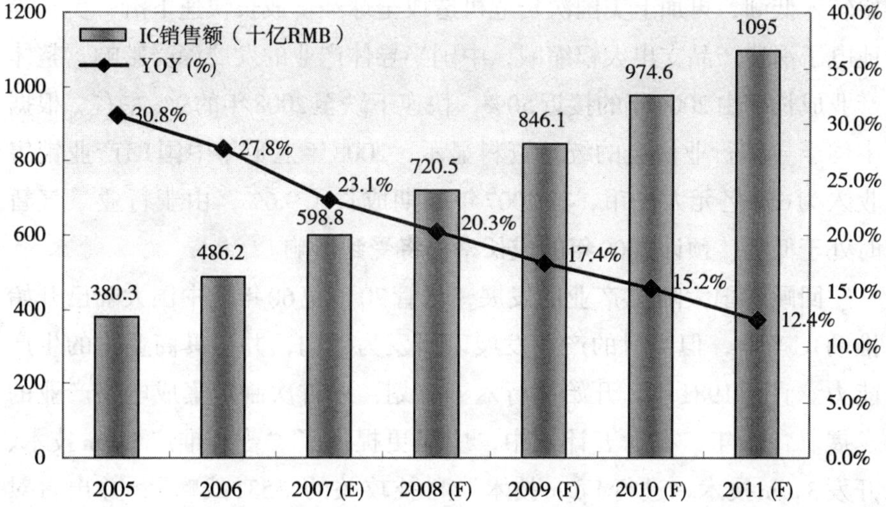

资料来源：CCID，2007年3月。

近年来，中国集成电路市场规模急速增长。根据中国电子信息产业发展研究院（以下简称“CCID”）资料统计，2005年大陆已顺利超越美、日成为全球最大半导体消费市场，整体市场规模已达4534.8亿元人民币，比2004年增长约28.4%，其中IC市场规模达3803.7亿元人民币，

① 张瑞华主编：《眺望起飞中的中国IC产业》，台北：拓墣产业研究所编印，2007年12月，第13页。

比2004年增长约30.8%，占中国半导体总体市场总值的83.9%[①]，而2005年IC销售额高达702.1亿元，较2004年的545.3亿元亦增长28.8%。2006年中国IC产业的增长惊人，全年销售总额首次超过千亿元人民币大关，为1006.3亿元人民币，相较2005年增长率高达43.3%。以产业规模来看，中国从百亿元人民币增长到千亿元人民币，仅用了短短六年的时间。中国市场规模也有明显的增长，据CCID的统计，2006年中国IC市场增长27.8%,销售额达4862亿元人民币，2002~2006年复合增长率高达33.6%。

尽管相关单位预计未来五年中国IC市场的成长速度仍将高于全球市场的增长趋势，但从2006年下半年起，全球半导体产业的大环境开始转入低潮，再加上美国次贷危机造成全球经济成长快速下滑，美欧等地电子消费产品支出大幅缩减，中国半导体产业的发展深受影响，整体产业成长率由2006年的接近50%，快速下跌至2008年的9%左右。根据中国半导体行业协会的统计资料显示，2008年上半年中国IC产业销售收入为652亿元人民币，较2007年同期成长了9.6%，由于行业景气暂时处于低潮，预计2009年的成长率仍将受到影响。

回顾中国大陆IC产业的发展，尽管20世纪60年代中国大陆已开始推动IC产业，但当时的产业发展以研发为导向，并不具商业化的生产能力。直至1981年，开始执行六五计划，才首次制定集成电路产业的发展。1986年，在七五计划中，中国更提出了“普及推广5μm技术、开发3μm技术、进行1μm技术”科技攻关的“531战略”，并出台对IC产品的四项优惠政策[②]，加速中国IC产业的发展。1991年以来，在八五计划的“908工程”以及九五计划的“909工程”中，中国政府“充分利用外资，引导重点建设”,并依靠各种半导体优惠政策引进半导体产业先进技术和相关投资，在沿海地区形成几个集IC设计开发、芯片

① 徐瑜美主编:《2006年稳健增长的半导体产业》，台北：拓墣产业研究所，2006年8月，190页。

② 中国政府提出的IC产品四项优惠政策包括：销售额中提取不超过10%的资金用于产品与技术的开发；重大技术改造项目，经有关单位批准，进口设备、仪器和备件，可以免征进口关税；企业免征产品增值税和减半征收所得税；国家财政每年拨发一定数额的电子发展基金。

生产、封装测试、材料、设备供应、销售及技术服务等配套的集成电路产业基地。从发展的进程来看，中国半导体产业的发展大致可以分为以下四个阶段（表3–3）：

表3–3：中国半导体产业发展的四个阶段

阶段	时间（年）	相关成果
初始阶段	1960 ~ 1978	自行发展IC产业，以研发（R&D）为导向，不具商业化生产能力
开发阶段	1979 ~ 1990	积极引进半导体的外资、设备与技术，但因受“多边出口管制协调委员会”①的限制，且本身没有统一的发展计划，所以发展IC效果并不显著
重点发展阶段	1991 ~ 1999	1991 ~ 1995年的八五计划中“908工程”的项目计划 1996 ~ 2000年的九五计划中“909工程”的项目计划
产业链形成阶段	2000 ~现在	长江三角洲，环渤海湾等，半导体产业上下游群聚效应的形成。 12寸的建成与投产

图表来源：作者撰写。

在中国半导体产业的初始发展阶段，中国完全自行发展IC产业，并以研发（R&D）为导向，不具商业化生产能力，但在这段期间，大陆建设了120多家IC企业，为半导体发展打下基础。改革开放以来的开发阶段，中国积极引进半导体的外资、设备与技术，但因受限于“多边出口管制协调委员会”（Coordinating Committee for Multilateral Export Controls, COCOM）的限制，1990年前禁止5寸、2微米以下的生产设备进口到中国，再加上中国缺乏统一的发展计划，所以IC并未得到太多的发展。此后，到了重点发展阶段，中国采取集中配置与项目计划的方式发展半导体产业，在1991 ~ 1995年八五计划中的“908工程”建设

① 多边出口管制协调委员会（Coordinating Committee for Multilateral Export Controls, COCOM）是二战结束以后，为限制西方发达国家向社会主义国家输出战略物质及高科技之技术与产品，在美国的主导下，西方国家于1949年11月在巴黎，并将苏联及东欧约30个国家纳入名单。1950年朝鲜战争爆发，中国大陆被列入该名单。

中，建造了中国第一条0.9微米的6寸晶圆生产线——中国华晶，并重点扶持大陆IC制造业发展——中国华晶、上海贝岭、上海先进、北京首钢日电与绍兴华越成为“五大骨干厂”。1996 ~ 2000年的九五计划中，“909工程”兴建上海华虹0.5微米8寸晶圆厂，此为中国大陆首座8寸晶圆厂，而上海华虹也在1999年2月底完工试产。由于《瓦圣纳协定》①（*Wassenaar Arrangement*）禁止签署国出口精密集成电路生产设备到社会主义国家或一些受管制国家，中国大陆的IC产业发展仍受到一定的阻碍。但2000年以来，世界各大晶圆厂及代工厂基于市场和成本考虑，积极投资大陆建厂及生产。集成电路上下游垂直整合与产业群聚效应，对中国半导体产业整体的发展，起到积极的作用。

表3–4：中国半导体产业发展的里程碑

中国第一项IC产业发展工程	908专项工程
中国第一次有明确建立集成电路生产线的目标工程（6寸）	908专项工程
中国第一家集成电路光罩公司（1996年）	上海杜邦光掩膜
中国第一家集成电路封装厂（1996年）	上海华旭微电子
中国第一条集成电路6寸生产线（1994年）	首钢日电
中国第一条集成电路8寸生产线（1999年）	上海华虹微电子
中国第一条集成电路12寸生产线（1999年）	上海中芯国际
中国第一个发展IC产业的综合性文件	18号文件
中国第一次超越美国，成为全球第一大半导体区域市场	2005年

图表来源：作者整理。

目前，大陆IC产业已由整合组件制造厂“一条龙”的生产方式逐渐走向设计、制造与封装测试的专业分工体系。在IC设计方面，大陆IC设计业虽然仍处于起步阶段，但至2006年为止，大陆IC产业规模已达四百余家；在数字IC方面，近一半的公司采用了0.18微米的技术，

① 《瓦圣纳协定》是1996年在海牙附近签署，禁止军、商双重用途之高科技设备输往社会主义国家或一些受管制国家的协议。其目的是采取适当的多边管制，增强国际安全和透过适当管制以避免一些受管制的国家如伊朗、伊拉克及朝鲜等国家取得先进科技和武器，从而造成全球混乱。

部分公司已经开始使用90nm技术设计产品；在模拟和混合信号IC方面，大部分公司还是采用0.25微米及以下的技术。在晶圆制造方面，2006年各种尺寸的晶圆生产线已达45条。除此之外，尚有数条生产线在建或正在筹建。而在封装测试方面，2006年封装测试业约有60多家规模较大的厂商，由于国际IDM厂商、合资国际封测厂和台资封测厂相继投资大陆，2006年中国的封测生产规模已占整个产业规模的50.9%。2008年上半年，中国IC产业封测的销售收入为357.98亿元人民币，是中国半导体产业链销售比重中最高的环节。整体而言，目前中国大陆已形成以京津、苏浙沪和粤闽为主要分布地区的产业链，当中，长江三角洲一带已成为中国半导体产业发展的最主要区域。

目前，从产业的角度来看，中国半导体产业发展呈现以下几个特点。

（1）IC市场规模急剧增长。中国半导体产业中，IC市场规模一直占有80%以上的比重，如2006年中国IC市场规模达4863亿元人民币，占半导体市场的83%，比2003年增长了27.8%。2006年，中国电子消费市场仍保持旺盛的增长势头，手机、计算机的产量均占全球第一，电子消费品的需求拉动了IC市场快速增长。可以预见的是，未来几年中国IC市场仍将快速增长。据台湾拓扑产业研究所预计，到2009年，中国大陆IC市场的规模将达9475亿元人民币，占全球市场的35%①。中国IC市场的增长将促使中国半导体产业的相应增长。

（2）封装测试业仍暂居外商IC投资案的主要项目。虽然2000年以来，大陆集成电路产业在设计、制造（晶圆代工）和封装测试方面，逐渐趋于平衡发展，但由于封装测试业人力资本需求较高，所需资金与技术较低，因此封装测试业是外商进入大陆IC产业的踏板。一直以来，外商和中国企业在封装测试产业已有一定的合作，但其规模并不大，规

① 张瑞华主编：《中国半导体产业综观暨前景剖析》，台北：拓墣产业研究所，2005年12月版，第12页。

模较大的是外商整合组件制造厂[①]（IDM），这些厂商到大陆从事后期封装测试以降低成本提高销售与成本的竞争力。一般而言，投资自有产品封装测试生产，一方面可以享有内销配额，免缴进口关税，另一方面还可以就近抢占市场先机，建立内销通路。目前，全球前二十大半导体厂商几乎都在大陆建有封装生产线，封装测试厂也是外商进军大陆集成电路产业中投资项目最多的行业之一。2006年，大陆封装测试销售金额达人民币512亿元[②]，相对于同期IC设计的186亿元和晶圆制造的309亿元，仍占有较大的市场规模。目前中国封装测试仍占中国IC总产值超过50%的比重。

（3）晶圆代工产业增长迅速。2006年，随着海力士意法半导体（Hynix-ST）在无锡的8寸厂与12寸厂先后投入生产，中国IC制造业的销售收入达309亿元人民币，较2005年的233亿元增长超过30%。而且，在半导体产业全球分工趋势与中国半导体产业快速增长的势头下，预计中国IC制造产业的规模，每年都将以30%的速度增长。目前中国的晶圆制造厂，仍以生产8寸晶圆为主，但中芯国际的北京12寸晶圆厂[③]，以及Hynix-ST无锡12寸厂，都已建成投产。中芯国际武汉和上海的两座12寸厂都将快速增加大陆晶圆的生产量。

（4）产业链与群聚效应逐步形成。由于半导体产业专业分工的需求，再加上台湾半导体业者近年来不断"西进"的影响，大陆半导体产业已形成以珠江三角洲、长江三角洲、环渤海湾地区为主的三个产业链。长江三角洲已是目前半导体产业链非常完整的地区，如IC设计公司有上海复旦微电子、展讯和华润矽科等；晶圆制造有中芯国际、上海华虹NEC、上海宏力、上海先进和位于松江的台积电及苏州的和舰等；

---

① 整合组件制造厂（IDM, Integrated Device Manufacturer），一般而言，拥有自己的晶圆厂，并以设计开发、生产、销售自有品牌IC作为主要业务。

② 傅文彪主编：《2005年上海集成电路产业发展研究报告》，上海：上海教育出版社，2005年6月，第30页。

③ 中芯国际拥有中国第一座12寸晶圆厂，同时还有另外两座12寸厂正在建设中，是目前中国最大的晶圆代工厂，也是除台湾台积电、联电以外，全球第三大代工厂。中芯国际由于有中国政府全力扶持，增长非常迅速，在争取大陆客户IC设计的订单方面也较台湾厂商更有地缘和成本方面的竞争力，目前在成都投资1.75亿美元成立的封装测试厂也已投产。

封装测试则有ChipPAC、艾克尔（Amkor）、威宇、长电科技、宏茂及捷敏电子等；至于设备和材料供应商，杜邦、上海合晶硅材料、应用材料及三井等国际大型企业均在本地区有一定的投资与经营。近年来，中国政府亦加强西部地区半导体产业的开发，虽然西部地区目前还只是以封装测试厂商为主体，但随着英特尔（Intel）成都厂、美光科技（Micron）及英飞凌科技（Infineon）西安厂等国际大厂的设立，以及2007年，茂德亦宣布将在重庆设立8寸厂，西部地区特别是成都与西安两地，已成为许多半导体厂商考虑设点的第四个半导体群聚地区。

尽管八五计划以来，中国半导体产业发展迅速，但亦面临一定的发展困境。首先，半导体产业政策与环境的挑战。2001年12月11日，中国正式加入WTO，由此中国必须遵守WTO成员公平竞争的原则。2004年3月18日，美国向WTO提出申诉，认为2000年6月中国颁布的《鼓励软件和集成电路产业发展的若干政策》中，有关对法定17%增值税，超过3%即增即退的优惠政策实为中国半导体产业地区保护主义，严重违反WTO公平竞争的原则。经过多次协商，中美双方达成谅解备忘录，并同意自2005年4月1日起，取消即征即退的规定，中国协助本土集成电路企业发展的优惠政策——《十八号文件》正式走入历史。此外，自2002年起，中国集成电路产品的进口关税已逐步降为零，上述政策的调整，都将加剧进口集成电路产品与国内自行开发产品的竞争与挑战。

其次，产业技术方面的升级。IC设计、晶圆制造和封装测试，是集成电路产业三项最关键的环节，IC设计位居产业链的龙头。中国IC设计从事“反向设计”①居多，近年来，中国IC设计业的分工已较专业化，设计范围也从单纯的电路设计发展到系统解决方案，而且设计能力也逐步发展并集中在0.18 ~ 0.25微米的水平②，但产品设计、整体设计能力仍有进一步加强的空间，而且2006年中国IC设计产业销售收入仅达186

① 所谓“反向设计”（Reverse Engineering）是指将产品解体为零件，并研究其内部运作及构造，以改进现有产品或是建造新的产品。

② 由于政府极力鼓励IC设计产业的发展，以及部分民间厂商IC设计能力的加强，目前中国有一批设计企业已具备0.13微米IC设计和开发的能力。

亿元人民币，仅占总体市场规模的18.5%。不过，在大陆积极发展集成电路和软件政策下，近年来大陆大型电子系统公司中的设计公司发展迅速，如深圳中兴、海思半导体、海尔等。此外，上海华虹、上海复旦微电子及展讯通信等，都是开发能力较强的IC设计公司。其次，在晶圆制造方面，中国也同样面临技术升级的挑战。目前，中国晶圆制造技术主要集中在0.5 ~ 0.18微米的制程。中芯目前已经生产90纳米的制程，65纳米的制程与国际大厂的技术能力相比尚有许多发展空间。

最后，厂商赢利与技术增长的空间有限。目前，集成电路产业的竞争逐步加剧，而中国无论是在IC设计、晶圆制造或者封装测试方面，都集中于中、低档市场的竞争。此外，封装测试产业进入门槛相对较低，因此削价竞争的状况时有发生，多数厂商定位于低阶产品，中国集成电路厂商赢利与技术受益的空间有限。因此，如何进一步加强相关厂商赢利与技术的增长空间，是中国半导体产业另一个重要的挑战和议题。

自1991年以来，中国大陆半导体产业发展已迈入第四个五年计划。其中八五计划中的908专项工程以五大晶圆厂为骨干，所投资的集成电路厂皆以6寸以下的晶圆厂为主；随着九五计划909专项工程的启动，8寸晶圆厂成为集成电路产业扶植的重点，其中与日本NEC合资成立的上海华虹NEC即为代表。进入十五计划后，中国政府明确订定IC产业目标，并提出各种优惠政策，以推动半导体产业在中国的快速发展。特别需要指出的是，这一时期晶圆制造增长迅速。据中国半导体行业协会理事朱贻玮先生当时的统计，到2007年8月底为止，中国共有各种尺寸的晶圆生产线50条①，其中8寸和12寸线共有13条，此外尚有20至25条以6寸及8寸为主在建或筹建的生产线，预计十一五期间（2006~2010年）将投入生产。据统计，仅2006年，中国投产的IC生产线就高达8条，其中包括海力士—意法在无锡的一条12寸生产线。

进入十一五规划以来，中国大陆半导体产业仍持续较快的增长速

① 朱贻玮著:《中国电子报》，2007年9月18日，C5版。

度，特别是在晶圆制造厂的投产与规划方面（表3–5），8寸与12寸的产能陆续开出，其中中芯国际、华虹NEC、华润上华和宏力等晶圆制造厂，已成为推动中国半导体产业发展的重要动力。

表3–5：中国投产与规划的8寸及12寸晶圆生产线（2008年）

产品尺寸	公司	工厂	所在城市	线宽	产能/计划产能
12寸	海力士意法	C2	无锡	0.11μm~90nm	17000
	中芯国际	Fab4	北京	90nm	合计约30000
	中芯国际	Fab6	北京	90nm	
	中芯国际	Fab8	上海	65~90nm	8000~12000
	新芯	Fab1	武汉	90nm	3000
	中芯国际	Fab16	深圳	规划中	n/a
8寸	海力士—意法	C1	无锡	0.13~0.25μm	20000
	中芯国际	Fab1	上海	0.11~0.35μm	45000
	中芯国际	Fab2	上海	0.13~0.35μm	45000
	中芯国际	Fab3B	上海	0.35μm~90nm	10000
	中芯国际	Fab15	深圳	兴建中	30000~50000
	中芯国际	Fab7	天津	0.15~0.35μm	30000
	成芯	Fab1	成都	0.18~0.35μm	13000
	华虹NEC	Fab1	上海	0.13~0.35μm	53000
	华虹NEC	Fab1C	上海	0.18~0.35μm	30000
	华虹NEC	Fab2	上海	0.18~0.25μm	30000
	和舰	Fab1	苏州	0.15~0.35μm	45000
	宏力	Fab1	上海	0.15~0.25μm	40000
	台积电	Fab10	上海	0.18~0.35μm	45000
	上海先进	Fab3	上海	≥0.25μm	12000
	华润上华	Fab2	无锡	0.18~0.35μm	60000
	渝德	Fab1	重庆	0.18~0.35μm	20000
	绿山	Fab1	南通	≥1.0μm	15000

资料来源：拓墣产业研究所，作者整理。

值得注意的是，2007年3月26日，国际知名芯片大厂美国英特尔公司（Intel）在北京人民大会堂举行签约仪式，正式宣布将投资25亿美元在大连设立一家生产12寸晶圆的晶圆制造厂，生产芯片组的芯片，并预计2010年上半年能正式投产。这是英特尔在全球的第8家12寸晶圆厂，也是继爱尔兰和以色列后第三家在美国以外建立的晶圆厂。亚洲第一家12寸英特尔晶圆厂的建立，尽管考验着美国对关键技术出口中国的敏感度，但它亦说明了中国的半导体产业与经济发展，已经有能力影响中美两国经济与政治决策。这是一次全球瞩目的投资，对于美国企业以及半导体产业在中国的发展而言都是一个新的里程碑，它不但凸显英特尔对中国市场的重视、促进了中美两国关键科技产业的投资和提高中国半导体产业的制程技术。在两岸半导体产业的竞争上，台湾地区不但失去一次引进美国资金与技术的机会，也将坐视大陆半导体技术的提升，从而增加对台湾半导体产业发展的威胁。

从目前大陆半导体产业发展来看，除了生产设备以及部分生产材料仍需依赖海外供货外，整个半导体产业价值链的基本布局已具备基本雏形。整体而言，大陆参与厂家数目不少，但其规模与技术尚无法与先进国家相比。从技术或产量来看，目前中国大陆半导体产业的水平仍明显落后于美日等半导体先进国家，而且资金与技术的国外依赖度甚高。但经过数十年的发展，在经济全球化趋势下，中国的半导体产业群聚效应已经形成，各地区呈现既竞争又分工的发展格局。这种格局出现的主要原因自然是群聚效应与市场需求、人力资源、资金取得等不同因素所造成。十一五规划以来，大陆半导体产业正值技术升级、产业结构化调整与内需市场扩大的发展阶段。2005年3月23日，中国财政部、国家发改委及信息产业部共同制定了《集成电路产业研究与开发专项资金管理暂定办法》，成立研发基金以积极推动国内集成电路产业发展。此外，目前中国具有充足且低成本的人力资源、不断投入的外国资金、自主技术的研发的优势；在通讯、数字电视及相关消费电子产业上，庞大内需市场的增长及半导体产业群聚效应形成等因素，势必加速半导体价值链的形成和技术升级，这也是中国半导体产业发展的机会所在。

三、两岸半导体产业发展趋势分析

半导体产业是全球经济中的支柱性产业，对区域经济与国家经济发展有着举足轻重的影响。根据台湾拓墣产业研究所的报告，2007年度全球半导体的产值约为2567亿美元，2008年全球半导体市场规模将达2669亿美元，增长率为4.0%；2010年将超过3000亿美元达到3030亿美元，增长率10.0%，预计2006至2010年间平均年增长率将为5%左右。在半导体产业市场中，微组件的产值最高，占所有IC比重的25%以上，而IC组件中又以记忆体的增长最快，其增长率高达45%。不过，由于集成电路制造业生产量迅速增长，价格波动将更加厉害，因此未来几年的增长率将相对减缓。

两岸半导体产业的发展，亦受全球半导体经济的影响，但是在产业结构与分工上，两岸有所不同。过去全球主要的晶圆制造业者多采IDM模式，随着半导体产业的快速发展，及台湾地区的台湾积体电路制造股份有限公司（以下简称台积电）及联华电子（以下简称联电）代工模式的成功，全球半导体产业分工效应初见端倪。近年来，持续出现巨额亏损的IDM大厂，对委外代工业的需求及依赖度亦快速增加，随着12寸晶圆代工厂的陆续投产，国际IDM业者扩大委外代工比重的步伐已越来越快①：2002年委外比重约为20%，预计至2010年将增长至50%，如国际大厂NXP现阶段委外比重不到20%，未来有意缩减自有晶圆厂并将产能转移给台积电量产，委外比重将增至40%。另外，像AMD及Motorola等厂商从2003年起亦逐步提升委外代工业务比重至25% ~ 50%不等，Agere（现已被LSI合并）更将产品全部改为委外代工。目前晶圆代工厂除了台积电及联电持续扩大生产外，大陆的中芯国际与上海宏力均进行“规模生产”，其中2004年中芯国际在北京建成中国第一条12寸晶圆生产线，由此中芯国际成为全球第三大晶圆代工厂。

作为全球最重要的信息产品生产基地之一，在全球化趋势下，台湾

---

① 基于生产成本的考虑，有许多IDM及晶圆代工厂将较为低阶的制程及产品委托其他的晶圆代工厂来生产（如6寸的晶圆片），自己则从事12寸较为高阶产品的研发与生产。

地区半导体产业不断进行技术、管理、产品及经营模式上的创新，并逐步把附加价值较低的生产转移到具有比较利益优势的半导体群聚地点，如利用同根同源与地理的优势抓住开发大陆市场机会，目前大陆已成为全球最主要的电子产品加工组装基地。但由于现阶段大陆半导体产业尚未发展成熟，因此，大陆与台湾地区的集成电路业者，并不在同一个层次上争取客户及产品竞争，台湾集成电路产业争取的是12寸晶圆生产、90纳米（nm）以下的制程、SoC设计晶圆的生产或系统封装等的企业，而大陆集成电路产业，尽管中芯国际最新的计划显示，在取得国际大厂IBM以及Spansion的技术转移之后，中芯国际也将进入纳米制成的进一步生产。[①]整体来看，目前技术成熟与产量较大8寸晶圆生产技术的制程，仍是中国半导体制程的主流。

历经多年的发展，台湾半导体产业已建构起很完整的产业链（除了一些特殊制程材料与高阶生产设备及仪器），并建立起独特的产业角色与价值。这使得相关竞争者的进入障碍相对提高，模仿亦较为困难，具体言之，竞争者不仅要取得生产成本、制程技术的优势，更要有超越台湾地区整个半导体产业价值链的特色与价值。因此，即使大陆凭借着内需市场与充足人力的优势，在短时间内要赶上台湾地区并非易事。当然，现阶段大陆半导体产业的优势不断增加，相关优势并不仅仅局限于低廉的劳力或土地成本。大陆IC设计及制造质量的逐渐提升、国际大厂进驻降低学习成本等诸多因素都加速大陆半导体产业升级的脚步，并进一步改变全球半导体产业版图的结构与布局。

台湾地区的晶圆代工业者进入大陆市场之后，基于优势互补与资源相互依赖的考虑，将会对中国现有的半导体产业生态产生结构性的影响，如在晶圆制造方面，除了填补中国半导体产业价值链中在高阶较弱的晶圆制造环节外，随着本土晶圆厂的逐步增长，还会加剧大陆晶圆代工业的激烈竞争；至于IC设计方面，由于台湾地区掌握较高的设计技

① 除原有12寸晶圆生产线的产能外，2008年下半年，中芯武汉新建的12寸90纳米（nm）晶圆生产线，月产能已达到1.25万片。但目前中芯国际大部分的营业收入仍然来自0.11～0.18微米（μm）的制程，据统计，90纳米制程的收入仅占中芯国际总收入的18%左右。

术，相关交流亦会促进大陆IC设计能力的发展与关键技术的累积。

表3–6：部分在中国大陆投资有台资背景的半导体公司

行业别	大陆公司名称	设厂地点	台湾母公司或资金来源	公司性质
IC设计	扬智电子	上海	扬智	独资
	旭上电子	上海	威盛	合资
	奇景	苏州	奇景	独资
	昂宝电子	上海	敦南科技	独资
晶圆代工	台积电有限公司	松江	台湾积体电路制造有限公司	独资
	宏力半导体	上海	宏仁集团	合资
IC封装测试	京隆科技有限公司	苏州	京元电	独资
	日月光半导体有限公司	上海、昆山	日月光半导体	独资
	宏茂微电子有限公司	上海	南茂科技	独资
	威宇科技测试封装有限公司	上海	威盛（现已被日月光收购）	独资
	矽格微电子有限公司	无锡	台湾矽格与华晶上华	合资
半导体分立器件	宁波明昕微电子股份有限公司	宁波	台湾华昕电子股份公司	合资

图表来源：作者自撰。

以台湾新竹科学工业园区为中心并迅速发展的台湾半导体产业，其IC设计、光罩、晶圆代工、封装测试及销售等完整的产业链，已成为全球半导体产业价值链中极为重要的一部分，其R&D的能力与制程技术不断提高，亦使台湾地区半导体产业发展成为亚洲的重心之一，但市场开拓与人才需求始终是台湾地区半导体产业发展的主要隐忧。因此，尽管台湾“行政院”规定台商12寸晶圆厂在稳定基本产量后，才能申请赴大陆设厂，并在开放8寸晶圆厂赴大陆投资时采取总量管制、技术管理[①]、人员管理及资金管理等办法，但半导体产业相关厂商赴大陆设厂或公司的案例却与日俱增，这种现象的出现，除了来自客户的要求、人才的需求、大陆半导体保护政策等原因外，竞争者的压力、市场的吸引力及半导体群聚效应发展的必然结果等则为主要原因。目前，到大陆发展的台湾地区厂商，也逐步在大陆形成半导体产业的价值链，这可以从目前在大陆有台资背景的集成电路相关上、下游厂商得到印证。

大陆半导体产业的发展，在经过“908工程”、“909工程”建设后，2005年建立五座8寸晶圆厂的“十五计划”（表3–7）已告一段落，中国IC产业已初步形成环渤海湾、长江三角洲、珠江三角洲以及西部地区四大半导体群聚区域。这些地区产业链相继形成后，欧、美、日、韩及台湾地区的相关企业也纷纷前来投资设厂。以2006年销售收入来计算，97%以上的集成电路销售收入集中在沿海地区。特别是上海、江苏、浙江的长江三角洲一带，集中了中国60%的IC制造业、80%的封装测试业以及近50%的IC设计业。据统计，长江三角洲地区集成电路产业销货收入约占全中国的70%。而近年来西部地区的半导体产业发展迅速，以四川省为例，近年来相继在成都设立的英特尔封测厂、中芯国际的8寸晶圆厂、新加坡联合科技设立的封测厂，以及在重庆设立台湾日月光集团的封测厂等亦加速西部地区成为中国半导体群聚的重要区域之一。

① 在总量管制方面，台湾当局原本规定依个别公司净值比例计算，并考虑其在台湾相对投资的情形，核准对象以8寸低阶旧设备汰旧换新者为优先。至于技术管理方面，将8寸晶圆0.25微米以下制程的半导体设备列为管制。2006年12月29日，台湾当局宣布进一步放宽台商赴中国大陆投资8寸晶圆制程技术至0.18微米。截至2007年12月底，台湾地区共有茂德、台积电通过至中国大陆投资设立使用0.18微米制程技术晶圆厂的申请。

表3-7：中国大陆“十五计划”有关集成电路产业的主要目标

计划名称	“十五计划”①
投资金额	人民币4000亿元
主要项目	1．加强集成电路设计为重点。选择5 ~ 10家公司，培养成年营收1亿元人民币的IC设计公司；产品的设计水平达到0.18~0.25微米；开发、生产有自主知识产权的集成电路产品 2．扩大和提升中国集成电路生产线的生产能力和技术水平，扩大产品品种，替代进口。兴建晶圆生产线：6寸3 ~ 4条，8寸4 ~ 5条，12寸1 ~ 2条，8寸生产线以0.25微米为主流技术 3．选定5~6家重点封装测试厂进行技术升级，使其年产量达5亿~ 10亿元 4．充分发挥“973”、“863”、科技攻关和电子发展基金，安排CAD工具开发
预计目标	1．2005年集成电路产量达200亿颗，销售额达人民币600亿~ 800亿元，约占全球产量的2% ~ 3%，满足国内市场30%的需求 2．2010年集成电路产量达500亿颗，销售额达人民币2000亿元，约占全球产量的5%，满足国内市场50%的需求

资料来源：人民数据库（2000~2005）；作者整理。

预计未来五年中国IC市场销售额将以30% ~ 40%的复合增长率快速增长，到2010年市场的销售额将突破3300亿元人民币大关。但大陆在知识产权、IC设计与制程技术等方面相对落后的困境，则表明外来技术与管理的投入必不可少②。依照中国“十一五计划”有关半导体产业的发展目标，未来半导体产业的发展需要知识管理、高阶制程技术与国际资金的支持与参与，因此，随着两岸资源互补与发展趋势的演进，我们可以明显看到未来双方半导体产业发展中资源互补的关联性。

① 集成电路是中国发展信息产业的核心技术和产业基础。《中共中央关于制定国民经济和社会发展第十个五年计划的建议》中，非常明确地指出“以信息化带动工业化，发挥后发优势，实现社会生产力的跨越式发展”以及“加快发展软件产业和集成电路产业”是非常急迫的任务。事实上，推动中国集成电路产业的快速成长，是发展中国信息产业化的重要基础与动力。

② 中国大陆发展半导体产业采取“充分利用外资，引导重点建设”的策略，并计划利用各项国家重点扶持计划，在大陆形成设计开发、芯片生产、封装测试、材料及设备供应和销售、技术服务等半导体产业群体的基地。

图3-3：中国半导体产业四大区域

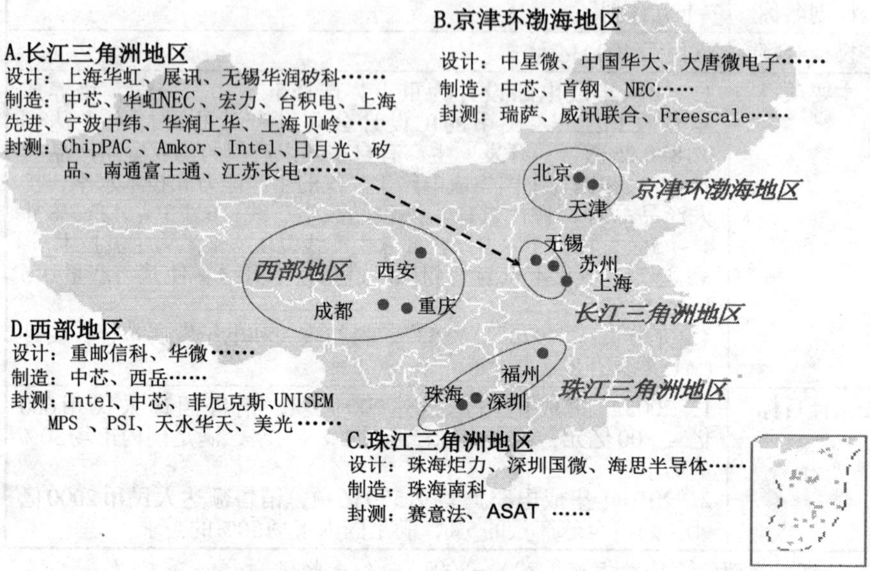

资料来源：拓墣产业研究所，2007年6月。

四、两岸半导体产业发展的相关性

2009年4月26日，两岸第三次“陈江会谈”在南京举行，台湾“海基会”董事长江丙坤在海协会的欢迎晚宴上，以“同舟共济、相互依存、深化合作、开创未来”期许两岸未来的合作。事实上，从两岸产业相互依赖发展趋势来看，未来两岸半导体产业的发展的确具有很大的互补性和依存性——无论在技术交流、市场需求、资金提供还是在人才培养等方面，两岸都将进入一个紧密的相互依赖网络之中。在这一相互依赖网络里，两岸半导体产业的发展具有如下相关性：

（1）人才与技术的相关性——台湾地区晶圆代工厂商将为大陆集成电路产业的发展提供相关的技术和管理人才。

目前，大陆半导体产业的发展在很大程度上依赖台湾地区的产业资源。以中芯、宏力和中纬积体电路股份有限公司为例，这些公司本身极具台资色彩，同时也积极引进台湾技术人才，如台积电位于松江的8寸晶圆厂及富有浓厚台湾技术支持的苏州和舰8寸晶圆厂，都有来自台湾集成电路厂商的核心技术支援；此外，基于对大陆半导体产业未来发展的乐观预期，台湾半导体业界离开台湾至大陆发展的人数也是与日俱增，位于宁波的中纬体电路以及位于深圳的方正微电子，都有聘请来自台湾集成电路领域的业务与技术人才就是最好的实。我们不难判断，台湾晶圆代工厂的西进布局及大陆半导体产业的发展前景对人才的吸引效应，都促使台湾地区成为大陆半导体产业发展的主要技术及人才的提供者。

（2）产业价值链整合的相关性——台资晶圆代工和IC设计厂商将有助于大陆集成电路产业价值链的整合。

台湾集成电路厂商到大陆投资已带动大陆集成电路产业的发展，特别是晶圆代工厂和IC设计厂商的西进，一方面带来了产业群聚效应，同时亦带动台湾集成电路下游封装测试业在中国的投资，并与当地封测厂商合作及进一步整合。除前述有台资北京的晶圆代工厂外，台湾知名的IC设计厂商如联詠、威盛、凌阳和扬智等，都在长江三角洲地区设立分公司。台湾排名第一的IC设计公司联发科，目前虽然没有将核心的研发团队设在中国，但在北京、深圳及合肥等地，都设有软体设计的关联企业作为研发和技术支援之用。此外，设备及材料供应商基于对相关趋势发展的判断，也非常重视大陆投资与发展。晶圆代工和其上下游厂商在大陆不断完善集成电路产业价值链也表明台资厂商有助于大陆半导体群聚效应的产生与产业价值链的加速整合。

（3）资本运作的相关性——台湾地区集成电路厂商和相关投资基金，将成为大陆半导体产业发展重要的资金提供者。事实上，外资对于中国半导体产业的发展，扮演着非常重要的角色，以外资的IC设计公司为例，美资与台资就是最主要的资本来源。

中国“十五计划”①将环渤海湾地区、长江三角洲及珠江三角洲地区选定为半导体产业重点发展地区；此外，根据国务院颁布的《十八号文件》，当时国家对这些地区提供各种优惠措施，包括“大型制造企业五免五减半”、土地免租金、银行贷款金额，以此吸引台资及外商至大陆设立高级技术的晶圆厂，如在中芯与宏力等厂商的带动下，晶圆制造厂陆续兴建起来。具有台资背景，位于宁波的中纬集成电路股份有限公司，其6寸厂已在2004年7月正式投产；其他相关上下游厂商在长江三角洲、珠江三角洲及环渤海湾一带的发展，都有台湾地区风险投资与策略投资基金的注入。台湾半导体产业西进不但在技术和人才上为大陆提供一定的资源，同时也成为大陆半导体产业发展资金的重要来源之一。

（4）市场价值的相关性——未来大陆市场将为台湾半导体厂商提供高附加价值的市场空间。在国际电子产业快速成长的带动下，中国IC产业的成长与运行也步入产销两旺的发展趋势。2006年中国IC产业的产值高达1006.3亿元人民币，首次突破千亿元人民币大关，相较于2005年，增长率高达43.3%。未来电子产业的增长，更提供给台湾相关厂商高度的市场价值和机会。

台湾晶圆代工业是全世界IC厂商的制造基地，其生产规模与技术已为半导体产业创造出高附加价值的市场空间，而晶圆代工业者所提供的IP组件及IC设计服务，更加大其经营的附加价值。大陆通讯、消费性电子产品市场的快速增长也将为台湾半导体厂商提供高附加价值的市场空间。

（5）产业与经营分工的相关性——台湾地区晶圆代工业与大陆IC

① “十五计划”制定重点发展中国集成电路产业，其内容包括：大陆计划2005年自制集成电路将达200亿颗，销售额达600.8亿元人民币、2010年大陆自制集成电路将达500亿颗，销售额将达2000亿元人民币；在制程技术方面，有8寸厂0.35微米、0.18微米制程生产线4～5条及12寸厂0.18微米、0.13微米制程的生产线1～2条、重点封装厂产能增至5亿～10亿颗/年、进口设备免税、集成电路厂商增值税（VAT）由17%降至6%、设计业者则降至3%，投资80亿元人民币以上享“五免五减半”优惠、设备折旧得以缩短为三年及大力发展晶圆代工产业。

设计业[①]及系统产品的发展有高度的正相关性，而随着两岸半导体产业经营的发展，未来在经营分工方面，已将产生高度的合作与互动关系。

半导体产业的发展和当地IT产业的发展直接相关，因为系统产品如电子终端产品、移动通讯、3C产品等，都是集成电路产业发展的主要动力。此外，IC设计业的发展亦会直接影响集成电路产业的发展和晶圆厂商的战略布局。在鼓励半导体产业发展的政策下，中国IC设计能力已逐步提高，部分企业已具备90纳米~0.13微米的设计开发能力。因此，随着台湾晶圆代工厂与其相关厂商大陆策略布局的开展，再加上大陆设计业及系统产品技术开发的推进，中国半导体产业的发展将更为迅速。

在两岸半导体产业的经营分工方面，“台湾接单、大陆制造”或“台湾设计、大陆制造”已逐渐成为发展趋势。

在20世纪80年代以前，世界主要半导体产业都分布在美国。到了80年代，日本开始大规模发展半导体产业。90年代前后，韩国、台湾地区、新加坡陆续开始大量建厂。到了2000年，中国成为这种新趋势的代表，从而大陆和台湾地区的半导体产业逐步形成“台湾接单、大陆制造”或“台湾设计、大陆制造”的趋势。诚如台湾集成电路制造业者冯明宪所言，台湾产业在1980~2000年是旧金山湾设计，台湾装配制造的“旧两湾时代”；而2000年之后，这种趋势已逐渐转变成台湾设计，环杭州湾制造的“新两湾时代”。

此外，晶圆制造服务[②]（Wafer Manufacturing Service, WMS）营运模式的兴起。也将影响两岸的经营分工模式。从1968年左右IDM（Integrated Device Manufacturing）兴起到1987年晶圆代工（Foundry）的出现，直至今日，晶圆制造的主流方式正由技术、生产及销售三合一的晶圆代工，演进到技术及销售委外作业的晶圆制造服务模式，以便集中资源大规模

① 大陆半导体产业IC设计发展迅速。据统计，2006年已拥有400余家设计公司，较大规模的亦有上百家，如珠海炬力、中星微、中国华大、海思半导体等公司，其总销售金额已达到人民币186亿元，销售收入超过亿元的已超过10家。

② 晶圆制造服务（WMS），是将晶圆代工模式中的技术及销售大部分委外进行，并以大规模、低成本、高效率及高质量的经营策略来从事晶圆制造的一种生产方式。

大批量生产，降低生产成本及提高制造效益。而且，在“台湾接单、大陆制造”或“台湾设计、大陆制造”的产业发展趋势下，大陆已成为晶圆制造服务业的主要中心，两岸成为产业区域合作的最佳组合。

（6）制程发展的相关性——台湾半导体产业政策和企业的发展策略将以发展先进的12寸制程技术为主轴，而大陆在投入12寸制程研发与生产的同时，8寸以上制程技术将逐步成为半导体产业的主流。

过去二十年来，在台湾当局的支持下，通过外商技术的引进、国际订单的委托制造以及台湾集成电路厂商积极投入新技术研发等努力，台湾地区已成为国际半导体产业重要的代工与生产中心。因此，我们可以预期台湾地区集成电路产业将朝12寸相关的制程与技术方面发展；而在大陆方面，中芯国际、Hynix－ST以及英特尔在大连兴建的12寸晶圆厂，大陆12寸晶圆厂的产量与比重将持续增长。与此同时，就大陆现阶段较为成熟的8寸制程来说，由于国际市场降低制造成本以及大陆广大内需市场的吸引等因素，大陆将成为美、日、韩及台湾地区制造相关尺寸产品产能的重要提供者。此外，从现有的产出来看，大陆最具规模的晶圆生产厂商中芯国际目前90纳米（nm）的制程收入仅占总收入的18%，相较于台积电90纳米（nm）以下制程收入已接近50%的比率来看，相差还有一段距离。事实上，从中芯国际和上海宏力现阶段重点生产8寸晶圆的现况，不难说明在12寸晶圆生产线与制程尚未成熟之前，大陆是8寸晶圆制程技术和产品主要生产中心的事实。

由两岸半导体产业的发展趋势与相互依赖的现况来看，尽管台湾当局在民进党“执政”期间，对两岸半导体产业的交流与投资有较多的限制，但并不能阻止产业私下“西进”中国大陆的事实。2005年2月，两岸集成电路产业极具争议性的晶圆制造厂投资案——和舰科技投资案的爆发，就是最好的案例。

和舰科技于2002年成立于苏州，在台湾资金与技术的协助下，于2003年5月正式投产。当时和舰科技是由原任台湾联华电子（以下简称“联电”）八B厂副厂长徐建华离开联电后，前往大陆筹备的晶圆厂，2002年经由美国华尔街日报等国外媒体披露后，逐渐引起产业界的关注。和舰科技为制造8寸晶圆片的晶圆厂，总投资金额约12亿美元，目前月产能为4.1万，主要的制程技术为0.18微米（μm），由于联电团队、制程技术和资金的全力支援与投入，和舰科技在投产的第二年，公司的经营就出现了盈余。尽管联电领导人曹兴诚曾经表示，2005年1月，他曾前往“总统府”当面向陈水扁陈情，希望以“策略结盟”的方式支援和舰科技的发展，未来并将透过联电日本分公司联日半导体（UMCJ），进行对和舰科技的合并，但当时执政的“民进党政府”并不接受，并演变成后来的政治案件——联电高层领导人曹兴诚及宣明智等遭台湾当局以背信罪起诉。[①]经过5年来的诉讼与纷扰，在台湾地区政党轮替后，联电董事会于2009年4月29日通过决议，将以不超过2.85亿美元的价格，取得和舰科技85%的股权，合并原有的15%股权，联电将持有和舰科技100%的股权。针对相关案件，台湾“经济部长”尹启铭表示，台湾当局预计2009年底完成“登陆投资产业别”限制的检讨，也会并案考量是否核准联电合并和舰科技一案，但随着政治气候的改变，台湾违法西进争议的纷争，终于可以逐步获得解套。

半个多世纪以来，两岸的政治分歧往往阻挠经济合作的进行，但当两岸经济合作发展到一定程度的时候，经济合作的利益往往又成为影响政治决策的重要因素。两岸集成电路产业不但影响通讯、软件、计算机、网络及消费电子产品等各项产业的发展，对于整体经济发展，也具有关键性的作用。随着集成电路产业亚洲中心生产趋势的凸显，两岸半导体产业分工也逐渐明显，即无论是垂直整合还是横向发展，两岸半导体在区域合作的趋势已基本形成。因此，我们期望随着相关局势的发展，相互依存程度更加的紧密，两岸半导体产业能创造出更大的共同效益，进一步积极影响海峡两岸经济，甚至政治的发展。

① 联华电子曹兴诚及宣明智等因西进投资和舰科技所衍生的背信官司，经过2年的审理，在台湾新竹“高等法院”二审后，仍维持曹兴诚、宣明智以及宏诚创投郑敦谦等人无罪判决，新竹“地检署”仍对该案的判决争取继续上诉。

第二节　台湾地区半导体产业发展政策

一、台湾地区半导体产业发展相关政策

台湾地区曾居亚洲“四小龙”之首，被誉为“亚洲经济的奇迹”。但近年来，台湾经济因政治纷争而滞懈不前，台湾当局对台湾企业大陆发展布局也实施种种限制，因此台湾产业面临内外双重压力。内部方面，在全球经济竞争压力之下，台湾当局必须积极提升高科技产业核心竞争力，加速培育高级人才、知识与科技创新的技术与能力；就外在压力来说，中国大陆相对低廉的人力资源、土地成本、优惠政策及强大的市场吸引力，加速了台湾产业与人才的西进进程。因此，为加快产业升级与稳固支柱科技产业的发展，台湾当局先后拟定相关产业政策。1989年，台湾当局即选定资讯工业、消费型电子及新兴材料工业为未来重点发展产业；1991年，在“《国家建设六年计划》”中提出大力发展以“市场潜力大”、“产业关联度大”、“附加价值高”、“技术密集度高”等为特性，包括半导体及消费型电子在内的十大新兴工业的发展纲要；此外，为解决面临的经济和产业发展危机，台湾当局亦制定产业升级条例和半导体产业政策。其中，《促进产业升级条例》对台湾高科技产业发展发挥了积极的作用，除有效降低高科技厂商建厂初期比传统产业更高的投资风险，同时大大提高了国际企业前往台湾投资高科技公司的积极性。相关优惠政策可归纳如下：

（1）租税优惠

《促进产业升级条例》中的租税优惠措施一直是台湾“经济部”作为扶植新兴产业发展与鼓励企业投资的主要政策工具。在台湾，该条例的确扶持一些新兴产业的发展或协助传统产业转型，对促进台湾产业升级起到了不可替代的作用。《促进产业升级条例》中对产业的租税优惠方式大致可分为两种，一是租税抵减，二是所得减免。新兴重要策略性产业营利事业或个人原始股东可享受投资抵减，但只能在上述两种免租

规定中选择其一。

表3-8：台湾地区《促进产业升级条例》投资奖励措施

优惠项目	优惠内容
设备加速折旧	1.公司购置专供研究与发展、实验或质量检验用的仪器设备、节约能源或净洁能源的机器设备，得按2年加速折旧 2.在缩短后之耐用年数内如未折旧足额，得于所得税法规定之耐用年数内1年或分年继续折旧，至折足为止
投资于自动化设备或技术	公司得在投资于自动化设备或技术用途项目下支出金额5％～20％限度内，自当年度起5年内抵减各年度应纳营利事业所得税额
科学工业	1.于2002年1月1日起，自“国外”输入自用之机器、设备，在台湾地区尚未制造，经由台湾“经济部”项目认定者，免征进口税捐及营业税 2.输入之机器、设备于输入后5年内，因转让或变更用途，致与减免之条件或用途不符者，应予补征进口税捐及营业税。但转让与设于科学工业园区、加工出口区及其他属科学工业之公司者，不在此限 3.如属海关管理保税工厂者，自“国外”输入之原料，免征进口税捐及营业税。但输往保税范围外时，应予补征之
投资于自动化、温室气体排放量减量或提升企业数位资讯效能的设备或技术	1.其在同一课税年度购置总金额达新台币60万元以上者，属设备部分得就购置成本按13%限度内 2.属技术部分得就购置成本按10%限度内，抵减其当年度应纳营利事业所得税额 3.当年度应纳营利事业所得税额不足抵减者，得以在以后四年度应纳营利所得税额中抵减之
投资于资源回收、防治污染或工业用水再利用之设备或技术	1.其在同一课税年度购置总金额达新台币60万元以上者，属设备部分得就购置成本按13%限度内 2.属技术部分得就购置成本按5%限度内，抵减其当年度应纳营利事业所得税额 3.当年度应纳营利事业所得税额不足抵减者，得以在以后四年度应纳营利所得税额中抵减之

资料来源：台湾“经济部投资业务处”，2005年3月，作者整理。

（2）研发补助

为鼓励具有研发潜力的民间厂商开发新产品，台湾当局提供相当于总开发经费30%的补助款，用以分担企业开发产品风险。相关申请产品范围包括：新兴重要策略性产业，产品的关键技术需超越台湾地区目前工业技术水准，产品本身关联效果强、市场潜力大，能带动相关产业发展。

（3）促进未来研发的措施

为鼓励企业增加研发投入，台湾当局由“行政院”开发基金提拔专款，并配合银行自有资金办理各项项目低利贷款。这些政策包括《购置自动化机器设备优惠贷款》、《辅导中小企业升级贷款》、《民营事业污染防治设备贷款》、《购置节约能源或利用新及洁净能源设备优惠贷款》及《促进产业研究发展贷款》等。在中长期资金贷款计划方面，台湾当局从新增邮政储金中提拔新台币1000亿元[①]（约人民币250亿元）元实施《中长期资金贷款计划》。凡民间投资计划金额达新台币1亿元以上者，可申请该贷款计划。此外，投资人可以申请政府参与投资，政府出资额最高可达总资本额49%。

在半导体产业政策方面，台湾当局先后推行《矽导计划》、《两兆双星计划》和《晶片系统国家型科技计划》，积极鼓励半导体核心技术升级和产值增加。

2003年，台湾当局推出《矽导计划》。《矽导计划》的目标是以台湾传统优势的集成电路制造为平台，将IC设计服务列为龙头产业，推动建立信息时代的知识经济产业，确立台湾在全球集成电路制造、IC设计服务产业的旗舰地位，并希望借由龙头产业带动，达到2008年台湾当局发展计划的目标，成功缔造台湾地区“第二次产业跃升”。

---

① 人民币对台币按当时汇率约1:4计算。

表3-9:《矽导计划》主要目标①

计划名称	“矽导计划”
投资金额	新台币1000亿元（约人民币250亿元）
主要投资项目	1.在台湾地区建立全球IC设计平台，将设计能力推向SoC阶段 2.多元化培育IC设计人才、加强学程规划，推动第二专长训练
预计达成目标	1.新台币10万亿元（约人民币2.5万亿元）产值的创新产品产业 2.台湾地区占全球半导体产业的比率将由2000年的16%提高到2010年的33% 3.台湾地区将成为全球的硅资源中心、设计中心、创意中心

图表来源：作者自撰。

此外，针对半导体产业的发展，台湾当局进一步制定了《两兆双星计划》。该计划是台湾当局《六年国家总体建设计划》中的重头戏。《两兆双星计划》中的“两兆”，是指延伸既有“半导体”与“影像显示”两项产业优势，使这两项产业的产值各自突破新台币1万亿元（1兆元）；而“双星”是指利用台湾地区科技产业技术的优势，以及优质的人才与配套设施，整合区域与全球科技资源，推动“数位内容”与“生物科技”产业发展，使之成为具发展潜力的两个明星产业。届时，台湾地区将有超过十家12寸晶圆厂具备导入0.1微米以下的制程技术，因此台湾将成为12寸晶圆厂最为发达的地区之一；如此，通过加大投资并提供优惠政策，同时以人才培育做为提升产业发展最重要的配套政策之一，推动台湾地区半导体产值跻身全球前三名。

为加速半导体产业的升级，在实施《两兆双星计划》的前提下，台湾当局又规划《芯片系统国家型科技计划》。《芯片系统国家型科技计划》以多元化人才培育、前瞻产品开发、前瞻平台开发、智财开发及新兴产业开发为主要方向，以达到提高台湾半导体产业的附加价值和国际

① 摘选自陈清文:《两岸半导体产业发展前景》，台北：拓墣产业研究所，2002年版。

竞争力的目标。在该计划中，台湾当局鼓励台湾地区集成电路业者成立尖端半导体制程研发中心，以加速集成电路制造材料与制成设备的本土化进程。

二、台湾地区半导体产业发展的政策限制

为避免开放晶圆厂赴大陆投资对台湾地区半导体产业和经济产生负面影响，台湾当局先后制定限制高科技产业到大陆投资的管理政策及相关的配套机制，具体做法如下：

1. 建立高科技产业到大陆投资的管理规制

台湾当局认为，管理高科技产业至大陆投资的重点在于防止台湾的核心技术、人才及资金外流，以保持台湾高科技产业的竞争优势。其具体做法包括对高科技设备、技术、人才及资金外流进行管制。

（1）在加强管理高科技设备及技术输出方面，依照国际《瓦圣纳协议》（*Wassenaar Arrangement*）对高科技设备的管制措施和台湾“经济部”《战略性高科技货品输出入管理办法》，对列入管制的高科技设备出口或自原出口国再出口到中国大陆的设备加强输出管制，对台湾地区关键研发成果及科研计划加强有效管制。具体做法包括制定《政府资助敏感科技研究计划建立安全管制作业手册》，并依据《政府科学技术研究发展成果归属及运用办法》和《经济部科学技术委托或补助研究发展计划研发成果归属及运用办法》，防止关键性高科技研发成果流入中国大陆，加强保护台湾当局委托或补助的科技研发成果。同时，研议订定《国家科技保护专法》，防止相关高科技设备及关键技术输出到大陆，避免危害“国家安全”或利益。

（2）在防止高科技人才外流方面，加强管制台湾当局退离职科技“官员”及相关人才至大陆任职。台湾当局严查“政府”离退职科技相关人才，特别是涉及产业机密的政务人员赴大陆任职，对于违反人员，除加强限制其出访大陆之外，并将依法加重处罚。此外，台湾当局还制定详尽的《台湾地区高科技人员赴大陆地区任职许可办法》，以建立完善民间高科技人才赴大陆任职的管理制度。

（3）在管控资金流出方面，台湾当局详细查核赴大陆投资厂商的财务状况。由台湾“财政部”与“中央银行”成立项目小组进行联合审查：一方面，建立事前审查机制，要求厂商详细填报财务状况说明，以了解厂商债务状况及其财务结构是否健全；另一方面，加强事后管理，要求厂商定期汇报在大陆投资事业财务报表和资金运营情形，据以查核厂商财务状况。此外，台湾当局除落实分散大陆投资资金风险政策外，还建立海外投资资金流向的追踪机制，避免企业资金从第三地迂回流向大陆。

2. 建立台湾地区晶圆厂赴大陆投资的管理机制。具体做法如下：

（1）至2005年，总量管理以核准投资3家8寸厂为上限。

（2）开放对象限于在台湾地区已有相对投资的晶圆制造公司；净值计算以申请公司在台湾地区有关集成电路制造部分净值，或其资产占总资产的比重为准。

（3）直接管理大陆投资事业的主控权。规定申请投资厂商对此项大陆投资事业须具主控权，并以直接投资为原则。

（4）投资事业的技术管理与限制。关于赴大陆投资的技术管理，原来只限于集成电路0.25微米以上制程，以确保0.18微米以下核心技术不至于流失。但2006年12月29日，台湾当局对上述相关规定进行了修改，目前已开放0.18微米制程西进大陆。至于设备输出仍应遵循《瓦圣纳协议》的规定。台湾地区厂商向签约国购置旧机器，若移往大陆使用，仍须取得原出口国政府的同意及最终使用说明书，方能输往中国大陆。此外，为防止台湾厂商借设备输出迂回至大陆投资，台湾当局规定台商设备输出须经主管机关逐案核准，具体由台湾“经济部国贸局”配合建立集成电路晶圆设备出口管制清单、设备登录制度和输出管理程序，并加强海关查核及培训。

（5）确保研发留在台湾。台湾当局鼓励厂商在台湾地区进行高阶制程的研发工作，而在大陆投资的晶圆厂的相关技术突破的知识产权（Intellectual Property, IP）应归台湾地区所有，同时也归台湾地区母公司所有。

（6）个案审查与监督管理。台湾当局成立“跨部会审查及监督小组”来负责晶圆厂大陆投资的审查及追踪管理。申请投资的厂商需提供事业经营、财务及资金取得运用情况、技术移转情况、劳动事项及相关产业影响等方面的翔实数据，以便“跨部会审查及监督小组”审查。而厂商经核准赴大陆投资后，须定期向台湾当局相关单位提出书面报告，以便于主管机关能掌握厂商大陆投资计划执行的情形、运营及财务状况、技术及研发成果及对劳工义务执行状况。厂商上报资料若与事实不符，将依台湾当局《两岸人民关系条例》相关规定进行处分。

（7）对违法赴大陆投资的台湾企业进行严格处理。为有效防止厂商非法“西进”大陆投资，台湾“行政院”成立项目小组对违规至大陆投资业者（例如：和舰、中芯、宏力等）或相关人员进行搜集证据及查核，并加速处理相关违规者。与此同时台湾当局还及时修订现行法规的不足之处，以进一步加大查处力度。

第三节　大陆半导体产业发展政策与限制

一、大陆半导体产业发展相关政策

早从20世纪50年代末期的“二五计划”（1958～1962年）开始，大陆政府就开始关注半导体技术的发展，但由于当时中国大陆政策的核心在于发展航空及核能工业，再加上“文化大革命”期间，政治动荡不安对产业发展的负面影响，大陆当时半导体产业的发展基本上处于停滞不前的状态。此外，当时对半导体产业的投入是以科研为主，不具商业化能力。直到1986年，为了落实“七五计划”，国务院才在常务会议上决定对IC电路等四种电子产品实行优惠措施，包括以10%IC销售额为上限用于技术与产品开发；重大技术专案免征进口关税；企业免征产品增值税和减半征收企业所得税；中国开发基金财政支援集成电路等电子产品的开发和生产。

从20世纪80年代开始，中国半导体才制定完备的国家级计划，如

“八五计划”的“908”专项工程，重点扶持了首钢日电、上海先进、上海贝岭、中国华晶、绍兴华越等五大IC制造骨干企业，而“九五计划”的“909”专项工程则在1999年成功建设了中国第一条8寸、0.25微米的晶圆生产线——上海华虹NEC。

由于西方国家的《瓦圣纳协议》限制特定半导体生产设备与技术出口社会主义国家，因此中国一直是自行研发集成电路产业。另外，中国大陆并未集中统一使用有限的政府经费发展集成电路，而是分散到各省各自计划，导致具有资本密集特性的半导体产业在中国初期发展并非十分顺利。即使到2000年底为止，中国晶圆生产线总数只有27座条，且多为3 ~ 5寸线，6寸线有3条，8寸线只有1条。

在“十五计划”期间，中国政府制定相关政策，大力推动半导体产业发展。首先，2000年6月中国国务院颁布了《鼓励软件和集成电路产业发展的若干政策》，为中国大陆半导体产业的发展奠定了政策基础，该文件亦称为“18号文件”。“18号文件”鼓励企业从事IC产业的发展和投资，并在融资、税收、知识产权及出口等方面，给予较全面性的优惠政策。事实上，“18号文件”的出台是中国半导体产业从重点发展阶段快速进展到产业链形成阶段的一个重要分水岭。其后，2001年9月，国务院再次发布了“18号文件”的补充文件“51号文件”，进一步加大了相关企业在增值税率、所得税率及再投资方面的政策优惠。

其次，中国财政部、税务总局、海关总署和各地政府还分别在自己的责任范围内制定了鼓励半导体行业优惠政策的实施细则，如2000年发布的《鼓励软件产业和集成电路产业发展有关税收政策问题的通知》、2002年发布的《财政部、国家税务总局关于进一步鼓励软件产业和集成电路产业发展税收政策的通知》；而主要省市在贯彻“18号文件”的精神及基础上亦陆续出台相关半导体产业优惠政策，如上海市政府于2000年发布的《关于本市鼓励软件产业和集成电路产业发展的若干政策规定》、北京市政府于2000年下半年发布的《北京市鼓励微电子产业发展实施细则》以及深圳市政府于2001年颁发的《关于加快发展深圳市IC制造业的若干规定》等。这些政策的颁布，以及集成电路产业上游的半导体设计、中游的晶圆生产、下游的封装测试等方面优惠政策的实施，进一步推动了大陆集成电路产业的迅速发展。此外，信息产业部也发布了《集成电路设计企业及产品认定暂行管理办法》，同时起草《集成电路制造企业及产品认定管理办法》，使企业得以享受优惠的租税与关税。

表3–10："18号文件"半导体相关优惠政策重点内容

项目	优惠重点	主要政策
增值税	即征即退	IC生产企业在2010年前按17%的法定税率征收增值税，但超过6%的部分即征即退；IC设计企业视同软体企业，增值税超过3%的部分即征即退。（"51号文件"将IC生产企业的增值税由实际税率6%降为3%）
进口环节税	减少进口环节税	单项进口IC专用设备与仪器免征进口关税和进口环节增值税，免征上述两项税收后，企业在进口设备时，实际资金的支出将比未减税前减少18%的资金支出
投资金额与制程	投资金额在80亿元人民币以上或0.25微米以下制程的政策扶持	投资总额达人民币80亿元以上，或使用制程在0.25微米以下，所得税"五免五减半"；制程在0.8微米以下，自获利年度起，所得税"二免三减半"
折旧	加速固定资产折旧	IC生产企业的生产性设备可以享受最短3年的设备折旧年限，该优惠政策有利于企业在短时间内回收固定资产的投资并及时进行生产设备的升级与更新
其他	IC设计相关优惠	加强保护IC设计人员知识产权；允许IC设计企业技术专利和科技成果作价入股；IC企业可自主决定工资总额和工资水平，设计人员的薪资和培训费用可在企业所得税税前列支；IC设计出口产品在金额100万美元以上的企业可取得自营出口权

图表来源：作者整理。

中国从中央到地方均有相应的优惠政策鼓励集成电路产业发展。2001年10月29日，中国集成电路行业协会将鼓励政策要点归纳如下：[①]

① 资料来源：ITIS/IEK 陈梧桐。

（1）2001年以前，对集成电路生产企业（包括封装企业）缴纳企业所得税后的利润直接投资于本企业以增加注册资本且经营期限不少于5年者，按40%的比例退还其再投资部分已缴纳的所得税税款。企业再投资不满5年撤资的，追缴已退的企业所得税税款。对国内外经济组织在中国境内取得的利润向西部地区再投资于集成电路或软件生产企业的部分，按80%退还其已缴纳的所得税税款，企业再投资不满5年撤出该项投资的，追缴已退的企业所得税税款。

（2）为鼓励软件产业与集成电路产业发展，设立风险投资基金，并积极吸引国内外资本。

（3）在2010年以前，一般纳税人销售其自产集成电路（含单晶晶圆）的增值税，实际税赋超过3%的部分即征即退，由企业用于研究开发新的集成电路与再扩大生产。

（4）年出口金额超过500万美元的软件企业与年出口金额超过5000万美元的集成电路企业，其进出口的货物可按《海关总署、外经贸部关于支持高新技术产业发展若干问题的通知》的规定适用于提前通关、联网通关、快速通关、上门验收、加急通关、担保验收等便捷的进出口通关程序。同时，上述企业的货物进出口可按“特事特办，急事急办”原则优先办理检验检疫，并使用便捷的检验检疫程序。

（5）对线宽小于0.8微米（含）的集成电路生产企业，自获利年度起享受所得税两年免税三年减半优惠，中国无法生产的自用生产性原料和消耗品免征关税与进口环节增值税。

（6）支持设立一至两家产学研相结合的集成电路研发中心。

（7）厂商所出口的集成电路产品则可以享受优惠利率和必要的信贷支持。

中国“十五计划”关于信息技术产业建设与投资的规划是21世纪初中国重要的产业政策发展方向；该计划全力建设以北京、上海、深圳为核心的半导体产业发展基地，以建立完整的集成电路产业价值链，并配合内销市场庞大需求，以形成大陆完整的信息电子产业。

受到市场规模的吸引，以及政府政策扶持等因素影响，仅2000年中国就有不少集成电路业者积极投入晶圆厂的建设行列。当时，以建设0.25微米、8寸晶圆制程为主的设厂项目包括中芯国际集成电路制造有限公司、上海宏力半导体制造有限公司，北京华夏集成电路有限公司、天津摩托罗拉半导体厂等四家公司。

一些“老牌”集成电路厂商也大举实施扩厂计划，如上海华虹NEC、首钢日电、华越等企业计划对现有生产线进行改造和扩产，而上海先进、华晶集团、上海贝岭等也计划投资新的生产线。为提升国内晶圆制造的能力，上述诸家公司主要投资以8寸晶圆，0.25微米以上制造技术为主轴的晶圆制造项目。

在上述诸因素的吸引下，相关全球集成电路大厂相继进入大陆市场，台湾地区集成电路公司也积极争取西进。经相关政策引导以及海外资金与技术的介入，中国大陆IC产业从设计、晶圆制造，到测试封装等集成电路产业价值链中的各个环节，都已有外资以及本地资金的投入。

此外，为鼓励及引导IC产业加快技术创新与产品开发，提高研发能力和产业化水平，培养和引进IC产业人才，中国政府于2005年3月23日正式实施《集成电路产业研究与开发专项基金管理暂定办法》，以资助金额不超过研发成本的50%为上限，无偿资助申请合格的研发项目；而京沪深三地半导体产业生产基地区域发展规划进一步确定了大陆半导体产业可持续发展的基础；再加上各地方政府也在中央政策许可范围内，提出相关土地、贴息以及政府投资等方面的优惠措施，以进一步吸引厂商投资与参与当地半导体产业建设。因此，越来越多的中国本地与海外资金通过独资、合资或技术合作等方式积极参与中国半导体产业的投资或设厂计划——2006年底，台湾力晶半导体及茂德通过台湾当局审核，预计到大陆设立8寸晶圆厂的投资，就是最好的案例。

大陆对于进口集成电路产品征17%的增值税，而对于本地企业销售集成电路产品却享受实际税赋超过3%部分的退税，美国认为这是一种歧视性的税收政策，与中国加入世界贸易组织时所做出的“国民待遇”承诺不相符合，并向WTO提出指控，大陆原有半导体产业的优惠政策“18号文件”因而终止。尽管如此，“十一五规划”实施以来，中国大陆仍将半导体产业发展列为主要的发展目标之一，并明确制定了中国半导体产业十一五发展目标（表3-11）。

表3-11：中国IC产业“十一五规划”发展目标

单位：亿元人民币

产业链 内容	IC设计	芯片制造	封装测试	整体
销售额	600	800	1600	3000
所占份额	18.90%	26.40%	54.70%	N/A
技术要求	主流技术水平达到0.13μm～90nm	生产技术达到12寸、90～65nm	可生产BGA、SiP、CSP、MC等封装形式	N/A
重点发展	5个30亿～50亿元级企业,10个10亿～30亿元级企业	10条8寸线、5条12寸线	N/A	完善集成电路产业链，优先发展IC设计业；积极发展IDM模式

资料来源：信息产业部；拓墣产业研究所整理，2006年10月。

为达到“十一五规划”发展目标，中国政府提出新的优惠方案替代“18号文件”，以鼓励半导体产业的发展，预计相关政策将包括税收优惠、IC涉及产业的扶持及专项基金的设立等。中国政府的积极作为将对中国未来IC产业的发展起到积极促进作用（表3-12）。

表3-12：半导体产业优惠政策替代方案

政策方向	预计内容
主要目标	扶持本土大企业，提升自主研发创新能力
税收方面	所得税五免五减半
	固定资产免税
专项基金	通过财政拨款的方式设立基金支援产品研发，以专案方式开放企业申请；并设立IC设计专项资金；
贴息优惠	给予1%的贴息优惠
资金辅助	对研发资金采取信贷和减税的复合优惠政策，对IC企业给予投融资支持和优先上市的优惠

图表来源：作者整理。

二、大陆半导体产业发展的政策限制

中国的半导体产业发展虽然经多次国家级计划扶持，但还是经历了许多挫折和困难。这些制约因素有些来自国际协议的规定，有些则来自中国政策本身的限制，无论是国内或国际因素都制约着大陆半导体产业的发展。

在国际协议中，限制中国半导体产业发展的首要因素就是著名的《瓦圣纳协议》(Wassenaar Arrangement)。

冷战期间，美国主导成立了《多边出口管制协调委员会》(COCOM)，其目的在于以不易获得的高级关键技术为壁垒，限制社会主义国家的技术发展，防止战略性高科技产品和关键技术流入社会主义国家，保持社会主义国家与西方国家一定的技术差距。该协议制定后，社会主义国家半导体产业的发展一直落后于西方发达国家，而中国正是《瓦圣纳协议》限制进口的国家之一。

中国在半导体产业发展初期由于受该条约的限制而难以获得先进的技术与设备。21世纪初，由于外商加大对中国集成电路产业的投资，中国通过技术合作的方式从国际集成电路大厂间接获得关键技术资源，如中芯半导体与德仪的合作，为德仪产品作0.13微米layer 3的后段制程加工，就是一个很好的案例。此外，由于集成电路产业市场需求的发展，中国已成为全球半导体设备厂商重要的市场与利润来源之一。据北美半导体设备协会（SEMI）统计，2005年中国半导体设备市场已达40亿美元，占全球半导体市场设备比重的10%；然而，根据《瓦圣纳协议》的规定，美国半导体设备厂商不能将0.18微米以下的制程设备出口中国，因此，他们只能眼看着相关订单被不受协议限制的欧洲竞争对手，如ASML等抢走。随着全球半导体产业的发展，以及中国半导体产业的崛起，中国市场价值与潜力已不容忽视。虽然《瓦圣纳协议》国家倾向于限制中国半导体产业技术的发展，但相关设备厂商却积极争取中国潜在的市场商机，因此半导体大国政府与商界的经济矛盾与冲突日益凸显。笔者认为，在未来全球及中国半导体产业的发展中，《瓦圣纳协议》的制约作用将会减弱。

除国际协议限制中国半导体产业的发展之外，中国某些经济政策与半导体产业发展趋势，亦存在着一定的矛盾和冲突。

受潜在市场开发和各种优惠政策的吸引，许多境外半导体企业纷纷进军大陆投资，但由于中国政府所提供税收优惠与中国出口导向型的税收政策、严格的外汇管制之间存在一定的落差，在当时的情况下，中国半导体产业的发展受到一定的限制。

（1）增值税退税政策难以享受。

过去，在增值税退税上，中国相关文件规定实际税赋超过3%的部分即征即退，然对于集成电路产业链中关键的封装测试企业来说，实际上并没有享受到什么优惠，因为封装测试企业接受委托加工集成电路产品不能作为销售自产产品，故其实际税率高于3%却不能享受增值税退税的优惠。此外，如果成品出口采用进料加工和来料加工装配的贸易方式，则进口的原材料或原器件不征收进口环节增值税，出口成品增值税也允许退税。只有符合上述条件，封测企业将产品出口才可以享受增值税退税。

对于晶圆生产企业亦是如此，生产型企业出口可以退还17%的增值税（2004年初降为13%），而内销则只退还超过实际税率3%的部分，因此大部分企业都尽可能将产品出口到境外以获得退税的优惠，再由下游封测企业当作原材料进口。为获取退税优惠，仅一墙之隔的晶圆厂与封测企业，相关产品在产业链中流转都要先出口再进口，无疑增加了企业的成本。

此外，因为企业的实际税率超过3%的部分才能即征即退，所以，从财税角度计算，如果企业要享受实际税率超过3%而享受增值税退还的优惠，则至少需把70%~80%的产品内销，且毛利率在30%以上。而从实际情况来看，考虑到出口退税的优惠、毛利率、境外客户及外汇方面等原因，很少企业能够达到如此高的内销比例和毛利率。

（2）“原材料和成品关税不同”的政策影响了大陆集成电路企业的国际竞争力。

中国政府对于半导体技术和成套生产设备、单项进口的半导体专用设备与仪器免征关税和增值税，但对于某些必须进口的材料和设备，如用于制造集成电路的专用材料（塑料、导电橡胶等）进口时还要征收近10%的平均关税，这大大增加了集成电路行业的生产成本。与此同时，大陆对于进口集成电路产品的进口关税税率却为零，所以很多企业出于成本角度考虑，宁愿从国外直接进口产品也不愿从大陆集成电路加工厂购买产品；而且集成电路设计公司委托大陆国内的封装测试厂加工产品时，因有些大陆厂商受到“原材料和成品关税不同”的政策影响，也不愿意在国内购买相应的技术设备。上述种种为企业利润而增加整个行业成本的做法其实客观上削弱了大陆集成电路企业在国际上的竞争力，且不利于外国企业对中国大陆进行投资。

（3）外汇平衡政策也导致很多企业无法内销。

以封装企业为例，因为中国对于集成电路企业没有专门的外汇政策，因此企业如果将集成电路产品直接出售给本地整机制造商，则只能以人民币结算，而封装企业需要大笔外汇，用以进口原材料。同时，作为国际性产业，集成电路封装企业一般由下订单的国外集成电路设计企业，而不是整机制造商支付加工费，但中国大陆实行“谁出口谁收汇”的外汇管理体制，即出售给本地企业的产品被视为内销，则封装企业无法收汇。

（4）“不平衡”的优惠政策影响厂商的投资意愿。

“18号文件”未取消前，中国政府规定投资额超过80亿元人民币或集成电路线宽小于0.25微米的集成电路生产企业进口自用生产原材料、消耗品，免征关税和进口环节增值税，而大陆本地企业采购本地材料和设备要缴纳17%的增值税。这种“不平衡”的优惠政策促使很多企业不愿意从大陆本地企业购买材料和设备，因此中国半导体产业的材料和设备受制于境外市场；而且，如果材料和设备都靠进口，那么外国投资者因为无法购买本地相对便宜的材料从而投资兴趣大减，这也限制了作为支撑大陆半导体发展的本地集成电路材料企业的发展。

（5）中美之间有关集成电路增值税退税的争端也是一种制约因素。

美国认为大陆对于进口集成电路产品征17%的增值税，而对于本地企业销售集成电路产品却享受实际税率超过3%部分的退税，这是一种歧视性的税收政策，与入世时所的“国民待遇”承诺不相符合，并为此向WTO提出申诉。受此相关申诉的影响，中国政府已取消“18号文件”的优惠政策。虽然中国政府计划提出其他相关替代政策，但“18号文件”的取消对集成电路业者所能享受的政策优惠影响较大，进而对中国半导体产业的发展有一定的影响。

第四节 两岸半导体产业的SWOT分析及制约因素

大陆产、官、学、研各界集中力量大力发展半导体产业，而且大陆以庞大的半导体零组件市场以及优惠政策作为吸引外资与技术的手段。对于近在咫尺的台湾地区而言，这意味着无限的商机，但同时也潜在竞争与合作并存的互动关系。此外，随着集成电路技术的扩散与成熟，台湾地区半导体市场由过去的生产导向转变为市场导向，最明显的例子就是从2000年开始，台积电就由聚焦制造导向转为服务导向。从半导体产业发展的进程我们可以看到，在全球竞争日益激烈及降低成本的双重压力下，全球集成电路大厂不断将成熟制程从本国或本地区转移至生产成本较低的国家或地点；故全球集成电路生产基地的重心，由美国转入日本，又由日本转入台湾地区及韩国，如今已逐渐转移到大陆。虽然目前中国半导体产业的发展尚未成熟，但在全球半导体产业发展趋势的引导下，加之中国政府相关政策的大力支持、技术的快速引进、潜在市场的吸引力和充沛的人力资源等诸多有利因素，中国半导体产业自“九五计划”以来发展迅速，因此，大陆半导体必将成为未来全球半导体产业最重要的生产、市场以及人才培育的中心。

一、两岸半导体产业发展的资源互补性

两岸半导体产业的发展历程，都是在政府的主导与引领下，走过一段艰辛而漫长的发展道路。在两岸半导体产业发展初期阶段，双方并没有太多合作与交流的机会，但随着大陆改革开放以来，台湾当局宣布解除“《戒严法》”，开放台湾地区民众赴大陆探亲，由此双方企业与产业的往来与交流日趋频繁，半导体产业亦是如此；近十年来，基于市场、技术、人才与资金等资源互补的需求，两岸经济与产业的相互依赖程度日益加深。对于两岸双方半导体产业发展的优劣势，我们可以进行如下SWOT分析[①]：

① “SWOT”分析常利用在分析产业的现况时，评估产业本身的优势（Strength）、劣势（Weakness）及其外部环境所存在的机会（Opportunity）及威胁（Threat），这四个英文字的第一个字母合在一起，就是SWOT。作为一种重要的概念与方法，SWOT分析可以在进行组织或产业政策制定时的一种分析工具。

表3–13：两岸半导体产业的SWOT分析

两岸 分析	中国大陆	台湾地区
优势	1.政府政策全力扶持 2.人力、土地成本低 3.科技人才的储备丰富 4.具有一定水平的基础研究活动 5.多方面的优惠政策及补贴吸引国际大厂进驻 6.产业群聚的现象逐渐形成 7.半导体设备业较具基础 8.全球最大的IC区域市场	1.专业分工完善、产业群聚 2.大量优秀基础工程师及人才 3.员工自主工作意识强 4.制程良率高 5.专利数目多 6.下游信息工业发达 7.国际市场筹措资金的能力强 8.营运管理强，不断压低成本 9.数位设计与CMO制程能力佳 10.IC设计产值大量超越中国大陆
劣势	1.半导体骨干人才不足 2.员工专业意识较弱 3.制程能力不足、良率较低 4.IC设计能力尚在增长阶段 5.专利数目少 6.国际市场筹措资金能力不足 7.本土IC市场自给不足需依赖进口 8.受限《瓦圣纳协议》，先进设备被限制进口 9.专利与知识产权侵权问题较为严重	1.产品同质型高、竞争激烈 2.营销能力不足 3.基础研究活动趋少 4.高频、无线通讯及系统人才不足 5.SOC相关设计、制造、封测技术有待加强 6. 行销渠道和市场敏感度不够 7. 台湾当局对厂商“西进”投资的限制，影响台湾厂商在大陆的竞争力 8. 半导体人才逐渐外流
机会	1.庞大电子消费产品的内需市场 2.中国大陆半导体产业对台湾相关人才的高度吸引力 3.全球电子产品主要的组装基地、半导体市场需求较大	1.IDM大厂提供订单 2.中国大陆消费性电子市场逐渐增长有利台湾集成电路产能做大 3.IA产品盛行的零组件商机
威胁	1.加入WTO后，直接面对全球半导体市场的竞争 2.专利与知识产权侵权问题 3.印度、越南等地区优惠政策相继出台，吸引国际大厂的投资目光，中国低成本优势逐渐减退	1.大陆本土集成电路厂商的竞争 2.中国大陆优惠政策吸引台湾集成电路业者设厂 3.12寸晶圆生产技术的掌握较为复杂与困难

资料来源：作者撰写整理。

从上述的分析中，我们不难看出两岸半导体产业未来发展各有优劣，机会与威胁并存。

台湾茂德科技林育中先生曾经指出，半导体产业要形成一定规模，至少需要三个因素：基础科学研究能力、国内快速累积资金的能力、应用市场产业的形成；上述三个因素如再加上半导体技术与制程的不断演进，那么我们可以将影响半导体产业的发展因素归纳为：人才、资金、市场和技术四个方面。在现阶段中，台湾半导体产业因发展较早，累积了许多经验与资源。相较于大陆半导体产业的发展，台湾地区在技术、资金与中等技术人才方面有较为明显的优势；大陆在市场前景上则要远远高于台湾地区，而且随着高校科研机构众多理工人才走向市场，以及企业专业技术与实践经验的积累，大陆集成电路人才的主体已逐渐从一般的操作员过渡到具有较高专业技术能力的中等工程师。由于两岸半导体产业处于不同的发展阶段，因此两岸半导体产业在资源与分配等环节上，具有一定的互补性。

表3–14：两岸半导体产业发展的互补性

两岸 构面	中国大陆	台湾地区	备注
人才方面	众多理工人才	1.专业技术人才 2.中等技术人才“西进”	协助培养大陆专业半导体工程师
资金方面	资金较为短缺	1.资本市场较为丰富 2.“西进”策略投资	许多台湾半导体相关公司已在大陆投资或设分公司
市场方面	消费电子产品市场不断扩大①	台湾市场受限，以代工及外销为导向	形成集成电路产品分工，大陆市场吸引台湾相关产业“西进”
技术方面	1.制程技术仍为中、低阶制程 2.大量制造为主	高级先进制程	两岸半导体产业技术与制程能力处于不同阶段

资料来源：作者整理。

① 根据中国半导体行业协会（CSIA）及中国电子信息产业发展研究院（CCID）的统计，2004 ~ 2008年，中国集成电路市场需求将会持续保持年均18%以上的增长率。

目前，虽然两岸半导体产业的互动存在一定的互补性，但从集成电路生产基地的转移来看，两岸仍然存在一定的竞争势态。

（1）人才方面。大陆可投入半导体产业发展的理工科人才数量可观；就现阶段而言，大陆的技术人才数量占优势，但在专业能力与素质方面，仍然与身经百战的台湾半导体人才具有一定的差距。近年来，大陆半导体的蓬勃发展，对台湾集成电路厂的中级人才产生了巨大吸引力，台湾人才纷纷西进发展，希望能分大陆半导体产业发展之一杯羹。台湾半导体业界采取股票分红制试图留住优秀人才，但是随着台湾当局对股票收入课税基础认定的调整，这套股票分红制度逐渐丧失对人才的吸引力。综观目前半导体人才流动的趋势，大陆半导体未来发展的吸引力正逐渐扩大，台湾半导体人才不断西进的结果，势必导致海峡两岸对于半导体人才需求的竞争。宏力半导体、中芯国际与方正微电子等厂商都有相当数量的技术与业务人才来自台湾地区就是最好的案例。

（2）资金方面。集成电路设厂需要投入巨额资金，而资本市场能否募到足够的资金，取决于两项条件，首先是资本市场是否有足够的支撑条件？其次，投资标的是否有足够的吸引力？对投资者而言，不同投资标的在资金上是具有排挤效应的。对于一家新设的集成电路厂来说，能否在市场上募集到足够资金，往往取决于该公司是否拥有技术团队；而对于扩建厂房的集成电路厂商而言，能否募集到资金则是取决于过去的营运绩效。无论是在资本市场的资金流量或厂商的经营表现，台湾都优于大陆。在资本市场资金筹集能力上，中国大陆半导体产业不及台湾地区。但由于半导体产业是中国“十一五”发展规划的重点之一，也是许多地方政府经济发展的主要方向，因此，许多省市政府①为了实现以市场引进技术，不惜以巨额资金共同投资，并以未来中国潜在市场的商机换取海外技术，吸引外商或台商到中国大陆投资设厂。2006年底，重庆市政府同意投资2亿美元，吸引台湾茂德在重庆“西永工业区”建造

① 近年来，四川省政府大量兴建高新技术开发区与保税区，并以提供高科技及半导体厂商十年免税、土地基础建设及银行低利息的融资及相对投资等优惠政策吸引半导体厂商到四川投资。2005年四川省即获得了美商英特尔（Intel）在成都建造4.5亿美元封测厂的投资。

8寸晶圆厂，以及美国英特尔筹资25亿美元在大连投资12寸晶圆厂就是最典型的案例。投资半导体产业的国际资金一旦增加在中国大陆的投资，势必减少原本该资金在其他地区的投资效应，现阶段中国大陆与台湾地区对于国际资金的需求，本身就具有排挤性，加大对中国大陆的投资，可能就意味着排挤了该资金原本对台湾地区投资的机会。对于资金的需求，两岸存在一定的竞争性。

（3）市场方面。中国拥有庞大电子消费产品的市场。据CCID统计，2005年中国已顺利超越美、日成为全球最大的集成电路消费市场，整体市场规模已达到4534.8亿元人民币，比2004年增长约28.4%，其中IC市场规模为3803.7亿元人民币，2006年IC市场规模达4862亿元人民币。由于中国半导体发展时间相对较短，在制程技术方面仍有待提升，因此，虽然大陆消费性电子产品市场不断扩大，但受技术与设备的限制，仍无法满足市场需求。对于高级制程的IC而言，中国大陆还是必须依赖拥有先进制程技术的外资集成电路厂生产，或是经由国外进口；事实上，大陆本土IC市场自给不足的状况较为严重，约80%以上需进口。然而在国际市场方面，由于大陆半导体产业人才、资金与技术不断发展，尽管台湾集成电路厂商仍掌握重要的国际订单，但随着大陆半导体产业的逐渐成熟与国际大厂的投资与进驻，部分国际订单有可能转投到中国大陆，在一定程度上对于台湾地区的集成电路厂商，产生一定的威胁。

（4）技术方面。台湾半导体产业经过三十多年来的发展，无论是IC设计、晶圆制造还是在封装测试，技术均已相当成熟。以IC设计为例，台湾IC设计公司产品以较高阶的特殊应用标准产品（Application Specific Standard Product，ASSP）产品为主，而大陆方面仍以ASIC、MCU和智能卡晶片等较为中低阶的产品为主；在线宽方面，台湾IC设计产业技术以0.13微米和纳米设计为主，而中国IC设计尚停留在0.18微米的阶段。在晶圆制造方面，2006年底台湾已有台积电、联电、力晶、茂德、华亚科技、南亚科技及华邦电子等13座12寸晶圆厂，而大陆目前仅有北京中芯和外商Hynix-ST在无锡的12寸晶圆厂，所以大陆在数量和制程能力上尚存诸多提升和加强的空间。此外，在制程技术方面，台湾地区的台积电和联电已发展到65纳米以下的制程，大陆则2006年才进入纳米制程。尽管在IC设计与高技术含量的纳米制程中，两岸厂商在技术上还存在一定的距离，但在不久的将来，相关领域势必形成两岸业者相互竞争的态势。

由于两岸半导体产业的发展处于不同的阶段，所以现阶段两岸半导体产业各有所长，优劣并存。从微观的角度观察，两岸半导体产业仍处于相互竞争的状态——在人才、资金、市场、技术上彼此较劲，各自不断提出优惠或是限制政策，以求自身半导体产业能够在全球竞争中占据优势。目前，虽然两岸半导体互动仍处于竞争大于合作的状态，但由于两岸半导体产业发展处于不同阶段，所以仍在存诸多共享互补的空间。从前述两岸半导体发展的相关性分析中，我们不难看出，尽管未来两岸半导体产业的发展存在可能的竞争态势，但现阶段利用各自拥有的资源进行交流与互补，进而以较低的成本创造出合作与争取国际订单的机会，这是一种最佳的双赢结果。

二、两岸半导体产业发展的瓶颈分析

相较于80年代，近二十年来台商赴大陆投资已有结构性的变化。具体来说，在产业类别方面，由过去劳动力密集的传统产业转向资本及技术密集的科技产业；在投资规模上，也由过去的中小企业逐步提升为像茂德和力晶半导体等台湾地区的上市企业；地域上，逐渐由珠江三角洲地区向长江三角洲、环渤海湾一代扩展；而就分工体系而言，由过去垂直分工的合作模式，转变为既竞争又合作的水平分工。海峡两岸都从资金、人力、技术与政府资源等方面，大力投资与鼓励半导体产业发展，但受信息产业迅速发展的影响，在全球化的竞争下，两岸半导体产业亦面临一定的发展瓶颈。综合前述两岸半导体产业的SWOT分析与产业指标分析（表3–15），我们可以分析与归纳出两岸产业所面临的瓶颈。

表3–15：两岸半导体产业指标现况分析

参考指标（2005年）	中国大陆	台湾地区	待解决瓶颈问题
市场进口供需（2004年）	90%	55.5%	中国需加大本土IC市场的供应量
整体产值	701亿元人民币	2782亿元人民币	台湾地区产值虽大但增长趋缓
IC设计产值	124.3亿元人民币	约690亿元人民币	中国需加大IC设计增长力度
IC设计总销售额占全球比重	3%	28%	中国需加大IC设计总销售额度
IC设计产品	ASIC、MCU、智能卡	ASSP	中国需做技术升级
IC设计产品	0.18微米	90纳米	中国需加强人才培养
晶圆制造产值	232.9亿元人民币	1513亿元人民币	中国晶圆厂产数量有待增加
制程技术	0.13微米	90纳米以下	中国制程技术待增强
12寸晶圆厂（2006年）	2座①	13座	中国晶圆厂产数量有待增加
大厂研发比重	10%	18%	中国需加强研发支出
专利数	中芯5	台积电3083 联电2534	中国需加强集成电路专利研发
封测产值	344.9亿元人民币	2319亿元新台币	中国封测增长超过2成，较台湾地区快速
封测技术	SOP、DIP等低阶产品	QFP、BGA等中、高阶技术	中国封测技术有待升级
封测市场	本土市场	全球市场	中国需提升技术进军国际市场
政府政策	8寸/12寸晶圆厂IC设计	12寸晶圆厂/IC设计	中国8寸晶圆厂仍为主流

① 截至2006年底，中国12寸晶圆生产线共有两条，分别是上海的中芯半导体和无锡的海力士一意法。12寸晶圆的生产有助于中国晶圆制造的整体水平的提高。

（续表）

参考指标（2005年）	中国大陆	台湾地区	待解决瓶颈问题
人才供应	低阶/中阶工程师	中阶/高阶工程师	大陆有广大的人才市场
人才成本	低	高	上海薪资比例约1：3
材料成本	高	低	大陆本地材料成本高

资料来源：拓墣产业研究所，作者整理。

尽管上述的资料是2005年的统计数字与发展情况，但迄今为止，两岸半导体产业指标的基本态势并没有太大的改变。因此，根据上述相关资料分析的结果，我们可以合理的认为两岸半导体产业发展的瓶颈，具体可以归纳为以下几个方面：

（1）市场规模方面。2005年，中国已超越美、日成为全球最大的集成电路区域市场，其整体市场规模已达到4534亿元人民币，比2004年增长约28.4%。2006年，中国IC市场产值已达4862亿元人民币。由于看好大陆潜在市场吸引力，多数外商大力拓展其大陆产业布局，再加上国际资金的不断流入等诸种有利因素，未来大陆半导体产业的发展，将对台湾构成较大的威胁。如何突破大陆半导体产业发展对台湾相关产业带来的竞争与挑战，是台湾当局亟待解决与突破的瓶颈。

（2）技术升级方面。两岸在半导体技术与制程方面有较大的差距。以IC设计为例，台湾地区IC设计厂商目前以设计较高级的ASSP产品为主，相关比重约占91.4%，而中国的IC设计的技术目前仍以MCU、ASIC、视频类IC以及智能卡晶片等，较为低阶的产品为主；从IC制造的制程技术来看，台湾地区台积电和联电的制程技术已发展至90纳米以下，而中国虽已进入纳米制程，但技术尚不成熟。因此，从技术的角度来看，未来中国大陆如何快速突破制程技术门槛，掌握核心技术能力促进产业升级，是一个亟待突破的瓶颈。

（3）市场供需方面。就中国本土IC市场产品需求而言，由于本土

IC设计较为落后，高级的晶圆制程也有待加强，因此，对于IC的需求来说，中国主要仍需依赖进口。目前，大陆本土IC市场自给不足，约90%需依赖进口，而台湾地区整体IC市场进口仅占约55.5%。由于大陆IC市场供应状况受国际市场影响甚巨，中国需全面提升各级IC制程技术，引进高级设备，减低对国际市场供应的依赖。

（4）材料成本方面。根据入世时的承诺，2002年中国将实行信息技术产品协议关税税率，并在2005年前逐步取消信息技术产品现行的关税税率，及最终实行零税率。从2002年1月1日起，中国对集成电路、行动通讯基站、行动通讯交换机等122项关税项目实施零关税，即进口IC至大陆将不再课征关税，如此中国大陆制造、封装测试的IC，其成本可能高于海外进口。这是中国内地生产IC成本可能高于进口IC的原因。以封装产业为例，有些封装制程所需采用的材料，并没有在上述122项免关税项目中，如黑胶、导电材料等要征收平均10%的关税，材料约占封装成本的20%，且技术越高级的封装产品，其材料所占比重有越来越高的趋势，如此而言，目前进口封装材料要课10%的关税，将直接冲击封装厂营运成本。虽然，外商至大陆投资设专业封装代工厂，大多数以低阶封装技术为营运主轴，然其材料需求仍高于大陆当地材料商所能供应的范围，因此封装厂所用的材料大部分来自进口，若想通过当地材料来降低成本，近期内似乎还不可行。集成电路封装产业早就进入微利时代，不同封装形式毛利率不同，平均来说约为10%，因进口材料需课10%关税，这对本已“惨淡经营”的封装厂来说，无疑是雪上加霜。封装厂若要保持一定的毛利率以维持营运，必定要拉高售价，如此与技术成熟、制程稳定的进口IC相较，大陆本土IC更不具竞争力。

（5）人才成本方面。大陆半导体产业人才薪资相对较低，因此即使是材料成本增加，厂商仍可以人力成本平衡总支出。一般来说，上海的薪资及物价是大陆其他地区的两倍以上，而上海一般工人的薪资水平约为台湾地区的1/3。越高级的主管及工程技术人员，其在上海与台湾地区的薪资水平就差距越小。举例来说，位于上海的台资封测厂表示，主管级的员工月薪至少在人民币1万元以上，有五年以上经验的工程师薪资约为7000～8000元，两年以上工程师薪资约4000～5000元，有技术能力的员工为3000元起，而工程师的薪水约是行政人员的两倍，初级工人的薪资仅为1000元左右。对于需要大量劳力的系统组装厂来说，大陆的薪资结构无疑是一种可资利用的优势，因为中国初级工人的薪资与台湾地区基本劳工薪资有较大差距。但对集成电路厂来说，这方面其实并不能获得多少好处，因为集成电路厂商需要的是大量有技术背景的人员，而且目前封装测试厂人力成本约占总成本20%～25%，晶圆厂约占10%～15%。此外，集成电路厂商需要工科背景的人才，但这类人才在大陆的薪水不菲，预计5年后，大陆的科技人才薪资水平可能与台湾相当。

（6）人才供应方面。自2002年起，台湾当局每年引进专业师资近八十名，快速充实台湾名牌大学人才库，这为台湾地区高级研发人才提供了强大的后备军。但近年来，由于台湾地区政治动荡不安，人才流失或者西进大陆，且高级技术人才的培养速度稍慢于人才济济的中国大陆。而且，每年中国都有相当数目的理工毕业生投入半导体产业，中国半导体人才快速增加。综合上述，台湾半导体人才的流失与新技术研发人才的培养将是未来发展的瓶颈。

（7）政策支持方面。为推动台湾半导体产业的发展，台湾当局于2003年推出了“矽导计划”。这一计划的远景目标是：以台湾深具优势之集成电路制造为基盘，选择IC设计服务为龙头产业，推动建立矽智财新知识经济产业，建立台湾厂商在全球集成电路制造、IC设计服务产业之旗舰地位，并藉由龙头产业之带动，及早达成2008年台湾当局《六年计划》重点发展目标。《两兆双星》计划亦着重加强台湾地区半导体产业的发展，特别是该计划实施以来，对于12寸晶圆厂的建造与投产迅增，因此台湾的晶圆生产与制程技术远远超过大陆。大陆的“十一五规划”虽然着重于IC设计，8寸及12寸晶圆厂的建造，但仍需进一步需要相关优惠政策的支持与鼓励。未来大陆如何应对WTO规范的制约，同时又能有效地制定相关优惠政策鼓励中国半导体产业的发展，是中国政府亟待解决的问题。

（8）研发方面。为提升研发技术，台湾集成电路大厂商每年的研发投资约占利润收入的18%，而2004年中芯国际的研发金额仅为4.1%，尽管2005年提升至约10%，但仍较为偏低。如何提高研发能力，开发高级技术与制程，是现阶段中国半导体产业面临的另一个瓶颈。

（9）专利获取方面。专利权是半导体产业发展中的关键课题。台湾地区的集成电路厂商非常注重半导体专利保护，仅台积电一家就拥有3083项专利，联电亦拥有2534项专利，而中国在专利保护方面则远远落后于台湾地区。如何加强研发，取得集成电路相关专利权，是中国面临半导体产业的另一个发展瓶颈。

（10）其他方面。为尽快实现半导体发展计划与目标，经多年努力，台湾地区在核心技术掌握、产业环境及研发人才培养等各方面，都取得不凡的成果。具体包括：成功建置全球首创之IC智财汇集商务中心（IP Mall），结合半导体、IC设计、信息网管及智权交易等全方位服务，以IC创意设计与完整之系统服务，提供全球买主专业且一次购足之服务。此外，台湾当局目前正积极规划“台湾心计划”[①]，意在开发台湾集成电路厂商自有核心处理器技术，希望藉由国内外厂商的投资，使台湾半导体产业掌握全球芯片系统（SoC）设计、制造及创新服务供应链之关键地位。在上述背景下，如何加强知识产权的管理、信息网络管理、制造与客户管理平台等管理系统，都是大陆与台湾半导体产业急需加强的地方。

① 为加速集成电路产业的发展，2001年开始，台湾当局极力推广“矽导计划”，在第一阶段完成后，台湾当局进一步推广“台湾心计划”，作为“矽导计划”的第二阶段。台湾地区虽然在集成电路产业的发展方面取得不俗的发展与成绩，但在嵌入式核心处理器、对SoC架构以及相关周边软体选择的主导性方面仍有许多成长与发展的空间。“台湾心计划”主要的目的即针对相关领域，加速台湾地区集成电路产业的发展与科研能力。

第四章

研究小结：产业交流与两岸政治发展

作为全球最重要的信息产品生产基地之一，在经济相互依赖的驱动下，台湾地区半导体产业在技术、管理、产品以及经营模式上力求创新，并逐步把附加价值低的生产转移到具有比较利益优势的集成电路生产地点，即利用同根同源与地理的优势开拓大陆市场。因此，从两岸半导体产业发展互动来看，我们不难看出，“台湾接单、大陆制造”或“台湾设计、大陆制造”模式已渐成发展趋势。因此，本章将讨论产业与经济交流对两岸政治环境的影响，深入分析半导体产业对两岸经济发展的影响，并探讨入世后的两岸经济互动，亦即两岸后续可能的合作及发展。除此之外，1997年7月1日，中国正式恢复香港主权及1999年12月20日中国恢复澳门主权，形成了“一国两制”制度下香港和澳门回归模式。以“一国两制”的制度方案解决台湾问题，是中国一贯的基本国策，因此，在前述评述香港回归模式的基础上，我们将进一步阐述“一国两制”对两岸政治、经济互动的适用性及相关结论。

第一节　两岸产业与经济互动模式：中国大陆逐渐取得主导权

产业发展是一个国家或区域经济发展中的重要环节，当产业快速发展或积累到对经济产生一定影响力的时候，执政当局政策制定时必须考虑政策执行是否会对经济产生负面的影响，以及普通民众对该政策的支持度。政治决策对经济有一定的影响力，但经济利益的积累，往往也是政治决策的原动力——美国大型跨国企业与特定产业对政治人物与相关决策的影响，就是典型的例子。

两岸关系亦是如此。半个世纪以来，中国向来是政治影响两岸产业的交流。但改革开放以来，由于产业互动与经济交流日益频繁，再加上两岸先天的血缘关系，台湾地区对中国大陆的投资力度不断加深。在台湾产业“西进”运动与经济交流日益频繁的条件下，两岸的政治决策逐步受到经济因素的制约。其他外商对中国的投资也是如此。受中国大陆广大市场的吸引，外商不断深化对中国大陆投资的力度。从外商对中国大陆投资趋势及两岸进出口金额的相关统计数据，我们可以观察到中国大陆对台湾经济的依赖程度不断降低、影响力却不断升高，而台湾地区对中国大陆市场的依赖却不断加深的发展趋势。接下来，我们将从两岸贸易依存度及半导体产业两个方面作进一步的分析。

1. 两岸贸易依存度

贸易依存度（Trade Dependence）是政治经济学中的常用术语，这一指标是分析一个国家输出与输入的贸易总额占该国整体经济的比重，并进一步衡量这个国家经济增长依赖对外贸易的程度。当然，贸易依存度也常用来分析两个及以上的国家及地区之间贸易相互依赖的程度，具体言之，贸易依存度所占比重越高，该国或地区的经济增长与对外贸易的关系越密切，或者两个国家或地区之间经济的相互依存度越高。

一般而言，贸易依存度可以分为出口依存度及进口依存度等两类指标。部分欧美学者将出口依存度定义为外贸依存度，但通常学者计算贸易依存度是将贸易输出金额加输入金额除以国内生产总值（Gross Domestic Prouct,GDP）。具体来说，出口导向型的国家或地区，对贸易的依存度较高，以台湾地区为例，由于其经济活动大都集中在对外经贸领域，因此根据台湾“国贸局”2003年统计的数字显示，台湾地区对外的贸易依存度高达81.8%。近年来，大陆已取代美国，成为台湾地区对外最大的出口市场，两岸的贸易依存度不断升高。而根据中国商务部最新的统计，2007年台湾地区对大陆的出口依存度高达41.0%，对两岸贸易依存度也高达26.7%，而同期大陆对台湾地区的出口依存度为1.9%，对两岸贸易依存度仅为5.7%。

台湾地区已成为全球对大陆出口依存度最高的区域，这表明在外贸与经济相互依存的程度上，台湾地区依赖大陆的程度很高。特别是自1992年以来，台湾地区对中国大陆的出口贸易依存度，从1992年的7.72%一路攀升到2006年的38.9%，而2007年更创新高达到41%（表4-1）。如果台湾地区对大陆的经济依赖度越高，大陆就越有谈判上的筹码；在这种逐渐不对称依赖的发展趋势下，如果台湾地区不能进一步提升产业核心能力，台湾当局将陷入两岸政治与经济竞争上的劣势。事实上，两岸产业互动模式方面，随着经济开放与大陆竞争力的提高，两岸相互依赖程度与影响力已逐渐逆转，中国大陆已逐渐取得产业与经济互动交流的主导权。

表4-1：海峡两岸贸易依存度（1992~2007）

单位：%

年度	台湾地区对大陆贸易依存度			大陆对台湾地区贸易依存度		
	出口依存	进口依存	贸易依存	出口依存	进口依存	贸易依存
1992	7.72	1.56	4.48	1.32	7.8	4.48
1993	15.20	1.90	7.36	1.59	12.44	7.36
1994	15.13	2.62	9.15	1.85	12.18	8.34
1995	13.24	2.99	8.31	2.08	11.19	6.37
1996	13.96	2.74	8.69	1.85	11.65	6.55
1997	13.47	2.97	8.39	1.86	11.55	6.1
1998	15.03	3.69	9.49	2.11	11.85	6.31
1999	17.15	4.07	10.96	2.03	11.79	6.51
2000	17.21	4.42	13.82	2.02	11.32	6.44
2001	19.05	5.47	10.24	1.88	11.23	6.35
2002	21.78	7.02	15.05	2.0	12.9	7.2
2003	23.48	8.56	16.62	2.05	11.96	6.86
2004	26.83	9.95	18.72	2.28	11.54	6.78
2005	28.36	11.00	20.04	2.17	11.31	6.42
2006	38.9	10.2	25.3	2.1	11.0	6.1
2007	41.0	10.7	26.7	1.9	10.6	5.7

资料来源：中华人民共和国商务部。

2. 半导体产业的相互依赖

随着过去民进党“执政”期间，“台独”的主张与相关活动的日益“嚣张”，两岸关系渐趋紧张，然而，与此相反的是，台商“西进”投资的热潮不退反增。台湾半导体产业的情形也是如此。基于开拓市场与产业布局的考虑，以台积电及联电为首的半导体产业链早已在长三角“落户”。2007年茂德在重庆设立8寸晶圆厂，以及力晶加速在长三角地区设8寸晶圆厂，我们可以乐观预期，未来台湾半导体产业“西进”投资另一个新的热潮已悄然出现。

表4–2：台湾晶圆代工、IC产业产值及GDP比重趋势

单位：亿元新台币

	1998年	1999年	2000年	2001年	2002年	2003年	2004年	2005年	2006年
晶圆代工	938	1,404	2,966	2,048	2,388	2,855	4,400	6052	7462
IC产业产值	2,834	4,235	7,144	5,269	6,274	8,243	11,598	11,131	13,836
名目GDP	88,990	92,440	96,120	94,480	97,350	98,440	102,060	—	—
晶圆/IC	33.10%	33.15%	41.52%	38.87%	38.06%	34.64%	37.94%	54.4%	53.9%
晶圆/GDP	1.05%	1.52%	3.09%	2.17%	2.45%	2.90%	4.31%	—	—
IC/GDP	3.18%	4.58%	7.43%	5.58%	6.44%	8.37%	11.36%	—	—

资料来源：作者整理。

大体而言，台湾IC产业对台湾经济的贡献越来越大。台湾IC产业产值占台湾GDP的比重，在1998年仅为3.18%，而到2004年已增长至11.36%；从表4–2中台湾的IC/GDP比重攀升趋势即可得知，IC产业对台湾经济的重要性是不言而喻的；另外，台湾地区的晶圆代工产值占台湾IC产业产值从1998年至2004年始终保持在33% ~ 41%之间，这表明晶圆代工对台湾地区IC产业产值具有举足轻重的影响。随着中国大陆IC市场开放，由此带动相关产业的发展，台湾地区IC业者开始注意到大陆IC市场发展的潜力，并开始开拓大陆市场，但受台湾当局的各项法令限制，台湾IC业者仅将小规模（相对投资于台湾的规模），或是将技术含量相对较低的生产移至大陆进行生产，而技术层次较高的生产仍留在台湾。

目前，IC产业在台湾地区经济发展中仍占有举足轻重的地位，而台湾IC产业又以晶圆代工最具竞争力。台湾IC产业的优势主要得益于完整产业群聚的建立，但是，当台湾当局一旦大举开放晶圆代工业者到中国设厂投资，将导致连锁效应，即上游的IC设计业、下游的封测业跟进投资，这将对台湾的产业结构产生重大影响，因此台湾岛内对于是否开放晶圆代工至中国大陆投资设厂一直争论不休，无法达成共识。但基于全球经济景气的变化，台湾地区IC业者纷纷通过各种途径加速对中国大陆的投资，以

期能在中国经济快速发展与内需市场的扩张中占得市场先机。

近两年来，由于全球经济不堪乐观，外商至中国大陆投资增多。我们从大陆半导体相关公司成立数量的增长情况，可以看出外商投资大陆的积极态度。到大陆投资的半导体公司除包括IC设计公司外，集成电路晶圆代工厂亦发展较为迅速。这些新设立的代工厂，大部分资金、人才、设备和技术都来自台湾，因此，亦直接带动了半导体产业台商对中国的投资。[①]晶圆代工厂是集成电路的重要产业环节，因此，如果推动晶圆厂的投资，将进一步推动中国半导体产业的快速增长。

由于晶圆厂建厂成本昂贵，一般公司将晶圆生产的环节交由晶圆代工厂生产，因此，中国晶圆代工业将获得良性循环发展的机会。例如，就建厂设备的投资而言，据IC-Insight的观察与估计，建构一座晶圆厂的费用从20世纪80年代的1000万美元增长到90年代中的10亿美元以上，1970年至1995年兴建晶圆厂的费用以每年约15%的速度增加，及至2000年，一座月产能25000片的8寸晶圆厂需投资16亿美元以上，月产能25000片的12寸厂则需投资25亿美元以上。建置新厂的费用日新月异，主要因为制程设备愈来愈昂贵，而且从70年代中期占总建厂费用的40%增加到2001年的80%，这使得晶圆代工业愈来愈吃香。而高昂的制程设备费用，也促使制造商与设备商全力合作大力整合制程与设备，一方面可减少设备的占地面积，另一方面可以减少研发时间，因此制造商可以快速的进入大量生产阶段。基于上述诸种相关影响，大陆晶圆代工业的6寸和8寸市场将与台湾有竞争关系，而从产业链的角度来看，两岸产业垂直分工中也具有互补的效果。[②]

纵观近几年两岸半导体产业的发展，两岸在诸多半导体资源上存在

---

① 基于对中国大陆庞大市场的期待，国际大厂纷纷进驻大陆。微利时代的来临，降低成本的压力日益凸显，中国大陆消费能力也逐渐攀升，所以两岸经济往来发展变化迅速。从官方各项投资统计数字，不难发现，台湾对于中国大陆的投资类型已有结构性的改变。

② 由于台商在中国大陆的主要投资项目逐渐倾向于半导体等高科技产业，这些产业所需资金及人才都非常庞大，而台湾无论在国际资金的筹措，还是专业人才提供方面，皆能满足中国大陆建设半导体产业的需求。如此，大陆方面和台商半导体业者的合作发展一拍即合，从而促使两岸经济交流更加紧密。

互补性，特别是由于两岸半导体产业的发展处于不同阶段，在资金筹集、技术研发、人才素质、管理经验等方面台湾地区优于中国大陆，但在市场、土地成本、人力成本等方面，中国大陆却优于台湾地区。如果两岸合作，结合各自优势，则能为两岸经济创造出最大的利益。

半导体是台湾经济发展的支柱产业，同时也是促进台湾经济增长最主要的主力军之一。大陆半导体产业起步较为迟缓，但由于经济快速增长与市场商机广阔，半导体产业的互动可以促进经济交流的发展，再加上中国人力成本、政府政策的鼓励以及区域经济发展等诸多有利因素，因此，在可预期的未来，在两岸产业与经济互动模式中，大陆将逐渐取得主导权。

第二节　两岸产业与经济互动悖论：台湾两岸经济政策的迷失

两岸的经济交流与往来是建立在全球产业链基础之上的。有学者曾以全球产业链解释中国大陆与台湾地区所形成的新产业分工形态[①]，认为台商的海外生产已经在太平洋盆地形成垂直分工体系。在这一体系当中，台湾提供技术、资金、机械设备以及外销订单；大陆与东南亚的劳工则生产成品，然后再出口到其他国家。在上述产业分工体系当中，大陆与台湾地区都是基于各自的比较利益：台湾地区提供资本、制造技术（包括机械、设备等）以及管理经验；中国大陆提供廉价土地、原料以及劳动力。尽管大陆人才培养与技术升级发展迅速，但两岸产业链的分工体系并没有明显改变，而且随着台商西进策略的深入发展，这种分工结构反而日益明显，因此，两岸产业互动加强了两岸经济交流的广度与深度，并逐渐影响两岸的政治决策。

① Pan Mei-lin及Chen Xiang-Ming两位学者认为台商在海外的生产已经形成太平洋盆地的垂直国际分工体系。

图4-1:商品链产业分工体系示意图

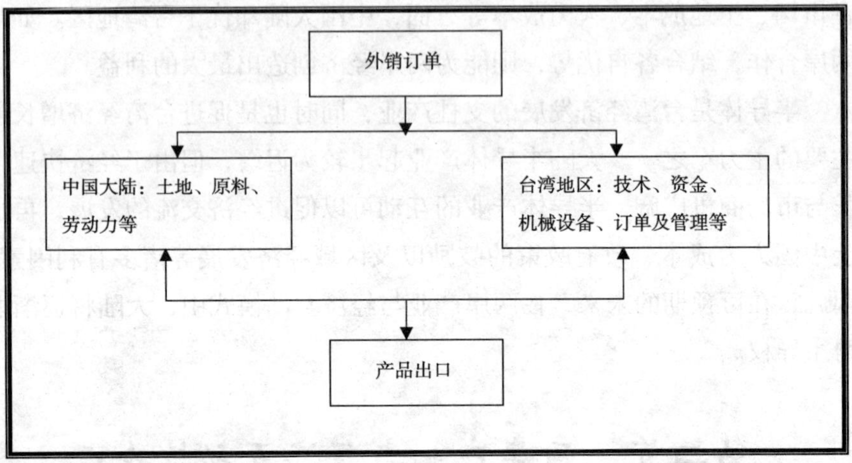

图表来源：作者自撰。

台湾地区半导体厂商“西进”策略，就是一个最好的案例。在全球产业链的分工体系压力下，台湾地区许多集成电路厂商纷纷“西进”投资，相关技术、资金、设备与经营管理经验亦进驻中国大陆，而大陆则以廉价的土地、优惠的政策、充足的劳动力与丰富的原料，参与商品链的运作与分工当中。在两岸产业链形成的同时，伴随着群居效应中国各地逐渐形成了相关产业链。上述产业结构的发展，从两岸关系的角度来看，基本上验证了相互依赖的理论预期。但是，台湾地区两岸经济政策明显与这种理论预期相背离。

由于两岸经济发展所处的阶段不同，产业发展的互补性促使两岸经济交流日益频繁，在此背景下，台湾当局的两岸经贸政策于2001年11月稍有放宽，从原有的“戒急用忍”转向“积极开放、有效管理”，[①]具

① 有关“积极开放、有效管理”政策的推行，台湾“行政院”2001年11月7日正式在院会中通过以“积极开放、有效管理”取代“戒急用忍”的两岸经贸政策。相关政策取消台商投资大陆5000万美元的金额上限；个人及中小企业的投资金额上限，则从新台币6000万元，提高为新台币8000万元。

体措施包括组成项目小组定期检讨放宽对大陆投资产业及产品项目、放宽对大陆投资的资金限制、建立风险管理机制、有条件开放企业赴大陆直接投资，以及推动签署两岸投资保障协议及两岸租税协议；此外，考虑适度放宽台商赴大陆投资及两岸经贸往来限制，重点建立新的台商投资“调节机制”与“审查机制”，有效管理资金流向。

表4–3：台湾当局“积极开放、有效管理”的大陆经济政策

“积极开放、有效管理”的大陆经济政策	
积极开放	1．厂商投资大陆建议审查额度由300万美元提高到2000万美元
	2．取消大陆个案投资5000万美元的上限
	3．厂商到大陆投资累计金额由资本额或净值的20%放宽至净值的40%
	4．股本或盈余汇回台湾可扣减累计投资金额
	5．允许海外支行（OBU）与大陆金融机构进行直接业务往来
	6．开放台湾地区企业直接至大陆投资
	7．成立专案小组，定期检讨放宽至大陆投资的项目与产业
有效管理	1．重视全球布局和资金风险分散原则
	2．以企业经营的净值决定核准投资额比重
	3．强化管理机制，提高投资企业财务的透明度
	4．建立动态的投资调节机制

资料来源：本研究整理。

2004年“总统选举”后，台湾当局决定将分三个阶段进行开放投资，其中第一阶段开放“无国家安全顾虑、无敏感性及影响较小”的陆资来台投资，而第二阶段与第三阶段开放陆资来台投资案，则将视第一阶段的开放成果而定。此外，台湾当局致力于将两岸经贸逐步纳入全球经济格局当中，推动两岸经贸关系正常化，具体措施包括适度开放大陆物品进口、建立“两岸经贸安全预警制度”、扩大“境外航运中心”功能及范围、规划民间航运企业与中国大陆洽谈航运业务合作之机制，以及评估建立“经贸特区”的可行性。

但至2006年，台湾当局基于政治考虑，宣称两岸交流必须在台湾的“主体性”及“国家”整体利益的原则下进行，并表示两岸经贸政策不应着重于“开放”，或者只追求“积极开放”，而忽略了更重要的“有效管理”。台湾当局同时认为，两岸经贸政策不应只是追求个别企业的经济利益，只有整体经济持续发展才符合台湾经济的最大利益；台湾当局并宣称，政府必须积极肩负“管理”的责任，才能有效降低对大陆“开放”与过度依赖的风险。因此，陈水扁在2006年元旦祝词中表示，“积极管理、有效开放”的经济政策，将是未来两岸经贸政策的新思维与主要指导方针。

台湾当局表示，“积极管理、有效开放”政策的原则首先在于，需积极建构两岸经贸管理配套，在经济、农业、金融、人员、小三通等经贸往来层面，建立管理目标及机制；其次，持续推动两岸经贸协商，强化管理效能，针对两岸经贸议题，透过务实的协商，建立有效率的管理机制；最后，需加强推动经济“全球化”，并进一步落实“深耕台湾、布局全球”的总体经济发展战略。“积极管理、有效开放”的涉及范围较大，包括人员类、农业类、经济类和金融类等。上述台湾相关政策的实施，进一步限制了台商到大陆的投资，同时也进一步导致两岸经济政策与经济相互依赖的现状的严重背离。

表4–4：台湾当局“积极管理、有效开放”的主要议题与强化管理事项

类别	主要议题	强化管理事项
人员类	强化大陆人民赴台观光管理机制	强化第二、三类大陆旅客安全管理
		因应开放第一类大陆旅客后续强化措施
		提升大陆旅行团品质，改善通报系统运作
	加强查缉偷渡及遣返	强化查缉偷渡之诱因及能量
		加强偷渡人员遣返作业
	加强社会及专业交流之安全管理	强化保证人制度及入境人口查察
		落实大陆配偶面谈制

（续表）

类别	主要议题	强化管理事项
农业类	强化农产贸易秩序	加强查缉农产品走私
		管理农产品输销大陆相关问题
		防范农特产地名在大陆遭抢注商标
	落实投资及技术合作管理	加强查处重大投资及技术品种外流违规案件
		有效管理农业科技成果
	加强大陆船员管理	依总量管制原则加强大陆船员管理
		规划推动两岸渔业劳务协商事宜
经济类	大陆投资有效管理	加强查处“违法”赴大陆投资案件
		改革大陆投资审查制度
		强化配套管理机制
	加强技术移转及科技人才管理	加强管理产业科技成果
		加强高科技人才与大陆之交流管理
金融类	落实资金违法进出“国境”管理	评估与台商海外主要投资注册地区建立资金流通信息交换的可行性
	加强金融业海外及大陆分支机构之审查及管理	强化事前审查及监督制度
		完善金融业海外及大陆分支机构之查核机制
	强化金融机构信用风险之控管	落实金融机构信用风险监督
		加强整体信用风险追踪管理

资料来源：本研究整理。

第三节　入世背景下的两岸产业互动

两岸同时加入世界贸易组织（WTO），对两岸经济互动模式有一定的影响。世界贸易组织副秘书长哈维尔表示，两岸同时加入世界贸易组织，将影响到现有美国与欧盟主导的政治经济版图中的权力分配。入世后，中国大陆将面临企业转型加速、经济结构冲击、金融政策体制与政府经济管理模式改革等四大挑战，此外，两岸的经济互动的频繁，加上双方的经济制度差异性逐渐降低，从而有助于两岸的的经贸发展以及政治问题解决。

事实上，大陆与台湾地区同时加入世界贸易组织后，两岸经济整合力度加大，进而两岸经贸的互补、竞争与依赖性日益明显。根据台湾“陆委会”评估，由于两岸具有经济资源互补，语言文化相通的特性，双方入世后互补互利的空间势必增加，经贸往来也会更广泛，但大陆不仅将增强两岸出口方面的竞争实力，也逐步提高在美、日市场的占有率，对台湾地区构成竞争威胁。在两岸加入世界贸易组织后，大陆吸引外商投资的力度进一步加大，对外贸易发展也进入一个新时期，由此对台湾产品的国际竞争力造成一定的影响。同时，一些资金雄厚与技术优势的大型跨国企业，涌入大陆市场，这对仍以中小企业为主的台商来说，无疑是一种巨大的竞争压力。

依据WTO相关规范与运作机制，两岸在WTO架构下具有如下互动机制：

（1）两岸参与多边回合谈判，针对关心之议题提出谈判立场，期间或可参与相关团体，或共同提出立场相同之主张。

（2）利用WTO贸易政策检查机制或大陆加入世贸组织议定书规定之“过渡性审议机制”，分析两岸的贸易政策与措施及其对多边贸易体系的影响，并要求重视彼此关心之议题。

（3）通过WTO市场准入委员会、技术性贸易障碍委员会、反倾销委员会、关税估价委员会、原产地规则委员会等机制互动。

（4）运用WTO“争端解决规则及程序”之咨询、斡旋、调解及调停，运用争端解决小组审议及上诉程序，解决贸易摩擦及保障两岸厂商之利益。

（5）通过双边经贸协商，解决彼此关心的议题。

目前，两岸都已逐步调降相关关税的税率，但中国的石材、陶瓷等部分产品关税，仍高于部分亚洲国家。虽然台湾在加入WTO过程中，并未就大陆物品输入台湾地区的相关问题进行协商，但为避免大陆物品因地缘、文化背景相近的便利等因素，而大量输入台湾地区并对其产业造成过大冲击，因此台湾当局采取过渡性的限制措施。

不过，加入WTO后，台湾当局也扩大开放大陆货品进口。1997年，开放货品项数仅占总进口货品项数之55.11%，至2004年10月，台湾地区对大陆产品进口比例已占全部货品的78.17%；且为方便办理报关手续，开放产品中免签证项目已占全货品的93.81%。由于台湾当局逐年快速开放大陆货品进口，台湾地区进口大陆的货品逐年增长，这有助于消除过去两岸贸易失衡之现象。

在服务贸易方面，虽然台湾当局对于陆资的定位与其他WTO成员相同，但对于大陆资金至台湾地区投资服务业，则采取“分阶段开放”策略，优先开放从事营利事业、由公司组织形态提供服务，不具有经济上之垄断性、政治、社会、文化上之敏感性，不致对台湾地区经济发展、金融稳定造成影响的行业投资。至于以自然人形态提供服务之行业，如律师、会计师、建筑师、专业技师等专门职业人员提供的服务，则配合台湾地区各项专业服务发展政策、专门职业人员考试政策、证照制度等进行规划。相对而言，由于大陆在中外合营证券公司审批规则中，对外方合资者的资格，仍设有需符合“其所在国之证券监管机构已与中国大陆证监会签订证券监管合作谅解备忘录”之限制，这对台湾地区投资者来说，会造成一定的影响。

至于在现存WTO架构下，以及在海峡两岸尚有“主权问题争议”的状况下，如何创造适当的贸易争端解决方式，这是较为复杂的问题。虽然WTO体制有一定解决问题的机制，但鉴于大陆与台湾地区并非国家与国家的关系，因此，中国只能通过其他的双边渠道解决双方的贸易争端，而不是在WTO的架构下进行双边磋商。[①]尽管如此，加入WTO以来，两岸在WTO架构下曾经有过较直接的互动，如中国在2002年5月对48项进口钢品采取“临时防卫措施”，同年11月对其中5项进口钢品采取“正式防卫措施”。根据WTO《防卫措施协议》第十二条第三款规定：“拟议采取或延长防卫措施之会员，应提供与出口涉案产品而

① 台湾地区是以“台澎金马单独关税区”申请进入WTO。以该项身份入会者，是指在特定领域内具有充分自主权者，而其申请加入需经负责这一地区的成员发表声明。针对台湾地区以“单独关税区”申请入世，中国预先将两岸在WTO的架构下，定位为“一个中国及其单独关税区”的交往模式。

具有实质利益之会员事先协商的机会。”为此，中国驻WTO代表团曾正式通知“台澎金马关税区驻世界贸易组织经济办事处（Economy Trade Office）”（非常驻世界贸易组织代表团之正式名称）及WTO秘书处，就大陆的钢品进口“防卫措施”，大陆愿意与台湾地区进行双边协商。最后，当年12月双方在日内瓦进行协商，此为双方首度在WTO架构下之官方互动。

此外，在反倾销措施方面，中国加入WTO后至2004年底，共发动22件反倾销调查（入会前12件），体现出中国积极使用反倾销措施，以保护国内产业的姿态。其中，涉及的台湾地区产品有冷轧扁轧钢品（Cold Rolled Steel Products）、聚氯乙烯（Polyvinyl Chloride）、苯酚（Phenol）、乙醇胺（Monoethanolamine）、尼龙丝及尼龙加工丝等7件。根据2004年关税及贸易总协议第六条规定：“在进行发动调查前，主管机关应通知有关之出口国政府。”同时第十二条第一项规定：“主管机关如认为有足够证据依第五条规定发动反倾销调查，应通知受调查涉案产品之会员及其已知之利害关系人，并公告之。”而中国大陆反倾销条例第十九条第二款也规定：“主要调查决定一经公告，外经贸部应当将申请书文本提供给已知的出口经营者和出口国（地区）政府。”中国自苯酚反倾销案开始，即依据相关协议的规定主动通知台湾当局。

如前所述，由于两岸在WTO架构下谈判具有高度政治敏感性，因此两岸很难像一般正常成员之间通过WTO谈判或争端的解决机制，来处理两岸经贸争端。在这种情况下，固然两岸可依照各自的立法或规则（如中国的《对台湾地区贸易管理办法》，台湾地区的《两岸贸易管理办法》）规范两岸经贸关系，但随着贸易范围的扩大，两岸贸易争端新问题层出不穷，诸如农工产品之市场开放原则、知识产权保护①、政府采购、竞争政策、环保、防卫措施，反倾销税及平衡税、原产地规定等制度的相互适用与调和问题，因此，如何建立更符合两岸政治现状的协商机制，成为海峡两岸领导人的挑战。

---

① 中国在知识产权的保护方面，存在着较大的不足，主要原因在于相关的法律规定乏力，使得处罚的力度不够，此外，由于地方保护主义较为严重，亦使得落实执行法律的难度加大。

我们可以从半导体与电子产业的个案来分析两岸在WTO下的产业互动情形。总体来说，“入世”对两岸产业交往来说应是利大于弊。时任台湾玉山协会理事长刘兆玄在一次座谈会中表示，台湾地区“入世”后，知识经济层次越高的产业所受的冲击越小；这主要是因为，在WTO规范下，各国相关保护主义、关税补贴等贸易障碍得以降低。1995年12月，在新加坡举行的WTO部长级会议通过《有关信息科技产品贸易之部长宣言》，当中所规定的ITA降税方案清单涵盖信息科技相关之上下游产品，相关产业有信息、通信、半导体、电子零组件等电子产业（未含消费性电子产品）及半导体制程设备业。

台湾当局一直未对半导体产业进行关税保护，一向采取低关税政策。如集成电路晶粒及晶圆的进口免关税，与封装集成电路互惠国家税率为1%，而非互惠国家税率也只有2.5%；此外，2000年元旦，台湾当局将集成电路进口关税全面取消为零。而台湾地区半导体业及信息电子业为出口型产业，全球市场占有率较高，国际化程度深，因此关税障碍的降低，有利于增强台湾厂商开拓海外市场的竞争力。以欧盟市场为例，台湾地区集成电路产品的进口关税为零，欧盟则高达11.58%，如此信息科技产品降税方案有助厂商开拓欧盟市场；中国集成电路市场应也是台湾厂商发展规划中的重点一环，特别是随着信息电子产品的快速增长，中国市场已对台湾地区IC设计、制造及其他相关厂商产生巨大的吸引力，台湾当局若能逐步减少非关税贸易障碍与开放市场通路，并加强知识产权保护，中国集成电路市场将成为国际及台湾地区集成电路厂商积极投资与开发的重点市场之一。

总而言之，我们可以乐观预期，大陆入世对台湾地区而言，意味着机会与威胁。机会是进入中国的内销市场、降低生产成本以及减少经营环境的不确定性等；威胁则是指资金更容易流向大陆、且台湾地区将面临中国大陆产品低价竞争的压力、与升级困难造成产业竞争力的丧失。而两岸“入世”对大陆而言，中国厂商在生产方面也可以享受关税降低带来的好处。由于中国半导体产业所需的许多原材料及关键零组件依靠进口，因此关税的调降对大陆集成电路产品生产成本的降低有直接的益处；此外，由于两岸半导体产业交流的频繁，中国可以利用台湾地区集成电路厂商的资金、技术与管理经验，把握合作与联盟的机会，加速中国半导体产业的升级和发展。最后，台湾地区电子产业的“大幅西进”也有利于中国高级半导体产业的发展，但是大陆厂商可能因关税降低及市场开放，面临着强烈的外部竞争威胁。

第四节　两岸政治经济互动中“一国两制”的适用性

1997年7月1日，中国恢复行使对香港的主权，“一国两制”思想首次在香港实践；1999年12月20日，澳门回归祖国，再次以实践证明“一国两制”是成功可行的。从香港及澳门回归至今的情况来看，“一国两制”在港、澳地区实施的成功，体现在以下几个方面：

1. 港澳地区经济持续的成长与繁荣

香港回归后便遇到亚洲金融危机，但在祖国大陆的支持下，香港成功地度过了亚洲金融风暴危机，经济保持稳定的成长和繁荣。我们可以从下列数据，得到具体的证明：

（1）港澳地区生产总值快速增长。除1998年因亚洲金融风暴导致其生产总值出现负增长外，香港在回归后的其他年份都呈现正增长。1999年经济增长率达到2.9%，2000年增长率达到10.5%，香港经济在2006年继续保持强劲增长势头，本地生产总值的增长率达到6.8%。2006年，香港的经济总量达到1871.12亿美元，人均GDP为26961美元。而香港2006年7月底的官方外汇储备资产为1274亿美元，在全球排行第八，次于中国大陆、日本、俄罗斯、中国台湾、韩国、印度和新加坡。比1996年的638亿美元增长49.9%。澳门特区成立以后，其经济增长之快，更是举世瞩目。回归后仅一年，澳门经济连续六年衰退、四年负增长的局面就得到扭转。据统计，从2000年到2002年，澳门年平均经济增长率达5.6%，2003年快速升至15.8%，此后每年均以高于10%的增长率稳定增长，2006年澳门的本地生产总值为1143.6亿澳门元，实质增长率达16.6%；而根据澳门特区统计暨普查局公布的数据显示，2007年澳门的本地生产总值（GDP）为1536.1亿元澳门元，实际增长率更高达27.3%。

（2）国际投资大量增加。外资公司不断在香港地区增设办事处或总部。至2001年6月，外资公司增幅达30%。目前，在香港的国际企业数目超过12000家，其中有超过3200家为海外公司驻港地区总部和办事处。另据联合国的一份报告显示，香港是亚洲地区吸引海外直接投资最多的地方，香港2006年全球外来直接投资额达429亿美元（折合约3356亿港元），继2005年后再居亚洲第二。澳门1999年回归后，随着其社会治安和经济环境的改善，以及博彩业的开放，迅速吸引了大量海外投资，仅取得赌牌的3家国际公司就已承诺投资100多亿澳门元，因此我们有理由看好澳门的经济前景。

（3）持续保持自身优势。据美国传统基金会与《华尔街日报》公布的经济自由度指数显示，香港连续八年被评为全球经济最自由的地区。中国大陆入世后，香港的中介地位并未受到削弱，甚至有经济专家表示，中国大陆“入世”，将可为香港GDP带来0.5%的额外增长。作为国际化大都市，香港联结世界各国与中国大陆商贸合作的桥梁和中介角色更为突出和重要。目前，香港与内地的贸易额已占香港贸易总额的40%。香港既是外国投资者进入中国大陆的跳板，又是内地公司开拓海外市场的窗口。澳门面积虽小，但由于具备和欧盟的特殊关系及与葡语系国家联系的特别优势，可充分发挥其中介枢纽的角色。特区政府从澳门的实际发展状况出发，已确立了以旅游及博彩业为龙头，带动其他产业的经济方针。随着澳门的日益开放和国际资金的大量投入，澳门的优势将进一步得以发挥。

2. 民主与法治体制得到充分保障

法治是保障民主、自由与人权的必要途径，法治亦是香港成功的基础。只有维护法治，才能确保香港的长期繁荣与稳定。香港回归以来的实践证明，特区政府在“一国两制”、“港人治港”和高度自治的方针指引下，全面实施《香港特别行政区基本法》[①]（简称《基本法》），进一步巩固香港法治基础。香港良好的法治环境亦受到国际社会的广泛肯定。2004年3月，英国外交大臣向国会提交的香港半年报告书中，肯定了香港在落实“一国两制”方面所取得的进展。报告书认为“一国两制”思想继续在香港得到落实，法治及司法独立得到维护；港人的基本权利及自由也受到保护，不同意见及言论也可以充分及自由表达。英国驻香港总领事何进在接受新华社记者采访时曾说：“‘一国两制’的伟大构想在香港得到全面落实，香港法治和司法独立得以维持，基本人权和自由得到了保护，一些社会事务性问题得以充分讨论。”此外，“一国两制”的成功已具体表现于香港在法律上的高度自治及在法律方面享有极大的自主权。回归之前，英国国会可以为香港制定任何法律，英国在20世纪的90年代初期制定了约有300条法律适用于香港。但根据《基本法》的有关规定，适用于香港的全国性法律只限于有关国防、外交和其他不属于香港自治范围的法律。目前，只有11条全国性法律适用于特区。在司法方面，香港、澳门享有回归前所没有的终审权。此外，香港在回归后对市民游行、集会的管制比港英时代更为宽松。回归以来，香港警方没有限制过任何一次合法的示威，也没有拒绝过任何市民依法结社的申请，充分保障公民的各项权利。香港拥有比回归前更宽阔的言论自由空间。香港的新闻自由亦被相关调查誉为“亚洲之冠”。至于澳门，2004年4月美国国务院发表的第二份《澳门政策法报告》也对澳门居民继续享有基本的公民自由及保留其独特的生活方式给予肯定，这足以证明澳门自回归后在人权得到充分保障的同时，也获得了国际社会的广泛认同。“一国两制”的国家基本方针，也再一次成功体现了它对解决中国统一问题的实用性和适用性。

“港人治港”、“澳人治澳”的自主原则通过港、澳高度自治得以真正实现。根据香港和澳门基本法的有关规定，回归以来，香港及澳门已

① 1985年4月10日，第六届全国人民代表大会第三次会议在批准中英联合声明的同时，亦决定成立香港特别行政区基本法起草委员会，负责基本法的起草工作。经过五年的准备与讨论，1990年4月4日，第七届全国人民代表大会第三次会议通过《香港特别行政区基本法》。

进行过多次立法会议员的选举，港澳居民依法在民主、公开与公平的环境下选举议员。美国务院就曾在《澳门政策法报告》中指出，澳门2001年9月份举行的立法会选举是在公平、公开的基础上顺利完成的。凡此种种表明，香港及澳门特区人民，在“一国两制”的制度下，民主、自由、人权得到充分保障。

3. 作为中国政府代表参与国际政治舞台

截至2007年6月，国际上给予香港特别行政区护照持有人免签证待遇的国家和地区数目由刚回归时的4个增加到目前的134个；亦有51个国家及12个地区同意给予澳门特别行政区护照持有人免签证待遇。香港、澳门特区获得越来越多的国家及地区所提供的免签待遇，彰显出这些国家和地区对香港和澳门特区、特别是对“一国两制”的成功落实充满信心，此外，回归前移居海外的港人又陆续返回香港，就是最好的例证。

作为中国政府代表团成员，香港特区政府加入了国际民航组织、国际货币基金组织等24个政府间国际组织；以“中国香港”的名义参加了亚太经合组织、亚洲开发银行、国际海事组织等26个不限主权国家参加的国际组织，同时亦举办了“财富论坛”等一系列大型国际会议。香港特区政府经中央政府授权，与世界各国和地区签订了60多项双边协议或协定，以及适用于特区的200多项多边国际公约；近年来，香港特区以“中国香港”的名义共出席了1300多次不以国家为单位参加的国际会议，其中有700多次会议只限以政府名义参加；出席了60多次限以国家为单位参加的国际会议。外国驻港领事馆的数目已达100个，与1997年香港回归前的93个相比增加了7个。

“一国两制”对于解决台湾问题具有适用性。这种观点不仅来源于港澳的成功经验，同时，也是具有历史经验与现实条件的支持。1949年之后，海峡两岸分治。然而，两岸追求统一的策略或手段中，以“两岸统一”为目标的政治理想始终没有动摇过。因此，无论是早期的军事对抗，中期的统战喊话，以及现阶段的经济交流，其目的也无非藉由不同的方式，而达到两岸分而再合的目的。李登辉上台之前，海峡两岸

“争主权”、“争正统”的政策，非常明确地指出了“统一中国”为双方最终目标。

但随着台湾政局的更迭，尤其是民进党2000年执政以来，“两岸统一”的目标已迅速被台湾当局“台独”的主张所取代。2007年3月4日陈水扁甚至借参加海外独派团体“台湾人公共事务会”（FAPA）成立25周年的晚宴上，公开表示“台湾要独立”、“台湾要正名”、“台湾要新宪”、“台湾要发展”，“台湾没有左右路线，只有统独问题”的“四要一没有”。

2006年陈水扁宣布“终止”“《国家统一纲领》”[①]之前，台湾当局在“《国家统一纲领》”前言部分即指出，“中国大陆的统一，在谋求国家的富强与民族长远的发展，也是海内外中国大陆人共同的愿望。海峡两岸应在理性、和平、对等、互惠的前提下，经过适当时期的坦诚交流、合作、协商，建立民主、自由、均富的共识，共同重建一个统一的中国大陆。”而大陆方面，江泽民在1995年关于发展两岸关系，推进祖国和平统一进程的八项主张（即“江八点”）谈话中，也在结论中明确指出：“早日完成祖国统一，是中国大陆各族人民的共同心愿。”而中国共产党自十五大以来的政治报告中均明确反复强调，“实现祖国统一，是海内外全体中国人的共同心愿”。

由此可知，在台湾当局偏向“台独”路线前，两岸统一的目标具有一定的相似性，只不过在于何为统一主体的政治，而且双方也均有意舍弃用武力的手段而改用和平统一的方式。两岸未来统一的成功与否，关键在于统一的模式是否能为双方所接受。中国于1983年提出“一国两制”的主张之后至今未变，它是针对解决台湾问题而提出的，其主要的理论是在一个中国的前提下，大陆的社会主义制度和台湾的资本主义制度，共同存在，共同发展。[②]其涵盖了政治、经济、社会甚至法律诸层

① 1991年2月23日，台湾“国家统一委员会”通过《国家统一纲领》。该纲领明确表述“只有一个中国，中国应当统一”的主张，并认为要“开放两岸直接通邮、通航、通商”及“推动两岸高层人士互访”。

② 中共中央台湾工作办公室、国务院台湾事务办公室：《中国台湾问题》，北京：九州出版社，1998年，第253页。

面。大陆在1993年所发布的《台湾问题与中国大陆的统一白皮书》中，明确表述的四个基本点，即“一个中国大陆，两制并存，高度自治，和平谈判”。对于以“一国两制”解决台湾问题，大陆已表现出比香港及澳门回归问题更大的弹性，台湾当局在接受“一国两制”以后，“台湾的社会经济制度不变，生活方式不变，台湾同外国的民间关系不变，包括外国在台湾的投资及民间交往不变。台湾作为特别行政区有高度的自治权，拥有立法权和司法权（包括终审权）”，并“可以有自己的军队，党、政、军等系统都由自己管理。中央政府不派军队、行政人员驻台，而且在中央政府里还要给台湾当局留出名额”。①对于“一国两制”在台湾问题上的适用性，一位中国学者已详细阐明：

> 用“一国两制”方式和平实现海峡两岸统一，不仅可以避免两岸同胞生命财产的巨大损失，而且有利于两岸社会的共同繁荣和发展，有利于两岸同胞感情的融合和团结。两岸人民可以在和平的条件下，共同致力于发展经济，最大限度地减少两岸经贸往来与合作的成本，不断增进民族大团结；在“一国两制”下，台湾作为中国的一个组成部分，可开拓更为广阔的国际活动空间，台湾同胞更能够与全国人民一道充分共享强大祖国在国际上的尊严与荣誉，做一个受世人尊重、有强大祖国作后盾的堂堂正正的中国人。而且，也有助于台湾岛内的社会安宁，“统独”之争不复存在，台湾当地籍和外省籍人民同为中国公民，省籍情结将可消除，民主生活将会更加有序。这是符合广大台湾同胞根本利益的选择。②

没有一种制度是完美无缺的，但从港、澳实施“一国两制”的过程中，我们确信，“一国两制”可以让中国大陆与台湾地区一起拥有广阔的国际空间，可以让两岸经贸合作得到长足的发展和真正的保障，由此规避两岸因政治分歧所带来的经济冲击负面影响，并给两岸经济互利互惠的稳定发展，创造坚实的保障体系模式。

---

① 潘淑明著：《“一国两制”与台湾问题》，北京：中国人民大学出版社，2003年，第280页。

② 张谦著：《按照“一国两制”方针早日解决台湾问题》，载《光明日报》，2000年6月27日。

结语与政策建议

第五章

中国政府的对台政策从早期“以武力解放台湾”发展至今日“和平统一、一国两制”，不同的历史阶段对台政策侧重点不同，但以和平的方式解决台湾问题，是中国一以贯之的精神。正如2004年9月19日，中国共产党第十六届中央委员会第四次全体会议通过的《会议公报》[①]所指出的：要贯彻“和平统一、一国两制”的基本方针和现阶段发展两岸关系、推进祖国和平统一进程的八项主张，推进祖国统一大业。坚决反对和遏制“台独”势力，坚定不移地捍卫国家主权和领土完整。就中国近年来的对台政策而论，中共十六大通过的政治报告，反映了大陆近年来对台湾当局比较包容和善意的和平统一的政策。

① 《中国共产党第十六届中央委员会第四次全体会议公报》，北京：人民出版社，2004年9月。

此外，2005年4月及5月，国民党主席连战和亲民党主席宋楚瑜分别访问中国大陆。虽然两党都是当时台湾地区的在野党，但由于两党获得台湾地区半数以上的选民支持，而且此次来访得到台湾地区多数民众的支持[①]，因此，连、宋的大陆之行，标志着两岸关系在一定程度上已逐步化解过去的政治对立[②]，开始向良性、和平过渡，这对未来两岸和平对话有着重要的意义和作用。但遗憾的是，2005年以来，台湾地区政治风云突变，台湾当局视两岸经济发展相互依赖、相辅相成及互补互利的趋势不顾，加速走上“急独”的路线，对此，大陆被迫于2005年制定《反分裂国家法》，作为防止与处理台湾走向独立的法理依据。然而，《反分裂国家法》的制定并没有让台湾当局作更深的反思，2007年，民进党再次抛出“四要一没有”的台独主张，提出“入联公投”，企图扭转民进党2008年的选举颓势[③]，更加剧两岸关系的危机。2008年3月22日，台湾大选尘埃落定。国民党的马英九和萧万长以7658724张选票的压倒性优势获胜，实现了台湾政权的再次轮替。国民党再次执政，一方面说明了“台独”分裂势力不得人心；另一方面更为两岸关系迈向新阶段提供了新的契机。随着博鳌亚洲论坛年会上“胡萧会”的顺利进行以及缓和两岸关系、推动两岸经贸进程的“政策利多”不断出现，国民党在2008年4月14日公布了两岸开放的具体内容与时间表，这一系列举动已经为台湾经济描绘了令人心动的蓝图，而两岸充满善意的各种尝试也代表着两岸关系已出现了微妙的变化，迈入了务实的新时代。

进入21世纪以来，随着全球化趋势的深入发展，以及大陆加快产业结构调整速度，目前中国所生产的电脑显示器、家电产品、手机、光碟机和平面显示器等，均占世界第一位，两岸经贸关系的依存度也得以

---

① 根据澳门《新华澳报》的报道，针对连战访问大陆，台湾各媒体所做的民意调查显示，基本上60%的台湾民众，都满意和赞同连战的表现，约60%的民众认为大陆对台湾是友善的。

② 2003年4月SARS蔓延到台湾、9月份“台湾正名活动”、2004年选举前的“公投制宪”议题和大陆的“5·17”声明，上述诸种因素都加剧了两岸陷入了政治军事紧张状态。

③ 2007年10月21日，陈水扁在演讲中公开表示，“入联公投”如果通过，将对政局有四大影响，包括民进党一定可以赢得“总统大选”；国民党将不得不跟着正名为“台湾国民党”；美国将会重新检讨一中政策，并考虑是否“双重承认”；“大陆也不会再坚持一中前提”。

提高。当然，台湾地区对大陆的经贸、生产及市场的依存度均远远高于大陆对台湾地区的依存度。由此，笔者认为台湾当局应摒弃民进党时代的对抗思维，重点思考如何形塑更弹性的路线，通过大陆快速发展的经济与产业平台，扭转台湾地区现有的经济劣势，提高并发展台湾在产业与经济领域新的核心竞争力，同时，两岸半导体产业资源互补与良性竞争的发展方面，加速相互投资与交流，促进两岸产业与经济的快速增长。

遵循相互依赖理论的逻辑，我认为随着经济交流的频繁与政治环境的变化及发展，解决两岸问题需要开拓资源互补和产业合作等新思维、新方向，以此作为改善台海现状的基础与路径。以经济合作与发展加速两岸政治的统一，并在“一国两制”的模式下，和平解决台湾问题，是现阶段促进海峡两岸统一的重要成功模式和发展趋势。

第一节　中共十六大以来大陆台湾政策的发展

2002年11月，江泽民同志在中国共产党第十六次代表大会的政治报告中，花费整个第八部分，即“一国两制香港模式与台湾前途”和实现祖国的完全统一，共约1100多字论述台湾问题。从内容上看，十六大的大陆台湾政策，与1995年春节的“江八点”相比并没有太多的改变，但在某些特定的表述上则有所创新。这篇报告为中国第四代领导人的对台政策拓展了一定的空间，具有承前启后的铺垫作用。

十六大报告指出：“我们再次呼吁，在一个中国原则的基础上，暂时搁置某些政治争议，尽早恢复两岸对话和谈判。在一个中国的前提下，什么问题都可以谈，可以谈正式结束两岸敌对状态问题，可以谈台湾地区在国际上与其身份相适应的经济文化社会活动空间问题，也可以谈台湾当局的政治地位等问题。解决台湾问题、实现祖国的完全统一，我们寄望于台湾人民。”“我们将继续坚持‘和平统一、一国两制’的基本方针，贯彻八项主张①，以最大的诚意、尽最大的努力争取和平统一的前景。我们绝不承诺放弃使用武力……绝不允许任何人以任何方式把台湾从中国分割出去。国家要统一，民族要复兴，台湾问题不能无限期地拖延下去。”

从上述表述可见，十六大报告所确立的对台政策，其“和平统一”、“一个中国”、“反对台独”、“政经分离”的立场并没有改变，但将在一个中国前提下，暂时搁置某些政治争议，并尽快恢复两岸对话，可以谈正式结束两岸敌对的状态、台湾的国际活动空间和政治地位等问题，列入十六大报告，则显示出大陆对台政策的调整和弹性。此外，报告中所提出的“台湾同胞可以同大陆同胞一道，行使管理国家的权力，共享伟大祖国在国际上的尊严和荣誉”，更充分体现出大陆在对解决台湾问题上，对台湾当局表现出更大的尊重和诚意。

从江泽民十六大报告的内容中，我们可以感受到大陆对台政策的一些新观点以及十六大后中共对发展两岸关系的新动向：

1. 1992年，“海协会”代表汪道涵与“海基会”代表辜振甫在新加坡谈判，举行两岸最高级别协商的“汪辜会谈”，双方以口头的方式表述了“一个中国”的原则，并暂时搁置了主权争议。与此相似，十六大报告亦呼吁，双方先“暂时搁置某些政治争议，尽早恢复两岸对话和谈判。”江泽民以国家领导人的身份提出“搁置某些政治争议”的主张，充分表现出十六大后中国大陆为恢复海峡两岸协商，解决当前两岸僵局的诚意和期望。

2. 江泽民在十六大报告中明确指出，在一个中国的前提下，双方可以“针对正式结束两岸敌对状态、台湾国际活动空间以及台湾的政治地位”等台湾当局所关心的关键性问题具体谈判，这充分表示出大陆愿

① 八项主张是江泽民在1995年1月30日以《为促进祖国统一大业的完成而继续奋斗》讲话中所提出来的。其八项主张包括：1.坚持一个中国原则，是实现和平统一的基础和前提。2.海峡两岸和平谈判可以分步骤进行。3.努力实现和平统一，但不承诺放弃使用武力。4.面向21世纪，大力发展两岸经济交流与合作。5.两岸同胞要共同继承和发扬中华文化的优秀传统。6.进一步寄望于台湾同胞。7.欢迎台湾各党派、各界人士同我们交换有关两岸关系与和平统一的意见。8.双方领导人以适当身份互访。

意在一个中国的架构下与台湾协商合作的态度，反映了大陆主动调整对台工作尺度的积极作为。

3. 十六大报告明确地解释了“一国两制”的内涵及具体内容。报告指出，台湾地区可以保持原有的政治、社会制度不变，实行高度自治；台湾同胞的生活方式不变，其切身的利益将受到充分保障等，此为“一国两制”的基本内涵。

4. 一直以来，双方未能找到一个共同点来解决两岸关系，甚至在政治议题上呈现出南辕北辙的窘态和僵局。特别是民进党执政后出台一连串“台独”主张，使两岸关系陷入僵局。因此，报告中提到的“解决台湾问题、实现祖国的完全统一，我们寄希望于台湾人民”，充分表现出中国大陆方面主要是寄希望于台湾人民来解决未来的两岸关系。

5. 近十余年来，两岸的关系一直处于“政治对峙、经济趋合”，“经济关系不断发展、政治关系不进反退”[①]的状态；政治上的统一，可能牵涉到一种零和博弈，而经济上的合作，却有可能达到“双赢”的效果。因此，台湾经济以大陆的劳动力及相关资源为成本，以大陆市场为未来开拓对象，而大陆以引进台湾的管理及科技为依托，由此我们可以乐观预期海峡两岸双赢的局面定会出现。十六大报告体现了大陆寄希望于两岸经济上的交流，远远大于对政治僵局的开解。

上述对台政策的新主张为解决两岸政治经济关系提供了良好的机遇。然而，从十六大召开到2005年4月国民党主席连战访问大陆之前，两岸关系急剧恶化，并跌落到历史的低点。究其原因，除了因SARS、台湾试图申请加入WHO所造成的两岸紧张气氛外，“台湾正名”、“公投制宪”和一连串的选举的主张与冲突，亦是造成两岸关系恶化的重要因素。2003年12月9日，美国总统布什与中国国家总理温家宝在会面后的记者会上表示，“台湾领导人的言行，显示他或许要片面决定改变台湾地位，这是我们所反对的”。陈水扁2004年的“5·20”“就职”演说

① 卫民著:《台湾·中国大崩坏?》，台北：海鸽文化出版图书有限公司，2002年，第20页。

虽暂时化解两岸表面上的冲突，但陈水扁为化解个人因“国务机要费”所陷入的政治困境，在台北、高雄直辖市市长选举和“立法委员”选举中进行政治操作，2006年以来包括“中正国际机场”改名为“桃园国际机场”和台湾驻中南美洲12个“邦交国”各使馆及相关单位更名为“中华民国（台湾）”①等所谓的正名活动，以及2007年3月份宣布“四要一没有”的“急独”主张，已经引起美国及国际社会极大的疑虑，并使两岸关系跌落低谷。如何化解民进党时期刻意挑动“台湾独立”所引起的国际社会的疑虑和不信任，以及如何修补与维持良性的两岸关系，成为新一届台湾当局“执政”的最大挑战。

第二节　中国十届全国人大五次会议的对台政策

2007年3月5日，为期12天的中国十届人大五次会议和政协十届五次会议在北京召开，两会的召开不但是中国在2007年最重要的政治活动，亦是全世界关注的政治焦点之一。如同国际舆论所评论的，本次两会的重要议题为推动中国向和谐社会迈进，温家宝总理在涉及两岸关系的报告中，亦强调以和平发展为主题，扩大两岸交流与合作，努力推动两岸关系朝着和平稳定的方向发展。尽管在过去的2006年，台湾当局频现一连串的“去中国化”和“正名活动”，在两会召开前也提出“四要一没有”等激进的“台独”主张，企图制造两岸关系的紧张气氛，但从温家宝工作报告的内容来看，中国对两岸关系的基本主张，仍然维持着1995年“江八点”谈话以来的一贯政策，并在两岸关系的处理上释出最大的善意，争取中国和平统一的实现。

温家宝在中国十届人大五次会议的工作报告上强调，中国坚持“和

① 台湾的“正名”活动燃烧到台湾驻中南美洲“邦交国”的各“使馆”。在这场去“中国化”的运动中，各馆处及相关单位除在铜制招牌上加注“台湾”字样外，并去除原“中华民国”象征青天白日的“国徽”。

平统一、一国两制”的基本方针，坚持新形势下发展两岸关系、推动祖国和平统一进程的各项政策。为此，中国团结广大台湾同胞，坚决反对“台湾法理独立”等任何形式的分裂活动。

温家宝指出，中国牢牢把握两岸关系和平发展主题，积极扩大两岸交流与合作，促进直接“三通”，以最大的诚意、尽最大的努力为两岸同胞谋和平、谋发展、谋福祉。中国将继续在一个中国原则基础上，加强同主张发展两岸关系的台湾各党派的对话和交流，争取早日恢复两岸对话与谈判，努力推动两岸关系朝着和平稳定方向发展。中国坚信，在包括台湾同胞在内的全体中华儿女的共同努力下，中国的完全统一一定能够实现！

从上述的报告内容可以看出，中国对台“和平统一、一国两制”的基本方针、“一个中国原则”及“反对台独”的基本原则并没有改变，但从相关报告中我们可以进一步观察到中国第四代领导人，对未来两岸关系发展新的期待。

1. 对于台湾当局渐行渐远的”台独”主张，报告中强调，坚决反对“台湾法理独立”等任何形式的分裂活动。由此，中国大陆已再一次明确地向台湾当局指出，“台湾独立”是一条走不出去的死胡同，并与台海两岸人民和平发展的期望和趋势相背离。

2. 如同江泽民在十六大报告中所指出的，“解决台湾问题、实现祖国的完全统一，我们寄望于台湾人民”。在本次人大会议的报告上，温家宝亦表示将“团结广大台湾同胞，坚决反对‘台湾法理独立’等任何形式的分裂活动。”及“我们坚信，在包括台湾同胞在内的全体中华儿女的共同努力下，中国的完全统一一定能够实现！”自2000年执政以来，民进党当局一连串的“台独”主张与陈水扁家族贪污腐败问题已引起多数台湾人民的反感和不信任，因此，报告中特别提出，团结广大台湾同胞，坚决反对“台湾法理独立”，凡此种种显示了大陆寄希望于台湾人民来解决两岸的和平统一的愿望。

3. 中国将“积极扩大两岸交流与合作，促进直接‘三通’，以最大的诚意、尽最大的努力为两岸同胞谋和平、谋发展、谋福祉”等经济活动，列为两岸关系未来和平发展的主题。事实上，在两会期间，由两岸官方授权的民间旅游组织，针对已讨论多时开放大陆居民到台湾旅游事宜，经过第五次技术性磋商，双方已达成同时开放大陆居民到台观光与周末包机的共识。

4．报告指出，“将继续在一个中国原则基础上，加强同主张发展两岸关系的台湾各党派的对话和交流，争取早日恢复两岸对话与谈判”，这充分显示了中国对台湾当局政治对谈的弹性加大，只要是在认同“一个中国”的原则上，大陆愿意与台湾的任何党派进行政治交流。

此外，由于两岸经济的合作与往来的迅速增长，如何保护台商在中国合法的投资权益与子女就学问题，亦成为中国政府关注的重点。温家宝在2007年3月16日回答台湾东森电视台记者问题时就曾表示，目前台商在大陆发展迅速，去年双边贸易额已经达到1000亿美元，其中台湾向内地出口达到800亿美元。温家宝进一步表示，中国将保护台商以及台湾同胞在大陆投资、就学、旅游等各方面的合法利益。

从温家宝上述两会报告内容，我们可以明确地观察到中国大陆对于处理两岸关系的态度已非常成熟。一言以蔽之，即基本上坚持以“一个中国”为原则，以“和平统一、一国两制”的基本方针，坚决反对“台湾法理独立”，加强两岸经贸交流，维护台湾同胞在大陆的各项合法利益。此外，大陆对于处理台湾问题亦有更加包容的心胸与视野。尽管民进党当局为争取2008年“总统”选举的优势，不断制造“去中国化”、“去蒋化”及制定“第二共和宪法”等”台独”活动，但随着中国大陆在两岸关系上不断释出善意的表现，以及两岸在经贸关系上相互依赖程度的不断加深，台海两岸和平发展是大势所趋，是任何人无法改变的；如同温家宝总理引用唐代知名诗人刘禹锡在《酬乐天扬州初逢席上见赠》经典诗句“沉舟侧畔千帆过，病树前头万木春”所表达的意境，我们对未来两岸关系的发展与前景，应持审慎乐观的态度。

第三节　解决两岸问题的新方向、新思维

2008年3月，中国第十一届全国人民代表大会一次会议和政协第十一届全国委员会一次会议分别于3日和5日在京召开。2008年具有全面贯彻落实中国共产党十七大精神的第一年和奥运年的双重身份，因此两会的召开亦受到世人瞩目。“民生”、“民主”和台海等议题成为两会的重要议题。胡锦涛主席在3月4日看望参加全国政协会议民革、台盟和台联委员时发表了对台关系的重要讲话，他强调要牢牢把握两岸关系和平发展的主题，真诚为两岸同胞谋福祉、为台海地区谋和平，维护国家主权和领土完整，维护中华民族根本利益。温家宝总理在十一届全国人大一次会议闭幕后答记者问题时也重申维护台海的和平与稳定，促进两岸的共同发展应该成为两岸关系的主题和主旋律。这从中表明了大陆维护国家统一的决心和信心，彰显大陆在对台问题上更大的自信和更大的包容度，同时也明确了大陆推动两岸关系和平发展决不动摇的信念。

胡锦涛在发展两岸关系的重要意见中指出：台湾问题事关祖国完全统一，事关国家核心利益。“我们要遵循‘和平统一、一国两制’的方针和现阶段发展两岸关系、推进祖国和平统一进程的八项主张，坚持一个中国原则决不动摇，争取和平统一的努力决不放弃，贯彻寄希望于台湾人民的方针决不改变，反对‘台独’分裂活动决不妥协”。胡锦涛强调，事实已经并将继续证明：“两岸关系和平发展，有利于两岸发展和稳定，必定造福两岸同胞；‘台独’分裂活动，有害于两岸发展和稳定，必定遗祸两岸同胞。实现两岸关系和平发展，是两岸同胞的共同利益所系、共同责任所在。经过两岸同胞长期共同努力，推动两岸关系和平发展已经具有更为坚实的基础、更为强劲的动力、更为有利的条件，是大势所趋、人心所向。”

在谈到“台独”分裂活动时，胡锦涛强调：“台独”分裂活动已成为国家主权和领土完整的最大祸害、两岸关系发展的最大障碍和台海地区和平稳定的最大威胁。只有坚决遏制“台独”分裂活动，才能实现两

岸关系和平发展的前景，才能维护两岸同胞的福祉。“大陆和台湾同属一个中国，中国是两岸同胞的共同家园。任何涉及中国主权和领土完整的问题，必须由包括台湾同胞在内的全中国人民共同决定。我们绝不允许‘台独’分裂势力以任何名义任何方式把台湾从祖国分割出去。实现两岸关系和平发展的基础是坚持一个中国原则，目的是为两岸同胞谋福祉，途径是深化互利双赢的交流合作。”“我们要继续促进两岸人员往来和经济文化交流，继续推动两岸直接‘三通’进程，也要继续努力争取恢复和进行两岸协商谈判。台湾任何政党，只要承认两岸同属一个中国，我们都愿意同他们交流对话、协商谈判。谈判的地位是平等的，议题是开放的，什么问题都可以谈。通过谈判，寻求解决两岸政治、经济、军事、文化、对外交往等重要问题的办法，对未来两岸关系发展进行规划。我们期待，两岸双方共同努力、创造条件，在一个中国原则的基础上协商正式结束两岸敌对状态，达成和平协议，构建两岸关系和平发展框架，开创两岸关系和平发展新局面。”

他同时指出，实现两岸关系和平发展，要靠两岸同胞共同努力。无论是过去、现在还是将来，13亿大陆同胞和2300万台湾同胞都是血脉相连的命运共同体。“我们真心诚意关心台湾同胞，充分考虑他们的愿望和要求，切实维护和照顾他们的正当权益。凡是对台湾同胞有利的事情，凡是对维护台海和平有利的事情，凡是对促进祖国和平统一有利的事情，我们都会尽最大努力做好。我们将始终如一地履行对台湾同胞作出的承诺，既不会因局势的一时波动而有任何动摇，也不会因少数人的蓄意干扰而有任何改变。我们要最广泛地团结台湾同胞，团结的人越多越好。只有实现大团结，才能促进两岸关系大发展。对于那些曾经对‘台独’抱有幻想、主张过‘台独’甚至从事过‘台独’活动的人，也要努力争取团结，只要他们回到促进两岸关系和平发展的正确道路上来，我们都将热情欢迎，以诚相待”。[1]

从胡锦涛的讲话内容中我们可以发现，中国大陆除了重申新形势下解决台湾问题的立场、方针和政策外，更显示了以“大包容”、“大团结”团结两岸同胞，共同促进两岸关系“大发展”的思维和胸怀，向台湾岛内释出了极大的善意和诚意，显示了大陆推动两岸关系和平发展的信念绝不动摇以及坚决反对“台独”分裂活动的决心，并以不变应万变的一贯对台政策揭露和遏制了台独分裂势力的企图。

2008年12月31日，在人民大会堂举行的纪念《告台湾同胞书》发表30周年座谈会上，中共中央总书记、国家主席、中央军委主席胡锦涛发表题为《携手推动两岸关系和平发展，同心实现中华民族伟大复兴》的重要讲话[2]，胡锦涛在讲话中强调，自1979年《告台湾同胞书》发表以来，两岸关系在两岸同胞和各界人士的共同努力下发生了重大变化，他强调解决台湾问题的核心是实现祖国统一，目的是维护和确保国家主权和领土完整，追求包括台湾同胞在内的全体中华儿女的幸福，实现中华民族伟大复兴。以和平方式实现祖国统一最符合包括台湾同胞在内的中华民族根本利益，也符合求和平、谋发展、促合作的时代潮流。胡锦涛主席同时表示，一定要以最大诚意、尽最大努力争取祖国和平统一。要确保两岸关系和平发展，这有利于两岸同胞加强交流合作、融洽感情，有利于两岸积累互信、解决争议，有利于两岸经济共同发展、共同繁荣，有利于维护国家主权和领土完整、实现中华民族伟大复兴。

胡锦涛在讲话中还就两岸关系的和平发展提出了六点意见：

1. 恪守一个中国，增进政治互信。维护国家主权和领土完整是国家核心利益。世界上只有一个中国，中国主权和领土完整不容分割。大陆和台湾尚未统一是20世纪40年代中后期中国内战遗留并延续的政治对立，这没有改变大陆和台湾同属一个中国的事实。两岸复归统一，不

① 2008年3月4日，中共中央总书记、国家主席、中央军委主席胡锦涛看望出席全国政协十一届一次会议的民革、台盟、台联委员，听取委员们的意见和建议，并发表上述重要讲话，见新华网《胡锦涛强调，牢牢把握两岸关系和平发展的主题》，网址为http://news.xinhuanet.com/misc/2008-03/05/content_7718274.htm。

② 具体内容见新华网http://news.xinhuanet.com/newscenter/2008-12/31/content_10586495.htm。

是主权和领土再造，而是结束政治对立。两岸应该本着建设性态度，积极面向未来，共同努力，创造条件，通过平等协商，逐步解决两岸关系中历史遗留的问题和发展过程中产生的新问题。继续反对“台独”分裂活动是推动两岸关系和平发展的必要条件，是两岸同胞的共同责任。

2. 推进经济合作，促进共同发展。两岸同胞要开展经济大合作，扩大两岸直接“三通”，厚植共同利益，形成紧密联系，实现互利双赢。胡锦涛主席表示，欢迎并支持台湾企业到大陆经营发展，鼓励和支持有条件的大陆企业到台湾投资兴业。我们期待实现两岸经济关系正常化，推动经济合作制度化，为两岸关系和平发展奠定更为扎实的物质基础、提供更为强大的经济动力。两岸可以为此签订综合性经济合作协议，建立具有两岸特色的经济合作机制，以最大限度实现优势互补、互惠互利。建立更加紧密的两岸经济合作机制进程，有利于台湾经济提升竞争力和扩大发展空间，有利于两岸经济共同发展，有利于探讨两岸经济共同发展同亚太区域经济合作机制相衔接的可行途径。

3. 弘扬中华文化，加强精神纽带。台湾同胞爱乡爱土的台湾意识不等于“台独”意识。两岸同胞要共同继承和弘扬中华文化优秀传统。我们将继续采取积极措施，包括愿意协商两岸文化教育交流协议，推动两岸文化教育交流合作迈上范围更广、层次更高的新台阶。

4. 加强人员往来，扩大各界交流。对于部分台湾同胞由于各种原因对祖国大陆缺乏了解甚至存在误解，对发展两岸关系持有疑虑，胡锦涛主席表示，不仅愿意以最大的包容和耐心加以化解和疏导，而且愿意采取更加积极的措施让越来越多的台湾同胞在推动两岸关系和平发展中增进福祉。对于那些曾经主张过、从事过、追随过“台独”的人，我们也热诚欢迎他们回到推动两岸关系和平发展的正确方向上来。我们希望民进党认清时势，停止“台独”分裂活动，只要民进党改变“台独”分裂立场，我们愿意作出正面回应。

5. 维护国家主权，协商涉外事务。胡锦涛主席表示，我们一贯致力于维护台湾同胞在国外的正当权益。我们了解台湾同胞对参与国际活动问题的感受，重视解决与之相关的问题。两岸在涉外事务中避免不必要的内耗，有利于增进中华民族整体利益。对于台湾同外国开展民间性经济文化往来的前景，可以视需要进一步协商。对于台湾参与国际组织活动问题，在不造成“两个中国”、“一中一台”的前提下，可以通过两岸务实协商作出合情合理的安排。

6. 结束敌对状态，达成和平协议。海峡两岸中国人有责任共同终结两岸敌对的历史，竭力避免再出现骨肉同胞兵戎相见，让子孙后代在和平环境中携手创造美好生活。

我们可以发现，此次讲话内容一方面可谓是对过去一段时间以来对台政策的总结和论述，提出了两岸关系和平发展的长远目标，是未来相当长时期内中共及大陆对台工作、主导两岸关系发展的纲领性文件；一方面则最全面、最善意、最包容地照顾了台湾人民的利益，在坚持一个中国原则的基础上，中国共产党在政党层次、经济层次、文化层次、民生层次、国际空间层次、军事安全层次等诸多方面都为台湾预留了极为灵活的空间，其开放度是前所未见的。尤其值得关注的是，讲话中提到了“两岸可以签订综合性经济合作协议，建立具有两岸特色的经济合作机制，以最大限度实现优势互补，互惠互利”，这是对台湾当局提出的两岸签署“综合性经济协议”主张的积极响应，也是两岸迈向经济合作制度化的重要步骤。对于台湾而言，这是在金融海啸席卷全球的背景下刺激台湾经济发展、摆脱台湾边缘化阴影的必要步骤。同时我们还应注意到，此次讲话还是对台新思维的重要体现，“两岸终归统一，不是主权和领土再造，而是结束政治对立”、“只要民进党改变‘台独’分裂立场，我们愿意作出正面回应”及“两岸可以就在国家尚未统一的特殊情况下的政治关系展开务实探讨”等内容都充分体现了大陆在对台问题上的新思维和新政策，是对以往政策路线的继承与创新。

而在2009年3月召开的“两会”上，针对过去一年来两岸关系取得重大突破以及金融危机的影响等因素，温家宝总理在作政府工作报告时以比较乐观的语气来看待两岸关系的发展，强调“两岸关系开始步入和平发展轨道”。温家宝总理在政府报告中强调两岸要加强全面的经贸交流，以求更进一步的经济与金融合作来共同应对金融危机。在经济合作的推进上，“支援海峡西岸和其他台商投资相对集中地区的经济发展”和“加快推进两岸经济关系正常化，推动签订综合性经济合作协议，逐步建立具有两岸特色的经济合作机制”成为未来继续完善两岸直接三通、推动两岸经济关系正常化的工作重点；在政治合作方面，温家宝总理在政府工作报告中特别指出：“要在一个中国原则的基础上，努力增强两岸双方政治互信。在此基础上，我们愿意通过协商对台湾参与国际组织活动问题作出合情合理安排，探讨两岸政治、军事问题，为结束敌对状态、达成和平协议创造条件。”相比较历年来的政府工作报告，今年的政府工作报告关于台湾和两岸关系态度务实，内容详和，提出了积极推动两岸关系和平发展的系列政策，既体现了大陆方面的善意，也是大陆对台政策在坚持“反独”的同时主张以和平发展为主的重要标志。

从上述对台政策的综述我们可以明确地知道，十六大以来中国政府台湾政策中的“和平统一、一国两制”、“一个中国”、“反对‘台独’”、“政经分离”、“以经促统”的立场并没有改变。尽管两岸经贸交流、联系越来越紧密①，但这种愈趋相互依赖的经贸关系，却常因双方政治主张与中国认同问题的差异而陷入“政治相互排斥，而经济相互依赖”②的矛盾状态之中，故如何进一步以经济合作来消除政治分歧，是一个非常值得探讨的问题。除此之外，美国的介入一直是影响两岸关系变化发展的外在因素。事实上，在两岸关系最紧张的时候，“经由华盛顿，往往是北京到台北最短的距离”；作为调节者，美国往往从自身国家利益——军事、政治、国家安全以及经济利益出发，寻求美国在两岸间国家利益平衡点。然而，台湾当局以美国在台湾的利益为筹码，推行政治上“去中国化”的策略。五十多年来，因亚洲局势、经济环境的差异与政治主张的改变等因素，海峡两岸关系进入一种错综复杂之境地，两岸问题的解决也更复杂、更尖锐。在此背景下，两岸政治影响经济、而经

---

① 2000年两岸贸易总额约320亿美元，其中台湾输出到大陆的金额约260亿美元，而大陆输出到台湾的金额只有60亿美元，随着两岸经济与产业的发展，2007年两岸贸易金额已高达1023亿美元。

② 福建省社会科学院台湾研究所研究员吴能远亦曾表示：两岸关系是“经贸关系愈趋密切，政治对立愈趋尖锐”。

济又带动政治的相互作用，因之双方的经济往来时进时退，在断断续续、摇摇摆摆的步伐中曲折前行。

特别是自2002年以来，民进党当局陆续提出所谓“一边一国”[①]、“去中国化”[②]、“台湾正名”[③]、“公投制宪”[④]，以及“四要一没有”等“台独”主张，已使台海两岸的关系跌入改革开放以来的谷底，两岸的互动也因此发生具体变化。首先，大陆对台政策从被动变为主动。2004年5月17日，中共中央台湾事务办公室和国务院台湾事务办公室，授权对台海当前两岸的关系发表严正声明：陈水扁“竭力挑衅大陆和台湾同属一个中国的现状，公然提出通过‘制宪’走向‘台独’的时间表，将两岸关系推到了危险的边缘”，“现在，有两条道路摆在台湾当权者面前：一条是悬崖勒马，停止‘台独’分裂活动，承认两岸同属一个中国，促进两岸关系发展；一条是一意孤行，妄图把台湾从中国分割出去，最终玩火自焚。何去何从，台湾当权者必须作出选择。……中国人民将不惜一切代价，坚决彻底地粉碎‘台独’分裂图谋”[⑤]。与以往台湾当局提出“两国论”及“一边一国”主张后，大陆的被动反应不同，此次在陈水扁就职前，大陆提出这份“最后通牒”式的声明，彰显大陆对台政策已从过去的被动反应，转变到现在的积极主动。

其次，台湾当局的国际空间越来越小。台湾经济的整体衰退、台湾对大陆政治和经济政策的负面影响以及中国近年来经济的高速起飞，在

① “一边一国”：2002年8月30日陈水扁向在日本东京举行的“世界台湾同乡联合会第二十九届年会”发表讲话，声称“台湾跟对岸中国一边一国”，要用“公民投票”方式决定“台湾的前途、命运和现状”。

② 所谓“去中国化”，泛指台湾当局从意识形态和文化教育方面等入手，力图切断与大陆的文化、历史及血缘等关系的传承。

③ 2003年9月9日，李登辉担任“台湾正名”大游行总召集人，引领上万人走上街头，要求“建立以台湾为主权为主体性的国家”，要“建立台湾共和国”。

④ 所谓“公投制宪”，就是以全体公民投票的方式，对“宪法草案”进行投票表决。台湾已有一部实施已久、为民进党及陈水扁政权所依托、绝大多数台湾民众并不反对的“宪法”，即“中华民国宪法”。如果一定要制定新“宪法”，首先就必须对原有“宪法”进行处置。处置办法之一为对原有“宪法”进行公民投票的直接表决，或国会的间接表决。陈水扁妄图通过公民投票制定“新宪法”，并在其中加入“台独”内容。

⑤ 2004年5月17日，中共中央台湾工作办公室、国务院台湾事务办公室授权就当前两岸关系问题发表声明，《将不惜一切代价粉碎“台独”》，载《中国国防报》，2004年5月18日。

上述诸种因素下，国际社会重新评估和调整如何维持与中国和台湾当局的关系。近期，中南美洲一些台湾“邦交”国重新考虑改善与中国的关系，即是一个具体的例证。而近年来，台湾当局试图加入联合国和世界卫生组织的图谋一再失败[①]，带有“台独”色彩的绿色执政在国际舞台上的空间越来越小。

最后，美国对台湾当局激进的“台独”走向表示担心与关注。美国于2004年台湾“选举”前更换其在台协会主席夏馨，随后陈水扁就“5·20”“就职演说”问题曾专门赴美商讨，以及“就职演说”中未提到“制宪”字眼，直至2007年3月陈水扁提出“四要一没有”后，美国国务院表示，任何让人怀疑改变先前承诺的言论都是“无益”的,并一再提醒陈水扁，他应该遵守他执政以来一再重申不谋求台湾独立，不改变台海现状的承诺。上述诸种事件显示，美国从防止两岸关系恶化、不希望两岸任何一方有任何片面改变现状的立场出发，将致力于维持两岸关系现状作为政策的基点。陈水扁提出“四要一没有”后，美国总统布什特别召开跨部门会议，认为“四要一没有”的提出表明陈水扁已明显违背其“四不一没有”的竞选承诺，并指派美国在台协会台北办事处处长杨苏棣面见陈水扁，当面表达布什总统的强烈不悦与关注。除此之外，2007年10月24日，就在台湾当局举办“全民传圣火、前进联合国”路跑活动[②]之际，杨苏棣再次接受媒体采访表示：不支持台湾加入联合国，入联“不必要、而且也不利”。尽管如此，由于台湾“台独”势力抬头，台湾当局近来频现单方面影响台海现状与安全的举动，这已对美国的海峡两岸政策以及两岸关系的发展造成了很大的挑战。

改革开放三十余年来，大陆的政治思维和经济策略都有较大的调整

---

① 2004年5月17日，第57届世界卫生大会以134票赞成,25票反对及2票弃权的表决结果，通过了总务委员会的建议，拒绝将所罗门群岛等国所提出，有关“邀请台湾作为观察员参与世界卫生大会”的提案列入大会议程，这是世界卫生大会第8次否决相关的议案。

② 2007年10月24日，台湾当局在台北举办“全民传圣火、前进联合国”路跑活动，由陈水扁带头跑第一棒，从台“总统府”前的广场跑到位于仁爱路与信义路交口的景福门，并将“圣火”交给2008年民进党“总统”参选人谢长廷。路跑活动预计在11天内环台湾全岛25个县市进行。

和进步。而台湾在1987年解除“《戒严法》”之后，就与大陆的交流而言，已是更加频繁，但在李登辉上台之后趋向台湾“独立”的政治主张改变了传统台海两岸争夺国家主权零和的竞争格局。近十余年来，台湾当局的政策变化，迫使北京不断调整两岸关系策略——从“促统”到“防独”，由“政经合一”转为“政经分离”。在香港和澳门相继回归大陆之后，为促进两岸统一，中国政府进一步放宽统一的条件，增加统一的弹性，亦即在“一个中国”的前提及“一国两制”的架构下，允许台湾在国际舞台和内政方面享有超越香港和澳门的更多自主权利。

然而，台湾当局却未做出善意回应。“两国论”基本上否定了“台湾是中国领土的一部分”的客观事实，而民进党当局自2000年执政以来更是以“台湾独立”为其最终目标，加速台湾“去中国化”的脚步。大陆实行“改革开放”政策及台湾解除“戒严法”虽开创了两岸经济带动政治发展的新契机，但是，台湾当局“一边一国”论与中国大陆“一国两制”的政治主张截然对立，这种政治分歧成为两岸经济互动的制约因素。事实上，解决两岸问题已不再是出于香港模式与澳门模式中单纯的政治考虑，而是必须在充分了解目前两岸关系的特质、区域结构的变化和全球化的竞争背景后，“呼唤”一种更具创新性、灵活性和宽容性的经济思维与政治决策。对大陆而言，这一政策不但要考虑在一个中国的前提下，台湾对大陆在技术、管理、就业机会和海外资金方面的贡献，也要考虑到台湾的政治经济现状；而台湾当局亦要抛开执政者或狭隘的政党利益考虑，从台湾人民的福祉出发，集中解决如何在当前经济低迷的状态下为台湾人民谋求最大利益，并达到和平统一的共同目标。

而大陆方面在寻求和平解决台湾问题上也显示出越来越宽容及灵活的态度。2007年10月，胡锦涛在中国共产党第十七次全国代表大会的报告中，再一次显示出中国大陆对于解决两岸问题的务实和寻求和平的态度。除表达大陆一贯寻求和平的诚意，强调“台湾任何政党，只要承认两岸同属一个中国，我们都愿意同他们交流对话、协商谈判，什么问题都可以谈”的立场外，胡锦涛更进一步呼吁两岸政党在“一个中国”

原则的基础上，协商正式结束两岸敌对状态，达成和平协议，构建两岸关系和平发展框架，开创两岸关系和平发展新局面。这是中国大陆将“达成和平协议”的表述首次列入中国共产党的正式文件中。本次有关两岸关系的报告，不但将成为中国大陆未来五年对台关系发展的指导纲领，也充分表现出中国大陆在两岸政策上，以自信、宽容和灵活的态度寻求和平解决两岸问题的决心和新思维。

第四节　台湾大选以来的两岸关系展望

深受世人瞩目和国际社会相当关切的台湾2008年大选于2008年3月22日落下帷幕，国民党候选人马英九和萧万长以58.45%的得票率获胜，当选下届台湾“总统”与“副总统”[①]。而台独分子竭力鼓吹的“入联公投”和“返联公投”分别以35.82%和35.74%的得票率未获通过，解除了台海地区的紧张局势，为该地区的和平稳定奠定了基础。

在台湾当局的严格管制下，过去八年间“三通”难有实质性进展、大陆赠送给台湾同胞的大熊猫不能登台、大陆学历不被承认、大陆居民赴台旅游也难以成行。处于“冰封”状态的两岸关系使得持续低迷的台湾经济难以获得大陆经济快速发展这一源头活水的注入，曾为“亚洲四小龙”之一的台湾如今国际竞争力不断下滑，面临“自我边缘化”的困境。经济与民生议题成为此次台湾选举的主轴，国民党的“经济牌”在此次台湾选举中取得奇效也不足为怪。而民进党在最后阶段对“两岸共同市场”进行“污名化”策略试图挽回颓势，却难以奏效，愈加凸显出台湾主流民意希望加强两岸经贸交流、追求互利双赢，摆脱目前尴尬境地的美好愿景。

如何提升台湾国际竞争力、改变经济低迷状态成为新当选的台湾地区领导人的肩上重任，而两岸经济尽快解冻、重新起航则是重中之重。“总统”当选人马英九在接受外电专访时也数度表示上任后将尽快推动

① 国民党的马英九和萧万长的得票率为58.45%，民进党谢长廷和苏贞昌的得票率为41.55%，票数比为7658724票对5445239票，国民党获得压倒性胜利。

周末包机直航与大陆居民赴台旅游，并表示将在2008年年底前推动人民币全面开放以配合开放观光。在相当程度上显示出其希望尽快激活岛内经济的紧迫意识，这将有利于推动两岸经贸交流进入新的高度和阶段。值得庆幸的是，得益于过去几年中国大陆与当时台湾在野政党国民党等几次的高层会面和党际交流，两岸主流政党已就在“九二共识”基础上恢复对话商谈，优先解决两岸经贸交流问题达成广泛共识，基本清除了两岸海空直航、大陆人员和资金入台等方面存在的技术性障碍。

台湾主流民意在总统大选时明确表达了希望新政府对台湾进行阔步改革、重振低迷经济、改善两岸关系的期待。新政府如何带领台湾民众重振经济、突破困境成为了关注重点。博鳌亚洲论坛为台湾新政府提供了一个积极回应台湾人民诉求的机会。

作为一个非政府、非营利性国际组织，博鳌亚洲论坛目前已成为亚洲以及其他有关国家政府、工商界和学术界领袖就亚洲以及全球重要事务进行对话的高层次平台，它致力于通过进一步整合区域经济，推进亚洲国家实现政、经发展目标。菲律宾前总统拉莫斯（Fidel V. Ramos）、澳大利亚前总理霍克（Bob Hawke），及日本前首相细川护熙（Morihiro Hosokawa）于1998年发起成立博鳌亚洲论坛。2001年2月，博鳌亚洲论坛（Boao Forum for Asia, BFA）正式宣告成立，它是第一个总部设在中国的国际会议组织。论坛的成立获得了亚洲各国的普遍支持，并赢得了全世界的广泛关注。从2002年开始，论坛每年定期在中国海南博鳌召开年会。“寻求亚洲共赢”是博鳌亚洲论坛的永恒主题。2008年年会则锁定了“变革”和“绿色”两大主题。“变革”为保持亚洲经济奇迹提供源源不断的原动力，而构建一个更加开放的“绿色”亚洲，更是亚洲可持续发展的必由之路。经过多年的探索与发展，博鳌年会已具有亚洲地区最活跃的高层对话平台之一和企业界人士探讨、了解亚洲宏观经济形势、政策走向、行业动态和重大社会民生问题的首选之地的双重身份，博鳌论坛产生的“磁吸”效应正与日俱增，而来自博鳌的声音也堪与达沃斯世界经济论坛[①]（World Economic Forum）比肩。

2008年4月6日，萧万长宣布他将以“两岸共同市场基金会”董事长的名义赴海南参加本届博鳌亚洲论坛，他将博鳌之行定位为“国际和两岸经贸交流的平台”，强调要借此机会把“善意与诚意传达给对岸，增加双方互信的基础”。这表明了台湾新执政当局对时势具有清晰的认知与把握。台湾舆论对其给予高度评价，认为“老萧登陆”不仅是两岸经贸的“温度计”[②]，而且将对两岸关系的未来走向产生影响。

2008年4月12日，中共中央总书记胡锦涛在博鳌会见了萧万长率领的台湾两岸共同市场基金会代表团一行，双方就两岸经济交流合作问题交换意见。会见中，胡锦涛首先对萧万长一行表示欢迎，他表示，众多的海内外各界人士出席本次论坛年会，从一个侧面反映了亚洲各国各地区加强交流、促进合作、寻求共赢的强烈愿望，也给我们在新形势下深入思考两岸经济交流合作提供了重要启示。作为自2003年以来每年都率团出席博鳌亚洲论坛年会的“台湾经济老兵”萧万长表示，长期以来两岸经贸关系发展一直发挥着稳定两岸关系的正面作用，现在是一个新的开始。他提出“正视现实、开创未来、搁置争议、追求双赢”的十六字箴言，希望能顺利启动周末包机、落实两岸直航，赶快开放大陆观光客赴台、希望促进两岸经贸交流正常化、希望尽快恢复两岸协商机制。他同时表示，实现两岸直航和经贸正常交流是两岸关系正常化的必由之路，而且代表着海峡两岸人民近六十年来首次实现全面开放性交流，具有长远的意义。

胡锦涛在认真听取了萧万长的意见后强调，当前两岸经济交流合作面临着重要的历史性机遇，需要双方共同努力、大力推进。在新的形势

① 世界经济论坛（World Economic Forum）是国际经济交流重要的论坛之一。由于每年冬季在瑞士的达沃斯（Davos）举行，因此又被称为“达沃斯世界经济论坛”。论坛针对全球经济议题提供给世界500强或国际级企业与各国政府一个对话交流的平台。

② 萧万长在民进党执政时期就开始倡导建立“两岸共同市场”，并筹组“两岸共同市场基金会”。他从2003年起连续6年率团参见博鳌论坛年会，并多次与出席年会开幕式的大陆领导人会面，但2008年的博鳌论坛之行是台湾大选之后，他作为未来国民党执政团队中重要角色的首次之行，意义自然非同寻常。

下，我们将继续推动两岸经济文化等各领域交流合作，继续推动两岸周末包机和大陆居民赴台旅游的磋商，继续关心台湾同胞福祉并切实维护台湾同胞的正当权益，继续促进恢复两岸协商谈判。他指出，近八年来，由于众所周知的原因，两岸关系屡屡出现波折，两岸经济交流合作也因此受到严重干扰。这种局面是两岸同胞都不愿看到的。在当今世界经济竞争更为激烈的形势下，两岸同胞应该抓住难得机遇、共同应对挑战、切实加强合作、努力共创双赢。胡锦涛强调，两岸同胞是一家人，是血脉相连的命运共同体，两岸关系的前途应该掌握在两岸同胞自己手中。希望两岸同胞携手努力，共同开创两岸关系和平发展新局面。[①]

"胡萧会"可谓是本次博鳌论坛的最大亮点之一，这自然引发了台湾"总统大选"后，两岸关系何去何从的诸多思考。值得肯定的是，这是一次实质性的握手。很显然，两岸经济关系的正常化将会是未来一段时间两岸经贸合作的主调与方向。萧万长的此次博鳌之行给人带来强烈的现实感和新的观察视角，从而为这一本质上仍属民间性质的论坛增添了更为实质性的内涵，更为关键的是，两岸高层的此次融洽接触让外界进一步感受到两岸关系正在全面解冻、春天即将到来的强烈讯息：

首先，博鳌论坛为两岸关系"融冰"提供了有利条件。过去数年间，台湾当局无顾大陆推动两岸关系和平发展的信念决不动摇以及坚决反对"台独"分裂活动的决心，不断以"去中国化"、"去蒋化"及制定"第二共和宪法"等"台独"分裂活动制造两岸关系发展过程中的"不协调之音"。此次博鳌论坛彰显出两岸以更加务实的态度，从象征意义与实质议题两方面为两岸未来和解与合作提供良好契机。虽然未来两岸的发展过程中仍有千头万绪的问题尚待解决，但是博鳌论坛表明了双方在"互不否认"的基础上认真建立互信的诚意，这正是未来两岸关系在"融冰"之余，进一步春暖花开的必要条件。

其次，博鳌论坛给台湾当局提供增进参与国际活动和交流的机会。除了"胡萧会"外，萧万长还与中国商务部部长陈德铭共同主持"台湾

① 见新华网博鳌亚洲论坛2008年年会相关报道：《胡锦涛会见萧万长一行》，网址为http://news.xinhuanet.com/tw/2008-04/12/content_7966253.htm。

经济与两岸经贸展望”圆桌会议，扩大台湾招商引资。这对于近年来在国际社会中处于边缘化困境的台湾而言，算是务实外交的初步成果。更重要的是，台湾必须清醒地看到亚洲区域主义蓬勃发展这一现实，努力摆脱“作茧自缚”状态，积极参与区域合作。作为全球经济最具活力的地区，亚洲区域内合作已开展得如火如荼，东盟10+3区域合作机制不断完善、中日韩自由贸易区也在积极筹建中，台湾却由于自身原因未能参与其中。在双方互信的基础上，博鳌论坛可谓向台湾提供了增进参与国际交流与区域合作接轨的重要契机。

再次，博鳌论坛为推动台湾整体发展创造机遇。民进党过去数年对大陆实行封闭政策以及极力排斥全球化的态度使得台湾不仅没能搭乘大陆经济快速发展的快车，反而使自身陷于作茧自缚的尴尬境地。事实上，台湾自身拥有优越的先天条件，除了与大陆共享语言文化基础，得以作为全球企业进入中国市场的门户外，更具有发展成为亚太地区经济与金融中心的潜在优势。台海局势稳定以及台湾内部的和谐发展将有利于促进大陆和国际资金的投入，重振台湾经济，从而提升台湾的全球战略地位。如果未来两岸能在博鳌论坛所建立的友善环境之下继续推动双方协商与合作，则不仅台湾能够获得更大的安全与发展，整个亚太地区也将从中获得利益。

除了博鳌论坛“融冰”之旅顺利完成外，缓和两岸关系、推动两岸经贸发展的“政策利多”也不断出现：两岸基本实现直接“三通”、正式开放大陆居民赴台湾地区旅游、大熊猫“团团”、“圆圆”顺利赴台等，台湾“行政院”也不断向台商释出多项利多。除了将回台登记免罚相关修法草案送立院审议以外，也将扩大小三通、消除台商赴大陆投资子公司重复课税及投资上限的问题。

在扩大小三通部分，原本仅限经官方登记核准赴大陆投资的事业负责人、员工、相关配偶、直系血亲才可以走小三通路线进入中国大陆，“行政院”扩大为只要能够向大陆台商协会取得证明为在大陆投资的台商，其事业负责人、员工、相关配偶、直系血亲都可循小三通模式来往两岸，即以往节日专案的扩大常态化措施。

在补办台商登记部分，台湾"行政院"院会也在2008年3月19日正式通过将《两岸人民关系条例》第三十五条修正草案送交立法院审议，若要全面免罚，仍待立法院修法通过。此外，"行政院"院会也通过《两岸人民关系条例》第二十四条的修正草案，未来台商无论直接或是间接在大陆投资成立子公司，其面临的重复课税问题都将有所解套，税率将从过去的18.75%降为11.25%，降幅约为7.5个百分点，目前仍待立法院审议通过。①

而根据台湾《中国时报》2008年4月15日报道，随着江丙坤于4月14日证实接掌"海基会"董事长一职，由他召集的"两岸经贸议题项目小组会议"当天下午公布了两岸开放的具体内容与时间表。

据报道，两岸直航时间定在2008年7月第一个周末也就是7月4日启动，每周五至周一对飞。初期以桃园、小港为对口航点，飞航大陆北京、上海、广州及厦门四个机场；台中清泉岗和松山则在第二阶段。名称将以"直航包机"取代初期的"周末包机"，并在年底完成天天包机直航。与此同时，台湾"交通部民航局"也拟妥一份"两岸空运通航准备计划"，只要新政府下令，桃园、小港、台中、花莲、马公、金门等7个机场7月即有能力"马上飞"周末包机。岛内旅游业和农业界对此连声叫好，因为直航实现后不仅飞行时间大为缩短，价格也会更加优惠；而货运直航不仅能节省货运成本，更能保证台湾农产品的鲜度和质量。至2008年12月15日，众望所归的两岸海运直航、空运直航以及直接通邮正式启动，两岸终于实现了从"小三通"到"大三通"的转变，实现了从间接、单向、局部通航向直接、双向、全面通航的转变，海峡两岸交流往来从此迈入"天堑变通途"的全新境界。这既标志着两岸关系迈开了"历史性步伐"，又将为两岸经济尤其是台湾经济注入新的活力、将使两岸民众的往来交流更加密切、两岸同胞的感情更加融洽，两岸关系势将呈现"大交流、大合作、大融合、大发展"的崭新局面。

与两岸包机直航同时启动的还有开放大陆观光客赴台旅游议程。针

---

① 关于扩大小三通的此部分内容见苏龙麒：《选前扩大小三通，行政院再对台商释利多》，载台北《中时电子报》，2008年3月19日。

对随着而来的大陆游客在台消费问题，国民党高层透露人民币将分两阶段开放，第一阶段开放人民币2万元限额兑换，第二阶段再修法提高金额。[①]大陆游客赴台旅游可促进沉寂多年的台湾消费市场起飞，而直航的启动也将有助于台湾成为区域的跳板，提供外国企业更多便利，并促使他们在台湾增加更多的投资。2008年6月13日，海峡两岸关系协会会长陈云林和海峡交流基金会董事长江丙坤在北京签署《海峡两岸关于大陆居民赴台湾旅游协议》，于2008年7月18日正式开放大陆居民赴台旅游。根据海峡两岸旅游交流协会的最新信息，截至2009年3月12日，大陆居民赴台旅游已突破10万人次，由13个省份扩大到25个省区市，组团社由33家增加到146家。大陆赴台旅游也直接促进了台湾相关行业经济效益的增长，对台湾旅游业的发展起到极大的促进作用。

在国民党一波接一波的两岸开放政策背后，我们可以看到，台湾为了加速经济发展，必然会逐步扩大两岸的经贸交流和金融发展，期待已久的三通和两岸共同市场理念也不再是空想。其他的互动和人员交往，包括科技、文化、体育、旅游等方面也将相应增加，如此紧密往来有助于两岸人民的接触和磨合，消除双方的意识形态隔阂。长期来讲，只要两岸关系朝着良性方向发展，加强良性互动与交流，最终将有利于两岸统一的实现。

第五节　“一国两制”与和平解决台湾问题

如果两岸关系问题的解决只局限于战与和之间的选择，这是一种非此即彼“两极式”的选择，那么这种选择对两岸双方来说，都是一种代价甚大的选择。中国大陆的代价在于现代化建设的中断与破坏，台湾方面则是全社会性、全盘性的经济与政治代价，亦即台湾外销导向的经济体制与动荡不安的政治局面并存，相较而言，台湾当局所需付出的代价远远超过中国大陆方面的政治与社会成本。因此对台湾而言，两岸战争

① 关于此部分两岸开放时间表的详细内容见林海、王晓林:《国民党公布两岸开放时间表，7月4日启动两岸直航》，载《环球时报》，2008年4月16日。

将是一场致命且没有胜算的博弈。

毋庸讳言，摆脱战与和困境的正确方式是合理选择和建构国家和平统一模式。从收益的角度上看，两岸真正赢得双赢的良性选择则为两岸矛盾从主权之争降至治权问题——而“一国两制”正是这种和平模式的最佳选择。

1. 构建“一国两制”台湾模式的必要性

“一国两制”本是为解决台湾问题而量身打造的，但由于1997年香港回归问题的解决较早于台湾问题，因此，“一国两制”首先在香港得以实践，由此形成了“一国两制、港人治港、高度自治”的香港模式，以及之后1999年的“澳人治澳”的澳门模式。上述两种模式属于“一国两制”在不同地区的统一问题上，各自“适应性调整”的结果，二者既被容纳在“一国两制”的大框架之内，又分别各具特性。香港及澳门问题的解决，体现了典型的以政治方式解决历史遗留问题的特性。由此，基于解决台湾问题的双赢结果在于政治协商，我们认为构建“一国两制”的台湾模式是十分必要的。由于台湾问题涉及复杂的历史成因、社会制度、政治体制、党政制度、意识形态、经济合作、国际环境和现实政治经济等因素[①]，因此，这个模式必须考虑到下列因素：

（1）历史因素

与香港问题为英国殖民者强迫清政府签订不平等条约的历史成因不同的是，台湾问题历史起源于中国共产党和国民党之间的内战。数十年来，台湾地区一直在国民党的执政治理之下，直至2000年，国民党因选举失利而转由民进党“执政”[②]。但无论是国民党还是民进党，它们以“中华民国”的名义在台湾地区行使行政管理权，自有一套“国家机器”偏安一隅，与香港、澳门的英国、葡萄牙当局委任的总督行使统治权有所不同。

---

① 台湾问题涉及复杂的历史成因、现实因素、宏观因素、微观因素、国际因素、国防因素、岛内因素，文化心态因素和现实政治经济因素等，因此其解决与后续的治理方式，将充分考虑上述特殊因素。

② 民进党于1986年9月28日在台北成立。2000年3月台湾大选，民进党候选人陈水扁当选“总统”，由此民进党从在野党变成“执政党”。

（2）社会制度与文化不同

经长时间的隔离，在改革开放前，台湾地区与中国大陆在政治制度、社会体系、经济制度和生活方式上存在较大的差别，再加上台湾地区曾经历过日本50年的殖民统治，受日本殖民影响，部分“台独”人士的生活、思维与意识形态的“日化”痕迹较深。现今台湾不仅受早期日本殖民文化的影响，解放后蒋介石撤退至台湾所带入中国各地区的文化与习惯，以及美国协防台湾及七八十年代留美学生潮返台所带来美国文化对台湾的冲击等多种文化因子，糅合成为今日台湾地区多元化的社会体系与文化，这与中国大陆的文化传统存在着一定的差异。

（3）政治形态不同

自李登辉“执政”以来，台湾当局以“台湾意识”、“本土意识”作为贯穿其执政的基本意识形态，并经20世纪90年代的“宪政改革”①，台湾出现了“多党政治”②的政治权力结构和“多元社会”的社会格局。台湾问题的岛内因素或本土因素已经变得极其复杂和多样化，因之，构建“一国两制”的台湾模式必须高度兼容岛内政治、经济、社会、文化和心理等各方面内容。此外，近二十年来大陆着重于经济的发展，而台湾地区却陷入意识形态的纷争，这使得两岸在政治与意识形态的认同上，存在着较大的距离与矛盾。

（4）经济合作因素

改革开放以来，由于海峡两岸经济交流的频繁，以及大陆市场与低廉成本因素的吸引力，台商在大陆的投资增长迅速，而大陆也需利用台湾的资金、技术与企业管理制度来促进国内经济的发展③。在产业与经贸互动上，海峡两岸基本上已形成相互依赖的共同体。因此，“一国两

---

① 国民党当局“宪政改革”的背景较为复杂。由于台湾政局的发展，原为主要法律依据的《动员戡乱条例》已难以维持下去，再加上民间的需求与两岸关系的发展，对原有政治体制构成强烈的冲击，统独之争日益激烈，已直接影响政局稳定。1992年3月，台湾地区由“总统”召集“国大”临时会议，进行“实质修宪”，完成“宪政改革”的重要政治体制改造。

② 台湾地区的“多党政治”在当时形成国民党、民进党、亲民党、新党、建国党等多党派的政治格局。

③ 大陆半导体产业的发展就是最佳的案例。目前包括中芯、宏力、和舰、中纬等集成电路公司，都有相当的台湾资金、技术、人才参与投资与经营。

制”的台湾模式，必须考虑如何进一步加速两岸经济的快速增长，从而达到双赢的经济相互依赖结果。

（5）国际环境因素

冷战时期，美国政府鼎力相助台湾执政当局，以“遏制”和“围堵”中国发展，以及保护美国在太平洋地区的“国家利益”。为保障美国自身“国家利益”，美国政府长期制造和维持两岸的分离状态，这自然加剧了台湾问题国际因素的复杂性；因此，我们需要系统考虑和分析，这些因素与岛内错综复杂的政治情况相结合及其效果效应，以确定“一国两制”台湾模式的可操作性。

对于中国大陆而言，最为重要的是为“一国两制”的台湾模式订立相关完整配套方案和具有可操作性的细则。在有效维护“一个中国”的前提下，在国家统一模式或“台湾模式”的构建中，具体操作应该更具包容性。汪道涵先生曾言：“‘一个中国’是未来两岸共同缔造的、统一的、新中国大陆”。它的内涵是一个民主、繁荣、文明和统一的国家，这是对一个中国原则富有创新精神和新意的解释。“一个中国”原则，是为“台湾模式”建构国家统一的方针。

在统一问题的具体细则上，可以根据情况加以改变和调整；在不改变国体，不触动国家主权、领土完整原则下，统一后的“一国”国家结构更具灵活性，囊括统一过程中和统一之后的国家资源整合和分配。此外，须充分考虑台湾当局和台湾人民所关心的各种实质问题，如“国际空间”，“台湾地位”和“两岸关系定位”等问题。

实行“一国两制”的台湾模式，首要条件就是台湾方面接受一个中国，并通过谈判就两岸关系的政治架构达成协议。由于两岸达成了一个中国的共识和协议，大陆方面就不再担心“台独”，台湾方面也不用担心大陆的军事威慑。如此，两岸可以停止军事威慑，停止外交争斗，集中精力发展经济。如果两岸的政治对立关系消除，两岸的经贸活动中许多人为的障碍和阻力自然悄然离去。这有利于提高两岸人民的生活水平。这种双赢局面的实现，取决于台湾岛内执政当局是否愿意放弃自己僵化的意识形态，是否愿意放弃当“头”的自私心理，是否愿意真正为台湾人民谋幸福。

2. 保持统一前“过渡期”良性互动的思考

由于两岸关系和台湾问题的复杂性，台湾问题的解决将不可能一蹴而就，且台湾问题涉及诸多层面因素，因此需更一个完整的“过渡时期”。有效地解决这个过渡阶段的问题，是对两岸执政者勇气和智慧的考验。为解决这一问题，我们可以从如下几个方面进行思考：

（1）在两岸治理方面：合理解决好统一前的“两岸治理”问题，形成一个安排合理和有执行效率的“过渡时期”。政治理念、文化教育、金融体制以及社会价值观的确立，深深影响着两岸人民在思维、意识以及道德方面的对接，统一不仅仅是政治问题，更是一个经济问题、文化问题和社会问题。当两岸人民在各方面的价值观、社会观与国际观更接近的时候，“海纳百川”的效应，自然能带领两岸走过“过渡时期”，进一步在更加相互认同的理念下解决两岸问题。

（2）“一国两制”的政治主张率先使用于香港与澳门。十余年来，香港与澳门的回归，成功地诠释了以“一国两制”解决中国统一的问题的可行性。特别是对于台湾问题的解决，在“一国两制”的政治主张下，中国大陆提供了更为宽广和更有弹性的方案。因此，借鉴香港回归的“平稳过渡”经验，考虑两岸同胞感情的融合、区域安全的考量、台湾人民与中国大陆共享作为世界大国的荣誉与尊严、经济合作的互利、科技交流的互补以及台湾当局现有体制与防卫力量的维持，两岸应全力促成“平稳过渡”与统一的基本态势。这种“平稳过渡”态势的形成，除了需要让台湾同胞感受到中国大陆的诚恳与善意外，需要双方的理性、责任、智慧和努力，具体而言，则需达成有利于双方互动，双方对接的“契约型关系”，制定两岸关系规范和未来发展的具体规划。

（3）在特殊历史背景下的思维与意识：台湾特殊的历史背景，在一定程度上有着无奈的悲情与历程，这种“悲情意识”在两岸互动的过程中是需要被了解的。荷兰人占据台湾38年、日本人在台湾长达50年的殖民统治以及历代被边缘化的政治地位，形成台湾地区在近代政治与社会状态的不稳定，相关政治上的变化，影响着一部分台湾人民的思维与意识。这种“悲情意识”或“地方意识”，在两岸的交流过程中，必须要被理解与考量的。但这种悲情意识，毕竟是历史过程中一种不幸的动荡，并不能改变台湾地区与中国大陆紧密的历史渊源和关系，在一个中国的前提下，促进两岸的人心稳定与认同是实现国家统一所需具备的最大社会条件，因此，了解台湾的历史进程，理解台湾人民的基本愿望，尊重和认识台湾人民的文化和心理背景，是争取台湾百姓的民心及国家统一的快捷方式。

（4）有效的高层对好桥梁：搭建“过渡时期”双方高层政治性对话的桥梁。政治性对话和政治性谈判是“过渡时期”搭桥和政策对接的有效途径，也是实现和长期保持“平稳过渡”的主要方式。尽管2008年台湾当局“政权轮替”以来，改善两岸关系、解决“三通问题”、发展两岸经贸与民间交流，成为马英九两岸政策的主轴，而三次“陈江会谈”[①]的会商成果也具体扩大和放松了两岸在“三通”、观光、投资与经贸等领域的交流，但进一步的高层互动与官方交流渠道，仍有待进一步加强。谈判是两岸进行妥协与交流的过程，也是双方进行创造的过程。从历史上看，高层的政治性对话和谈判往往是化解政治难题和症结的最佳办法。

3. 两岸关系发展的新思路——增量改革[②]

在解决台湾前途问题上，为了两岸关系良性而稳定的发展，建构双方认可的“过渡时期”，实现“平稳过渡”的理想状态，中国学者提出

---

① 2008年以来，两岸海协会与海基会的三次“陈江会谈”，不但解决了两岸诸多事务性交流的问题，也为两岸架起有效的协商与交流平台。据台湾《中国时报》在第三次“陈江会谈”后，于2009年4月28日对台湾地区七百余位成人的所作的最新电话民调显示，两岸政策成果受到49%受访者的肯定，44%的受访者满意第三次“陈江会谈”的成果，更有53%的受访者乐见开放陆资赴台投资。

② 潘国华著：《香港模式与台湾前途》，北京：中国国际广播出版社，2004年，第304 ~ 312页。

了两岸关系发展“增量改革”的新思路。“增量改革”新思路的提出，是以两岸关系“维持现状”的现实为基点的，寻找出两岸关系在经济与政治上的增长点，在双赢的基础上，解决双方可能的争端，并进一步从新增的构面，为两岸问题的发展找出新的立足点，创造良性循环的互补条件与竞争优势。

（1）“增量改革”的概念来源

我们可以从经济学和政治学两个角度对“增量改革”这一概念进行剖析。经济学理论中的“增量改革”概念是相对于“存量改革”而言的。“存量改革”即指推翻现状、再造秩序，“增量改革”则是在保存和维持现状的基础上增加新成分、新因素，以达到改革的目的。从政治学角度看，“存量改革”即是对现状的直接改革，而在承认现状的基础上增长新成分的改革即为“增量改革”。鉴于两岸关系现状，任何较大的政策变化都并非易事，特别是从本质上的变革，再加上在经济全球化的趋势与影响下，过去那种区域性自给自足和闭关自守的政经局势，已被国际成员间经济交流和相互依赖的网络所替代，更何况同属于一个国家与民族传承的两岸人民。因此，解决两岸关系的有效思路不应放在改变现状的基点上，而应放在从现状出发，开辟出新的方向，找到共同的双赢基础，为两岸关系有效地拓展出更为宽阔的历史舞台。事实上，当“增量合作”大于“存量矛盾”的成分时，两岸的共同利益或优势大于过去的争议，两岸关系的发展自然能水到渠成，在减低到最少争端的基础上发展出能相互接受的新思路与新局势。

（2）“增量改革”必须考虑的问题

“增量改革”是一种渐进式的改革，不同于过去改朝换代时对现况“革命”式的流血改革，特别是在两岸问题的解决上，武力式的革命，只是会导致海峡两岸都付出无法承担的历史代价。对于“增量改革”的进行，必须要考虑下列问题：

第一，为有效地把握“增量改革”，应充分梳理两岸双方的政策存量，在避免引发存量的争端下，为“增量改革”铺垫稳固的增长点。

我们可以把中国政府和台湾当局既有的主张与政策，作为两岸关系现有政策存量的具体指标；把改革开放以来，两岸交流与发展的经济、文化、学术和科技等成果作为现有的事实存量指标；然后，以客观的态度根据现行的国际法则与国际社会的现状，分析两岸国际存量的差异与优势，并在不同领域的优先次序上作明确的安排。

第二，明确现有存量和差异之后，确立“增量改革”的方向和增长点，创造双赢的增量成果。

“增量改革”的重要任务在于继续加强两岸的文化、经济和社会交流，并形成两岸交流的合理规范和有效的操作机制[①]，增加全体人民的认同和形成有效的政经机制，为两岸关系顺利发展打下坚实基础。相互依赖是两岸经济交流的现况，而两岸产业互补正是这种“增量改革”重要的发展方向和增长点。完成这一任务的关键在于双方良性政策互动的形成，而不是一种相互排斥的互动。双方的良性互动最终应该达到这样一种理想状态，即经由两岸各自进行政策增量改革、实现良性互动、进而实现政策的有效对接。事实上，改革开放以来，两岸经济的发展已有效地为“增量改革”奠定了一定的基础，特别在产业合作方面，从两岸经贸投资的紧密互动与前述两岸半导体产业的合作，我们不难看出优势互补的产业发展是两岸关系“增量发展”一个好的切入点。此外，2008年12月两岸的全面“三通”、2009年4月26日第三次“陈江会谈”以及中国商务部宣布的自2009年5月1日开始，开放陆企赴台投资等相关政策的推动[②]，都是两岸进行“增量改革”的具体体现。

第三，促使两岸关系进行“增量改革”的现实舞台是政治性协商和相互合作，特别是双方高层领导的直接会晤。

产业合作能促进海峡两岸的经济交流，从而在两岸领导人的政治决策上发挥一定的影响力。但两岸问题的解决最后势必还是要透过政治协商。引导两岸关系双向性、互动性的“增量改革”进程，能实现双方合

① 潘国华著:《香港模式与台湾前途》，北京：中国国际广播出版社，2004年，第309页。

② 有关开放大陆资金到台湾投资，2009年4月30日，台湾“经济部长”尹启铭表示，开放陆资赴台投资办法将以正面表列的方式于2009年5月下旬公布，首波将开放98项行业，其中制造业占三成、服务业占二成一、公共建设占一成四等；同日，台湾“金管会”亦宣布开放“陆资来台”投资的政策松绑正式上路。

理有效的政策对接，并且以政治性会谈、相关政治活动与合作改善两岸关系。最终达到在政策层面上举行政治谈判，共同研究和探讨两岸关系发展和实现国家统一的新阶段。

第四，“增量改革”的进行可扩大并丰富“和平统一，一国两制”的内容，赋予“一国两制”台湾模式更大的创造性。

“一国两制”就是保持存量不动、维持现状，但它仍然需要扩大自身的增量。在国家结构方面，“一国两制”可以与国家政治资源重新进行组合、使国家结构或政体的安排实现最优化，以最大程度地发挥统一后的国家政治力量。

第六节 结语：以经济促进两岸政治统一

自1949年后，两岸人民在社会、文化和经济上一直处于分割的状态，但至20世纪80年代，随着双方经贸往来的增加与企业发展的需求，两岸经济互动与联系越来越紧密。然而，这种愈趋相互依赖的经济关系却因双方政治主张与认同观念的差异，而逐步陷入一种“经济相互依赖，政治各执一端”、“经济关系不断发展，政治关系不进反退”及“经贸关系愈趋密切，政治对立愈趋尖锐”[①]的悖论之中。与此同时，受亚洲金融发展、中国大陆经济环境的改善、台湾内部政治不稳定以及固步自封的经贸政策等诸种因素的影响下，台湾经济处于低迷的发展状态之中，此外，双方政治谈判停滞不前的结果也对台湾岛内的经济发展有所影响。因此，在两岸政治影响经济、而经济又带动政治的交互作用中，海峡两岸的经贸发展在左右摇摆中曲折前进。

鉴于上述分析，如何在两岸经济相互依赖的基点上，使政治的互动与交流也达到双赢的最终成果，笔者认为，解决两岸统一问题，应有新的思维、新的广度来处理两岸关系问题。

① 卫民着：《台湾·中国大崩坏？》，台北：海鸽文化出版图书有限公司，2002年，第21页。

首先，“和平”是解决两岸问题的基本原则与要求。自1949年两岸分治以来，“政治分歧”一直是中国大陆与台湾当局冲突的焦点，直到90年代后期，台湾部分党派“台独”意识的渲染与刻意“去中国化”的主张，才改变了两岸争端的主调。无论是中国大陆的文攻武慑，抑或是台湾当局频繁的军事演习与军备扩张，基本上都是以一种现实主义者眼光——“武力是解决冲突与危机的最后手段”。事实上，从过去近六十年来两岸对峙的经验，我们可以明确地知道，武力并不是解决两岸问题最有效与最成功的方法。在“全球化”[①]与“欧洲治理”范式逐渐为当今世界广泛重视的今天，和平才是解决两岸问题最重要的基础。和平解决两岸问题，不仅是基于同是中华民族的共同认知，更是两岸统一的必要条件。

其次，在和平的基础上建立跨越两岸单边利益的共识与“完整的中国”的认同。不同于现实主义者所主张的“国家中心论”和武力是解决冲突和危机的最后手段，新自由主义者认为合作可以通过“相互依赖”与“制度”来维持，建构主义者则以“共同体”与“认同”为核心概念[②]来诠释国际社会的发展变化。两岸问题的解决也应以此作为借鉴，以建立“共同体”与“认同”作为解决两岸争议的基础，事实上，两岸在经济上已经逐步通过“相互依赖”建立起双赢的平台。

由于长期以来，两岸对主权的争议从“争正统”发展到台湾当局的争“独立”，两岸在主权问题上也始终未能取得共识及认同，加之两岸政府之间缺乏彼此信任，因此，即使是两岸在分隔近四十年后，即1992年海协会与海基会达成“一个中国，各自表述”的共识，然充其量也只是同意暂时搁置对“主权歧见”的共识而已。两岸目前亟待解决的问题，是在双边共同利益下，建立超越各自政治利益、对一个“完整的中国”的认同。自2000年以来，台湾地区虽然在民进党的“执政”下，背离“一个中国的前提”，且渐行渐远，但随着两岸经济互动的日趋紧

① 全球化指通过贸易、资金流动、技术涌现、信息网络和文化交流等方面，在世界范围的经济高速融合。

② 张亚中著:《全球化与两岸统合》，台北：联经出版社，2003年，第116 ~ 121页。

密，两岸事务的进一步协商，已成为两岸领导人在政策与政治上不可回避的事实。2005年春天，连战和宋楚瑜相继访问大陆受到台湾民众的支持，这表明“台独”势力在台湾的社会土壤并非不可动摇，经济相互依赖具有明显的政治效应。特别是2008年台湾政党轮替后，“三通”问题与陆资赴台投资等相关政策的实施，在两岸经贸关系上的一系列政策松绑也说明了这一点。

再者，以经济的交流，达到两岸政治的双赢。美国外交政策研究协会高级研究员古孟德（Terry Cooke）对“经济能促进两岸政治统一”这一观点持肯定态度。2005年6月15日，他在一个讨论会上指出，在台海两岸的贸易中，全球化是促使两岸相互依赖的核心动力。他并认为：“两岸有天然的经济互补性。20世纪80年代初期，台湾开始向大陆转移轻工业的生产，加速了台湾向IT产业的转型，并迎来了90年代台湾IT产业的黄金时期。虽然政治关系的不稳定使随后的两岸经贸往来受到一定的限制和影响，但是台面下的贸易在过去25年来从没有停滞过。”以IT业为例，基于成本的考量，台湾的IT产品制造商们并没有太多决定产品元件生产地点的自主权，台湾的厂商必须要考虑中国市场与制造成本的因素，特别是面对他们的欧美合作伙伴——IBM、戴尔等公司对产品的相关要求。而全球化的经济逻辑则将这些劳动密集型产业转向中国大陆。从2001年开始，在IT产品越来越明显的外包趋势下，世界资本开始向中国转移，而台湾则成为在大陆市场寻找合适切入点的贸易中间人，相关情势的发展，从前述国际与台湾地区半导体产业的“西进”趋势，我们可以得到具体的印证。古孟德认为：“政治和经济是否能相互影响，关键点是看二者以何种方式相互渗透。”“传统意义上，经济互动无法从根本上改变政治决策者的主张，使他们放弃所谓的政治平衡。但是，经济可以一点点渗透到政治关系之中，形成潜移默化的影响。”中国学者陈汉文也认为：“经济关系与政治关系处于密切影响、不可分割的联系之中。”因此，在经济不断政治化，而政治也日益经济化的全球格局当中，从经济的交流促进两岸政治的双赢，乃是解决两岸问题的最佳思路。

全球化是两岸经贸往来的引擎，它也是两岸未来“以经促政”的重要因素。在双方的经济往来中，两岸地方官员最能切身体会到双方贸易关系的深度，从而自下向上影响两岸决策层的政策制定。两岸政治力量其实都能感知到两岸经贸往来对台湾发展的重要性。自连、宋“登陆”之后，台海两岸的经贸往来进一步深入发展——台湾水果零关税向大陆出口的热潮尚未退去，开放大陆同胞赴台湾旅游又成为新的关注点。即使不论这些新近的发展，目前两岸经贸规模也十分可观，根据台湾“陆委会”的统计，2008年1至11月，台湾地区对中国大陆出口贸易占其总出口比重的29.21%，大陆是台湾当局最大的输出市场；而在对中国大陆的投资方面，根据中国商务部的统计，截至2008年11月，台商对中国的投资项目累计达77238项，实际投资金额超过473.7亿美元。从经济上紧密相互依赖的现状来看，台湾当局只要抛开狭隘的民粹意识形态，两岸政治双赢效果的实现应在预期之中。

从连战、宋楚瑜访问大陆以及马英九成为台湾当局的领导人所产生两岸政治与经济往来的新契机当中，我们可以观察到经济能促进两岸政治统一的发展趋势。有学者认为政治决策，往往决定两岸经济往来的命运，这种政治影响经济的观点，在某种意义上来说是正确的，但笔者认为，当两岸经济互动超过一定临界点的时候，政治考虑往往受经济因素左右，即一旦经济效益已对多数人有具体利益或已超过人们对政治热情的时候，经济往往会影响政治。因此，就以经济促进两岸政治统一而言，笔者提出以下几点相关政策操作建议：

（1）从政治方面来看，2005年连战与宋楚瑜相继访问中国大陆，在台湾地区得到相当大的民意支持。在连战返回台湾后，台湾媒体的民调报告显示，国民党与连战个人的支持率都得到上升，这清楚地表明，大多数台湾人还是支持“一个中国”及“以和平方式解决中国问题”。此外，连战与宋楚瑜先后访问大陆时，都已明确表示同是中国人，同是炎黄子孙或“一个中国”的认同。从这个角度来说，具有半数台湾地区以上人民支持的政党，已先后明确认同“一个中国”的理念。至于2007年下半年陈水扁及民进党当局不断炒热“以台湾名义加入联合国”及

“入联公投”的主张，更是选举的操作，导致台湾地区成为政治高风险地区。2007年10月10日，美国标准普尔评级公司（Standard & Poor）[①]在新加坡发布“2008年亚太地区评级展望报告”中，在亚太地区22个接收评级的国家和地区当中，在“稳定”、“正向”和“负向”三个评级中，只有台湾地区和斐济被列为“负向”，其中台湾地区更是连续三年被评为“负向”。而美国副国务卿内格罗蓬特（John D. Negroponte）2007年10月24日在华府智库美国企业研究所的研讨会上，更明确指出，台湾海峡是亚太地区三大引爆点之一。内格罗蓬特在2007年8月曾公开批评陈水扁“入联公投”是朝向宣布“台独”的一步，事实上对于两岸未来的政治发展没有任何实质帮助与意义。2008年台湾大选“入联公投”和“返联公投”未获通过就是台湾主流民意的最好展现。马萧在交出改善两岸关系的第一张成绩单后应再接再厉，在加快经济增长的同时提供给台湾人民一个稳定的政治与社会环境。

（2）从经济方面来看，随着整体经济的快速发展，中国已逐渐从过去的“世界工厂”迈向“世界市场”。台商“西进”大陆以及两岸经贸的高速发展，已是一种不可逆转的趋势。台湾当局应着重如何提升产业的竞争力，而不是一味地阻挠企业“西进”中国大陆的发展。有鉴于此，台湾当局落实两岸直接三通与消除台商赴大陆投资子公司重复课税等问题提上日程可谓是顺势而为。“三通”不仅能为台湾企业节省大量的时间与费用，而且开放中国大陆对台湾地区旅游的政策，也能为台湾带来巨额的经济效益。至于开放两岸三地证券市场的三阶段合作构想[②]若能具体实施，最终，在两岸三地将形成一个交易平台，各自开放一定数量的上市企业在这个平台上进行证券交易，这种两岸三地金融产业真正的融合，将有助于两岸金融产业的具体发展，从而创造共赢的效果。两岸产业交流的趋势证明，与大陆的商业往来，成为大多数企业发展战略中

① 美国标准普尔评级公司（Standard & Poor）是目前国际上公认的最具权威性的经济信用评级（Credit Rating）机构之一，公司总部设在美国。

② 2009年4月19日，台湾证券交易所董事长薛琦透露了有关两岸三地证券市场的三阶段合作构想，分别是：合编两岸三地“指数股票型基金”（ETF）指数、将新编的ETF指数挂牌、两岸三地设立交易平台。

不可或缺的一环，因此，笔者认为此时台湾当局若能顺势与大陆展开政治协商，这也是顺应民之所向。

此外，台湾当局除了为企业“西进”中国大陆扫除障碍外，还应开放陆资及吸引国际资金来台，重振台湾经济。2009年4月30日，台湾当局宣布开放陆资赴台投资，当日，台股集中市场指数大涨378点以5992点作收，创下廾18年来最大单日涨幅。事实证明，开放陆资赴台不但可以提振台湾股市，对于房地产市场及其他经济领域，也可帮助台湾填补部分因全球经济不景气而出现的衰退。至于吸引国际投资方面，日本知名跨国企业SONY（新力）公司的总社长中金本良于2008年4月3日拜会“准总统”马英九时，承诺将扩大对台投资与采购规模，并与台湾进行共同研发工作①。这可以说是自马英九当选后首个以实际行动表达对其就任后执政信心的跨国企业，也为马英九继续推进两岸经贸政策增添了自信。

（3）从产业方面来看，台湾当局希望建立所谓“分工互补型的两岸经贸互动”模式，即在台湾当局的控制下，两岸经贸形成一种分工合作的格局。台湾当局提出“根留台湾”的口号，即是这种模式的具体表现。根据台湾当局的计划，两岸经贸仍然维持所谓“台湾接单，大陆生产”的模式。台湾成为大陆对外贸易的窗口。台商在本地进行产品设计、资金和管理等业务，而大陆只是生产单位。如此一来，大陆企业不仅形成“台湾依赖性”，而且企业主要的利润都会流向台湾。台湾当局提出“根留台湾”的根据是：台湾商人在产品设计、对外联系、生产管理等方面都领先大陆，所以台湾要发挥台商的设计和管理优势，始终领先于大陆。可是，这种模式只是台湾当局一相情愿的想法，现实实践中困难重重。第一，在科技发展领域内，市场与产品设计制造能力是第一因素。台湾由于市场狭小，即使有先进的设计能力，如果没有巨大的市场支持，其科技发展终究要受限。第二，台湾的设计能力领先大陆也是有限。大陆的科技人才甚多，研发能力发展迅速。如今，中国大陆政府

① 黄国梁：《“马总统”贺礼到，SONY扩大对台投资》，载台北《联合晚报》，2008年4月3日。

大力发展科技，有意识地开拓国际国内市场，因之台湾想长期保持科技优势压力不小。第三，“根留台湾”的口号是建立在台湾当局企图保留所谓“不统不独”，拒绝承认“一个中国原则”的原则之上。很明显，中国大陆不会满意上述政治安排。第四，近13亿人口的中国大陆，其经济发展已是令世界瞩目，如果两岸政治协商不能达到一定的进展与默契，很难想象台湾当局所谓“分工互补型的两岸经贸互动”模式能获取大陆的认同。

笔者认为，最好的互动模式是“经济融合”，即大陆和台湾的经济形成一个完整的共同体。在这一经济共同体中，市场互相完全开放，金融资本自由流通，物资商品出入无关税，无限制，经贸法令协调一致。目前，两岸经济共同体建设最大的阻碍来自于的“台独”人士。所以，经济融合效果虽佳，但是台湾方面保守的意识形态成为这一模式的绊脚石。部分“台独”人士的论点认为，产业“西进”到大陆，不但会造成台湾人才与技术的流失、对大陆经济的过度依赖，更会加速台湾经济的萧条。事实上，在全球的舞台上，相互依赖、不对称依赖或所谓的“中心—外围”理论，的确会因为行为体彼此因依附程度的不同进一步导致双方在互动中所处地位的优劣势。但从两岸关系的角度来看，台湾当局不应该因为担心对大陆经济的过度依赖，而放弃两岸经贸合作为台湾厂商争取到的发展机会，以及台湾地区未来经济提升的契机。台湾当局要解决对大陆可能的过度依赖，绝对不是自己闭门造车，而是应该在两岸两互依赖共创绩效的基础上，创造台湾新的支柱型产业，提升台湾产业与经济新的核心竞争力，这种增量改革的经济政策，才是一个大有为的执政者，对百姓所需具有的政治、经济与社会责任。基于此，尽管两岸经济共同体这种最终合作的模式还需要时间和耐心，但笔者认为这是未来两岸关系发展不可避免的结果。此外，两岸经济共同体除了取决于台湾当局的执行力与政治意识形态的调整外，大陆经济是否能够维持适当速度的前进与发展，而且在政府行政改革和政治改革上获得实际成果，也是非常重要的因素之一。[①]

（4）从文化层面看，台湾当局应尽快解决大陆学历承认问题，为两岸扩大文化交流与合作扫除障碍。民进党执政时期大陆学历得不到承认,既对两岸文化交流造成严重阻碍，也不利于岛内广大青年学子的求学发展。承认大陆学历，为莘莘学子求学提供更多的选择本是单纯的教育问题。大陆许多高校都具有国际水准，学历也被世界各国包括欧美发达国家承认。民进党“执政”期间，却出于“明显的政治考量”不承认大陆学历，无非是想借此阻挠台湾学生赴大陆求学，阻挠两岸文化的交流和往来。目前，随着两岸和平发展的步伐进一步加快,两岸在文化交流上也释放出更多政策“利多”，中国国务院司法行政部门研究决定自2008年起，台湾居民可报名参加大陆司法考试，这为台湾法律人士提供了一个很好的机会，也有利于加强和增进海峡两岸交往、为两岸同胞提供便利的法律服务。台湾的教育主管部门宣布从2009年开始承认大陆的学历，开放大陆的学生到台湾就读，同时也发布了“三限六不”原则[②]的限制。所谓“三限”原则为“限校”，初步仅承认数十所大陆一流大学的学历；“限量”，大陆生来台人数约为一年一千人，约为台湾大学招生总量的0.5%到1%，“教育部”也会分配各校招收大陆生人数，不会让大陆生集中在少数学校；“限领域”，初步不开放大陆生就读“国安”、医疗、药理治疗等专业领域。“六不”原则为：大陆学生来台考试不加分；不影响台湾学生就读权益，以外加名额招收大陆学生；“教育部”不编列大陆学生奖学金；不允许大陆学生校外打工；大陆学生不可考专业证照；毕业后，不可续留台湾就业和从事公职。虽然有“三限六不”原则的限制，但两岸交流渐进开放的趋势却是无法否认的事实，因此，新任台湾地区领导人只有顺应民心、顺应潮流，承认祖国大陆的学历，加大开放大陆学生到台湾就读的程度和范围，继续推进两岸教育文化等方面的交流，才能有力促进两岸关系和平发展的进程。

台湾地区半导体产业的“西进”在一定程度上加速了大陆半导体产

① 张庆松:《两岸未来经济互动模式预测》，载《台声》，2004年第7期，第12 ~ 13页。

② 具体内容见中国新闻网：http://www.jyb.cn/china/gat/200811/t20081111_211651.html。

业的发展，而大陆市场、人才与未来产业发展空间的机会，也提供给台湾半导体相关业者未来产业的舞台与发展空间。基于经济的需求，台湾当局加大台商至大陆投资上限的调整与两岸经贸与“三通”问题的落实执行，是经济影响政治的具体表现，而这些体现都是产业影响经济并进一步深化政治交流的最佳成果。相互依赖是相互影响、相互制约以及相互竞争的呈现与结果，它更是社会乃至于全球化的演进中一种不可避免的事实。从两岸的关系来说，相互依赖不仅是海峡两岸政经发展过程中必然的发展趋势，更是中国统一有关两岸人民福祉的民族大业，产业与政治是两岸经济取得双赢的切入点，更是和平统一的必经之路。

参考文献

中文著作

“经济部国贸局”，《1998年台海两岸贸易形势统计》，台北：“经济部国贸局”，1999年。

“行政院中国大陆委员会”：《跨越历史的鸿沟：两岸交流十年的回顾与前瞻》，台北：“行政院中国大陆委员会”，1997年。

“行政院中国大陆委员会”：《中国大陆研究基本手册》，台北：“行政院中国大陆委员会”，2002年。

包宗和、吴玉山编：《争辩中的两岸关系理论》，台北：扬智文化，2000年。

陈冠廷主编：《洞悉半导体IC制造产业暨市场脉动》，台北：拓墣科技股份有限公司，2006年4月。

陈冠廷主编：《迎接数位生活——启动IC设计商机无限》，台北：拓墣科技股份有限公司，2006年6月。

陈玉明著：《中国加入WTO各行业前景分析》，北京：经济日报出版社，2000年。

董彦岭、张宗宝编著：《国际金融》，北京：经济科学出版社，2004年。

房宁、王小东、宋强等著：《全球化阴影下的中国之路》，北京：中国社会科学出版社，1999年。

冯启人著：《美国对华政策与台湾问题》，台北：海峡学术出版社，

2002年。

傅文彪主编:《2005年上海集成电路产业发展研究报告》,上海:上海教育出版社,2005年6月。

高长、宋恩荣合著:《两岸双边贸易统计之探讨》,台北:“行政院中国大陆委员会”,1998年。

高长著:《中国大陆经改与两岸经贸关系》,台北:五南出版,1999年。

高民政著:《台湾政治纵览》,北京:华文出版社,2000年。

国务院台湾事务办公室新闻局编:《两岸关系与和平统一:2000年重要谈话和文章选编》,北京:九州出版社,2001年。

国务院台湾事务办公室新闻局编:《台湾事务法律政策选编(1983~2000年)》,北京:九州出版社,2001年。

胡鞍钢主编:《中国战略构想》,浙江:浙江人民出版社,2002年。

胡海鸥主编、孙慧副主编:《中国金融体制的改革与发展》,上海:复旦大学出版社,2004年。

黄嘉树、刘杰著:《两岸谈判研究》,北京:九州出版社,2003年。

黄嘉树著:《两岸风云冷眼观》,北京:言实出版社,1997年。

黄逸平、黄铭章、刘惠凤等合著:《硅导新势力——半导体与零组件产业趋势》,台北:电子时报出版,2002年。

纪欣著:《“一国两制”在台湾》,台北:海峡学术出版社,2003年。

江泽民著:《论三个代表》,北京:中央文献出版社,2001年。

菊地正典著:《图解半导体》,台北:世茂出版社,2004年。

康绿岛著:《李国鼎口述历史:话说台湾经验》,台北:卓越文化,2001年。

李后著:《百年屈辱史的终结》,北京:中央文献出版社,1997年。

李惠斌著:《全球化:中国道路》,北京:社会科学文献出版社,2003年。

李英明著:《邓小平与后文革的中国大陆》,台北:时报文化出版社,1995年。

李英明著:《重构两岸与世界图像》，台北：生智文化事业有限公司，2002年。

连玉明主编:《2004中国数字报告》，北京：时代经济出版社，2004年。

刘国光、王洛林、李京文主编:《经济蓝皮书：2004年中国经济形势分析与预测》，北京：社会科学文献出版社，2003年。

刘锡良、戴根有主编:《宏观经济与货币政策》，北京：中国金融出版社，2001年。

刘映仙、殷存毅著:《跨越海峡的桥梁——两岸经贸关系评析》，北京：台海出版社，1999年。

刘仲藜著:《中国财政发展问题研究》，北京：中国财政经济出版社，1999年。

龙永枢主编:《海峡两岸经贸合作关系研究》，北京：经济管理出版社，1998年。

罗伯特·劳伦斯·库恩著:《他改变了中国——江泽民传》，上海：世纪出版集团、上海译文出版社，2005年。

罗晓军著:《WTO中国大陆大商机》，台北：灵活文化事业有限公司（海南出版社授权），2001年。

毛铸伦著:《“一国两制”漫谈》，台北：海峡学术出版社，2004年。

慕亚平主编:《WTO中的“一国四席”》，北京：法律出版社，2004年。

潘国华主编:《香港模式与台湾前途》，北京：中国国际广播出版社，2004年。

潘叔明著:《“一国两制”与台湾问题》，北京：人民出版社，2003年。

裴传永主编:《邓小平理论与中国传统文化》，北京：中共党史出版社，2003年。

彭付芝主编:《台湾政治与经济》，北京：航空航天出版社，2004年。

彭怀恩著:《台湾政治发展》，台北：风云论坛出版社，2003年。

全国台湾研究会编:《两岸关系研究报告2002年》，北京：九州出版社，2004年。

全国台湾研究会编:《台湾2002》，北京：九州出版社，2003年。

邵宗海著:《两岸关系——陈水扁的中国大陆政策》，台北：生智文化事业有限公司，2001年。

石之瑜著:《创意的两岸关系》，台北：扬智出版社，1997年。

时殷弘著:《敌对与冲突的由来——美国对新中国的政策和中美关系》，南京：南京大学出版社，1995年。

时殷弘著:《国际政治——理论探究·历史概观·战略思考》，北京：当代世界出版社，2002年。

宋小庄著:《论“一国两制”下中央和香港特区的关系》，北京:中国人民大学出版社，2003年。

宋新宁、陈岳著:《国际政治学概论》，北京：中国人民大学出版社，2004年。

宋镇照著:《台湾与亚太之政治经济：秩序、定位、挑战与出路》，台北：海峡学术出版社，2004年。

童振源著:《全球化下的两岸经济关系》，台北：生智文化事业有限公司，2003年。

王长胜主编:《经济信息绿皮书：中国与世界经济发展报告（2004年）：全球化下的经济环境治理与市场开放》，北京：社会科学文献出版社，2003年。

王列、杨雪东著:《全球化与世界》，北京：中央编译出版社，1998年。

王明著:《中共50年》，北京：东方出版社，2004年。

王硕仁、苏艳文等合著:《硅晶大势》，台北：电子时报出版，2000年。

王作荣著:《与登辉老友话家常》，台北：天下文化，2003年。

卫民著:《台湾·中国大崩坏？》，台北：海鸽文化，2002年。

温家宝著:《台湾问题》，北京：新世界出版社，2004年。

肖元恺著:《百年之结——美国与中国台湾地区关系的历史透视》，北京：人民出版社，2001年。

许介鳞著:《李登辉与台湾政治》，北京：社会科学文献出版社，2002年。

詹满容、江启臣、刘大和等编著:《WTO架构下两岸互动之研究》，台湾“行政院研究发展考核委员会”编印，2003年8月。

张如心、潘文渊文教基金会著:《矽说台湾——台湾半导体产业传奇》，台北：天下远见出版社，2006年。

张邦钜著:《台湾的经济和金融及两岸经贸关系》，北京：九州出版社，2004年11月。

张贵洪编著:《国际组织与国际关系》，杭州：浙江大学出版社，2004年。

张平、韩复龄主编:《中国投资前景报告》，北京：时代经济出版社，2005年。

张瑞华主编:《中国半导体产业综观暨前景剖析》，台北：拓墣科技股份有限公司，2005年12月。

张瑞华主编:《眺望起飞中的中国IC产业》，台北：拓墣科技股份有限公司，2007年12月。

张亚中著:《开放政治市场：全球治理台湾》，台北：联经出版，2002年。

张亚中著:《两岸统合论》，台北：生智文化事业有限公司，2001年。

张亚中著:《两岸主权论》，台北：生智文化事业有限公司，1998年。

张亚中著:《全球化与两岸统合》，台北：联经出版，2003年。

张幼文、黄仁伟等著:《2003年中国国际地位报告》，上海：远东出版社，2003年。

赵佳谊、刘锦秀、黄碧君译，大前研一（Omhae Kenichi）著:《中华联邦》（*The Emergence of The United States of Chunghwa*），台北：商周出版，2003年。

中共中央党研究室:《中国共产党新时期历史大事件记》，北京：中共党史出版社，2002年。

中共中央台湾工作办公室、国务院台湾事务办公室:《中国台湾问题》，北京：九州出版社，1998年。

中华经济研究院:《两岸产业分工政策执行成效评估》，台北:“经济部工业局”，1999年。

中华经济研究院:《两岸经济情势分析》，台北:“行政院大陆委员会”，1997年。

中华经济研究院:《中国大陆及两岸经济情势报告（民国86年至87年）》，台北:“行政院中国大陆委员会”，1999年。

中文论文

蔡纬:《从国际关系理论探讨解决两岸困境之道》，载《中国大陆研究》，第41卷第6期，1998年6月。

陈丽菊、洪家兴执行编辑:《“一国两制”下的香港》国际研讨会论文集，台北：财团法人群策会，2003年。

陈一新:《从布什外交团队与领导风格看美国外交与两岸政策》，载《远景季刊》，第2卷第1期，2002年1月。

郭正亮:《从分合到联立：两岸过渡架构刍议：自台湾主题性谈两案政治关系之建构》,《邦联问题研讨会：从台湾主体性谈两岸关系架构》，台湾日报举办，1998年9月7日。

黄明和、陈信甫、邱垂泰:《欧洲联盟经济整合模式适用于两岸关系之探析》，载《全国律师》，第4卷第9期，2000年9月。

黄伟峰:《欧盟整合模式与两岸主权争议之解析》，载《欧美研究》，第31卷第1期，2001年3月。

李琼莉:《经济安全概念在亚太地区的发展》，载《问题与研究》，第38卷第2期，1999年2月。

石齐平、史芳铭等:《2001年中国大陆地区投资环境与风险调查》，台湾区电机电子工业同业公会，2002年。

时殷弘:《关于台湾的几项必须正视的大战略问题》，载《战略与管理》，第2期，2002年。

时殷弘:《海峡两岸各自良性增长中的良性互动》，载《世纪中国/世纪周刊》，2001年5月。

时殷弘:《困难与选择：对台湾问题的思考》，载《战略与管理》，1999年第5期。

时殷弘:《两岸武器装备竞争——台海两岸“阻独”对“谋独”斗争的一个方面》，载《两岸关系》，总第83期，2002年9月。

时殷弘:《台湾领导人与美国对台态度和政策》，载《两岸关系》，总第60期，2002年6月。

时殷弘:《台湾问题上的严重危险和战略必需》，载《战略与管理》，第1期，2004年。

时殷弘:《中国崛起与台湾问题》，载《世界知识》，第18期，2002年。

时殷弘:《阻独促同的决心和军事能力万不可低估》，载《两岸关系》，总第59期，2002年5月。

时殷弘:《祖国大陆对台湾：长期优势对短期优势》，载《世界经济与政治》，第7期，2002年。

苏宏达:《欧盟经验与两岸统合：建立WTO架构下的双边商务纠纷解决机制》,《问题与研究》，第40卷第2期，2001年。

台湾经济研究院编撰:《两岸经济统计月报》，第131期，2003年7月。

唐欣伟:《两岸关系的展望：从国际政治经济学的角度分析》，载《国家政策论坛》，第一卷第7期，2001年。

涂志坚:《克林顿总统时期美中台战略三角之互动之研究》，台北：台湾大学政治研究所硕士论文，2001年6月。

王作荣:《处理两岸关系必须有的认识》，载“《中央月刊》”，第35卷，第4期，2002年4月。

吴介民:《经贸跃进，政治僵持？——后冷战初期两岸关系的基调与变奏》，载《台湾政治学刊》，第1期，1996年7月。

吴明机:《台湾IT产业发展现况与展望》，载《经济情势暨评论季刊》，第六卷第三期，2000年12月。

萧全政:《东亚“区域主义”的发展与台湾的角色》，载《政治科学论丛》，第14期，2001年6月。

萧全政:《后冷战时代的两岸关系》，载《理论与政策》，第10卷第1期，1995年。

徐湘林:《以政治稳定为基础的中国渐进政治改革》，载《战略与管理》，2000年第5期。

张琼芳:《南向？西进？——台商的选择》，载《光华》，2001年12月。

张文木:《台湾问题与中国前途——兼评李登辉<台湾的主张>》，载《战略与管理》，1999年第5期。

张亚中:《两岸统合与“第三主体”的建立》，载《中国大陆事务》，第5期，2001年7月。

张亚中:《全球化下的全球治理：主题与权力的解析》，发表于全球治理与国际关系学术研讨会，台北，2001年6月。

郑端耀:《国际关系“新自由制度主义”理论之评析》，载《问题与研究》，第36卷第12期，1997年2月。

中华人民共和国国务院发展研究中心:《中国加入世界贸易组织对世界经济及其自身的影响》研究报告，1998年。

中华人民共和国台湾事务办公室、国务院新闻办公室:《一个中国原则与台湾问题》，北京，2000年2月。

英文文献

Alexander, Wendt, *Social Theory of International Politics,* Cambridge University Press, 1999.

Bernstein, Richard and Ross Munro, *The Coming Conflict with China.* New York: Alfred A. Knoph, 1997.

Bernstein, Thomas P., and Xiaobo Lu, “Taxation without Representation:

Peasants, the Central and the Local States in Reform China", *The China Quarterly,* No.163, 2000.

Burns, John P., "The People's Republic of China at 50: Nation Political Reform", *The China Querterly,* 1999.

Ching, Frank,"Chinese Politics Still a Personality Game", *The Japan Times,* November 12, 2002.

Clough, Raoph N., *Cooperation or Conflict in the Taiwan Strait?* Lanham, Maryland: Rowman & Littlefield Publishers, Inc. 1999.

Clough, Raoph N., *Reaching across the Taiwan Strait,* Boulder: West view Press, 1993.

Copeland, Dale C., "Economic Interdependence and War: A Theory of Trade Expectations" in Michael E. Brown, Owen R. Cote, Jr., Sean M. Lynn-Hones & Steven E. Miller. Eds., *Theories of War and Peace,* the MIT Press, 2000.

Dirlik, Arif, *The Postcolonial Aura: Third World Criticism in the Age of Global Capitalism,* Westview Press, 1997.

Dittmer, Lowell, *China under Reform,* West view Press, 1994.

Drezner, Daniel W., *The Sanctions Paradox: Economic Statecraft and International Relations,* New York: Cambridge University Press. 1999.

Fewsmith, Joseph, "The Sixteenth National Party Congress: The Succession that Didn't Happen", *The China Quarterly,* No.173, 2003.

Finkelstein, Lawrence S., "What is Global Governance?" *Global Governance I,* 1995.

Franz, Schurmann, *Ideology and organization in Communist China,* Berkley: University of California Press, 1968.

Garver, John W., *Face off: China, the United States, and Taiwan's Democratization,* Seattle: University of Washington Press, 1997.

Gilpin, Robert, *The Political Economy of International Relations,* Princeton: Princeton University Press, 1986.

Harding, Harry, *China's Second Revolution: Reform after Mao,* The Brooking Institution, 1987.

Hargett, James M., "The return of Hong Kong and the future of Taiwan: some random thoughts", paper presented at International Conference on Relations Between Taipei, Hong Kong & Beijing After 1997 , Taipei, 1999.

Hendrischke, Hans and Chongyi Feng, *The Political Economy of China's Provinces,* New York: Routledge, 1999.

Hu, Xiaobo, "The State, Enterprises, and Society in Post-Deng Chin", *Asian Survey,* Volume 40, No.4, 2000.

Keohane, Robert O. and Jesoph S. Nye. *Power and Interdependence,* New York: Longman, 2001.

Lampton, David M., Same Bed , *Different Dreams: Managing U.S.-China Relations, 1989-2000,* Berkeley: University of California Press, 2001.

Lasater, Martin L., *The Taiwan Issue in Sino-American Strategic Relations,* Boulder: West View Press, 1984.

Lasater, Martin L., *U.S. Interests in the New Taiwan,* Boulder: West view Press, 1993.

Meisner, Maurice, *Marxism and the Chinese Experience: Issues in Chinese Socialism.* Armonk, N.Y.: M.E. Sharpe, 1989.

Nathan, Andrew, "A Factionalism Model for CCP Politics", *The China Quarterly,* No.53.

Ross, Robert S., *Negotiating Cooperation: The United States and China, 1969-1989,* Stanford: Stanford University Press, 1995.

Shue, Vivienne, "Grasping Reform: Economic Logic, political Logic, and the State-Society Spiral" ,*The China Quarterly,* 1995.

Spegele, Roger D., *Political Realism in International Theory,* Cambridge University Press, 1996.

Vogel, Ezra F., *Living with China: US-China Relations in the Twenty-First Century,* New York: W. W. Norton and Company, 1997.

Warkentin, Craig and Karen Mingst, “International Institutions, the State, and Global Civil Society in the Age of the World Wide Web”, *Global Governance,* June, 2000.

Yuan, Benjamin J.C., “Introduction: Technology, Opportunity, and Forecasting”, *International Journal of Technology Management,* Vol.18, 1999.

后记

生命之中充满了不确定性与偶然性。就如同从1982年起，我从台湾到纽约10年的求学与工作，2000年又从北京到台北大学从事EMBA的学习，这都是意料外的事情；作为一个有两岸背景的中国人，我已在中国居住15年，在这段期间能有机会到中国人民大学与吉林大学先后完成博士生、博士后的研究及出版《产业与政治——两岸相互依赖的时代》一书，更是令我始料未及。

蓦然回首，大半辈子奔波于中国、美国与台湾地区之间，让我深深地感受到在全球化的时代，作为一个世界公民，必须学会以一种国际化的眼光和思维来面对学术、事业与生活；也正是因为上述动机“作祟”，多年来，我把在国际关系领域的研究视野与过去20多年来在企业的经验进行紧密结合，并从学术层次的角度来思考产业、经济与政治间的相互关系和影响。自本书“开工”以来，承蒙博士后研究导师邓正来教授的指导与支持，才得以顺利完成本书的撰写。由于邓教授的教导，让我有机会在学术道路上稳步前行。我个人非常敬佩邓教授治学的渊博、睿智和专注，而邓教授多年来对我的教诲更使我心存感激。此外，中国人民大学的时殷弘教授、张小劲教授、宋新宁教授与黄嘉树教授亦不时地给予我建议和指正，他们在国际政治与经济相关问题上的独到研究心得和敏锐的学术鉴别力使我收获颇多。几年来，正是他们的鼓励、支持与关心，我才能顺利完成本书的写作，在此向他们致以最崇高的敬意和感谢。

学术经营如同企业经营，一位好的专业经理人是领航者，但是一个优秀的团队与朋友支持也是不可或缺的。在我多年来从事国际关系领域研究的过程中，如果说在相关领域上能有一定的收获和成果的话，那我要感谢好友陈彦宇先生、王淑梅小姐、宋德星先生给予的诸多帮助和指正；而在本书的校订与出版过程中，个人亦非常感谢好友尹继武先生、于长金先生及王雪娇小姐的鼎力帮助。

最后，我将以本书的出版献给我的双亲林仲修先生、郭彩云女士以及大姐林安娜小姐。你们的宽容、鼓励和支持，是我多年来专注于学术研究道路上的精神泉源，也是我不敢有丝毫懈怠的原动力。

林崇诚　谨志